필요할 때
쉽고 빠르게 찾아보는

노동법 노트

개정판

필요할 때 쉽고 빠르게 찾아보는
노동법 노트

개정판 1쇄 발행 2022년 7월 15일

지은이 김형진, 정진수
펴낸이 장길수
펴낸곳 지식과감성#
출판등록 제2012-000081호

교정 양수진
디자인 윤혜성
편집 윤혜성
검수 양수진
마케팅 고은빛, 정연우

주소 서울시 금천구 벚꽃로298 대륭포스트타워6차 1212호
전화 070-4651-3730~4
팩스 070-4325-7006
이메일 ksbookup@naver.com
홈페이지 www.knsbookup.com

ISBN 979-11-392-0569-5(13360)
값 21,000원

• 이 책의 판권은 지은이에게 있습니다.
• 이 책 내용의 전부 또는 일부를 재사용하려면 지은이의 서면 동의를 받아야 합니다.
• 잘못된 책은 구입하신 곳에서 바꾸어 드립니다.

지식과감성#
홈페이지 바로가기

Q&A로 알려주는 노동법 핵심정리

필요할 때
쉽고 빠르게 찾아보는

노동법 노트

2022년 개정판

김형진·정진수 지음

지식과감성#

초판 머리말

《필요할 때 쉽고 빠르게 찾아보는 노동법 노트》는 공인노무사 시험을 위한 수험서도, 학술적인 교과서도 아닙니다. 이 책의 제목 그대로 노동법과 관련된 궁금한 문제가 생겼을 때, 순서에 상관없이 필요한 부분을 찾아볼 수 있도록 작성하였습니다.

이 책의 구성은 크게 9개의 대(大)단락으로, 대(大)단락 아래에 주제별 중(中)단락으로 구분하였고, 중(中)단락은 해당 단락의 주제와 관련된 질문과 그에 대한 답변(Q&A)으로 이루어져 있습니다.

이 책에 수록된 질문은 총 437개가 있는데, 이 질문들은 기업의 인사담당자와 노무법인의 노무사로서 업무를 수행하면서 인사노무의 실무에서 맞닥뜨렸던 문제들과 자문사와 상담하면서 자주 받았던 문제들로서, 최대한 실무에 도움이 되도록 질문을 선정하고 답변을 작성하였습니다.

질문에 대한 답변에는 독자들이 사실관계와 결론에 관한 추가적인 정보를 찾기 쉽도록 판례 및 행정해석의 근거를 기재하였습니다. 따라서 더욱 자세한 사실관계를 파악하고 결론의 의미를 명확하게 파악하기를 원한다면 판례번호와 행정해석번호를 통해 해당 사건에 대한 판례나 행정해석의 전문(全文)을 찾아보는 것도 좋은 방법이 될 것이라 생각합니다.

다만, 질문에 대한 답변은 해당 사건에 대한 결론이지 유사한 사건에 대해서도 결론으로 무조건 적용되지 않음을 참고하기 바랍니다. 판례나 행정해석은 사건에 대한 사실관계가 조금만 달라져도 다른 방향의 결론이 도출될 수도 있기 때문입니다.

이 책을 쓸 수 있도록 좋은 기회를 주신 보험연구원 원장님과 부원장님, 기획행정실 실장님 및 실원들, 홍익컨설팅노무법인 대표님과 임직원분들, 노동법에 대해서 함께 고민하고 연구하는 동료노무사들, 지식과감성 교정팀과 편집팀에게 감사드립니다. 그리고 항상 관심을 갖고 응원해주는 친구들과 소중한 가족들에게도 이 자리를 빌려서 감사와 고마움을 전하고 싶습니다.

무엇보다 이 책을 읽는 독자들이 인사·노무에 관한 의문사항이 조금이나마 해소되고 이 책을 통해서 업무수행에 도움이 되기를 바라며, 머리말을 마칩니다.

많은 빛이 비치는 2020년 7월 17일에 지은이 씀

개정판 머리말

《필요할 때 쉽고 빠르게 찾아보는 노동법 노트》 초판을 출간한 지 2년여가 지났습니다. 2년간 노동관련 법령 개정이 있었고, 기존과 해석을 달리하는 판례·행정해석도 많이 나왔습니다.

본 책에서 서술한 내용과 관련하여, 최근 2년간의 주요한 노동관련 법령 개정으로는 3개월을 초과하는 탄력적 근로시간제(근로기준법 제51조의2) 및 1개월을 초과하는 정산기간을 정하는 선택적 근로시간제(근로기준법 제52조)와 육아휴직 소득대체율 인상 및 3+3 부모육아휴직제(고용보험법 시행령 제95조, 제95조의2, 제95조의3) 신설, 임신부 근로시간 변경 신청(근로기준법 제74조 제9항), 모성과 태아 보호를 위한 육아휴직 사용(남녀고용평등과 일·가정 양립 지원에 관한 법 제19조 제1항 및 제19조의4 제1항) 등이 있으며, 2022년의 최저임금과 상여금·복리후생비 산입 비율 변경, 감시단속적 근로에 종사하는 자에 대한 적용제외 승인요건의 변경도 반영하였습니다.

최근 2년간의 주요한 판례 중에 본 책의 개정판에 반영한 것으로 정수기 수리기사의 근로자성 판단(대법원 2021다222914), 해고통지서에 징계사유를 상세하게 기재하지 않은 경우 그 적법성(대법원 2021두50642), 재직자 조건이 붙은 정기상여금도 통상임금에 해당한다고 판단(서울고법 2020나2012736), 1년 기간제 근로계약을 체결한 근로자의 연차휴가 일수 산정(대법원 2021다227100), 단체협약보다 유리한 근로계약의 유효성 여부(대구지법 2020가단120698), 파견법상 직접고용의무를 부담하는 사용사업주가 파견근로자를 기간제 근로자로 직접고용 하는 것이 가능한지 여부(대법원 2018다207847) 등이 있습니다.

행정해석의 경우 감염병 예방을 위한 휴업 시 사용자 귀책에 해당하는지 여부(근로기준정책과-1893), 주휴수당 및 연차휴가 산정방법 변경(임금근로시간과-1736) 등을 반영하였습니다.

상기의 최근 법령·판례·행정해석은 반영하되, 전체적으로는 초판의 틀은 유지하면서 독자가 이해하기 쉽도록 일부 문장들을 매끄럽게 다듬었으며, 필요 없는 내용은 삭제하여 2022년 현재의 노동환경에 맞도록 구성하였습니다. 부디 이 책이 노동관련 문제로 고민하는 상황에서 조금이나마 도움이 되기를 바랍니다.

다만, 초판의 머리말에서도 언급한 바와 같이 각 질문에 대한 답변은 해당 사건에 대한 결론이지 유사한 사건에 대해서도 결론으로 무조건 적용되지 않음을 참고하기 바랍니다. 판례나 행정해석의 방향성에 집중하여 개별 사건에 대해서 적용하여야 할 것입니다.

이 책을 쓸 수 있도록 응원해주신 보험연구원 원장님 부원장님과 연구조정실, D-커뮤니케이션팀 직원분들과 노무법인 노엘의 노무사 및 직원분들, 노동법에 대해서 같이 공부하고 다양한 사례를 나누는 동료 노무사들과 지식과감성 교정팀과 편집팀에게 감사드립니다. 항상 응원을 해주는 친구들과 무엇보다 관심과 사랑으로 힘이 되어주는 가족들에게 특별히 감사와 고마움을 전합니다.

앞으로 우리나라의 노동환경은 또 한 번의 격변기가 올 것으로 짐작됩니다. 그러한 변화가 근로자와 사용자 모두에게 도움이 되는 방향으로 진행되기를 바라며, 앞으로도 노동환경 변화를 쉽게 이해할 수 있는 책을 만들어서 인사드리겠다는 약속을 드리며 머리말을 마칩니다.

많은 빛이 비치는 2022년 5월 3일에 지은이 씀

차례

초판 머리말 • 5
개정판 머리말 • 7

I 근로자 및 근로계약 • 31

1. 근로자 • 32

① 근로자의 판단기준은? • 33
② 근로자에 포함 또는 불포함되는 사례는? • 35
  ②-1 채권추심원의 근로자성 인정 여부는? • 35
  ②-2 백화점 판매원의 근로자성 인정 여부는? • 36
  ②-3 견인차 운전기사의 근로자성 인정 여부는? • 37
  ②-4 자원봉사자의 근로자성 인정 여부는? • 38
  ②-5 구체적인 지시나 감독을 하지 않은 도급제 사원의
       근로자성 인정 여부는? • 38
③ 임원은 근로자에 해당하는지? • 39
④ 특수형태고용종사자는 어떤 형태를 의미하는지? • 43
⑤ 4인 이하의 근로자를 사용하는 사업 또는
  사업장에서 적용이 제외되는 근로기준법 조항은 무엇인지? • 44
⑥ 근로기준법 적용 범위인 상시 5명 이상의 근로자를 사용한다는 의미는? • 45
⑦ 근로를 제공하나 근로기준법 적용이 제외되는 경우는? • 46

2. 사용자 • 46
① 권한과 책임을 반드시 행사하여야 사용자로 인정받는 것인지? • 47
② 실질적으로 업무를 집행하지 않는 주식회사의 대표이사는
   사용자로 인정받는 것인지? • 48
③ 사용자와 근로자의 지위를 동시에 갖게 될 수 있는지? • 48
④ 근로자에 관한 사항에 대하여 사업주를 위하여
   행위하는 자도 근로기준법 위반책임을 부담하는지? • 49
⑤ 파견근로자에 대한 근로기준법상 사용자의 책임은 누가 부담하는지? • 49
⑥ 형식적인 사용자와는 별개로 실질적인 사용자가 있는 경우
   사용자는 누구인지? • 50

3. 근로계약 • 52
① 근로계약서에 기재되어야 하는 내용은? • 53
② 근로계약에 의하여 근로자와 사용자가 부담하는 의무는? • 54
③ 구두로 체결한 근로계약도 효력이 있는지? • 55
④ 전자근로계약 체결 시 근로조건의 명시의무를 위반하는 것은 아닌지? • 56
⑤ 근로계약서의 임금 부분은 제외하고 작성한 후 연봉계약서를
   별도로 작성하였다면 근로조건 명시의무를 위반하는 것은 아닌지? • 57
⑥ 근로시간의 상한만을 규정하고 소정근로시간을 구체적으로
   명시하지 아니한 경우 근로조건 명시의무를 위반하는 것은 아닌지? • 57
⑦ 근로계약과 근로기준법과의 관계는? • 58
⑧ 근로계약과 취업규칙과의 관계는? • 58
⑨ 근로계약과 단체협약과의 관계는? • 59
⑩ 근로계약내용 예시? • 60
⑪ 표준근로계약서 서식은? • 62

4. 경업금지약정 • 62
① 경업금지약정을 체결하지 않은 경우에도 퇴직한 근로자의
   경업을 금지시킬 수 있는지? • 63
② 부정경쟁방지 및 영업비밀보호에 관한 법률에서 말하는 영업비밀이란? • 64
③ 경업금지약정이 유효하기 위한 판단기준은? • 64
④ 보호할 가치 있는 사용자의 이익이란? • 66

5. 위약예정의 금지 • 67
① 교육 또는 연수에 대하여 의무재직기간을 설정하고 의무재직기간을
   충족하지 못한 경우 연수비를 반환하기로 하는 약정은 유효한 것인지? • 67

② 미리 정한 근무기간 이전에 퇴직한 경우
  임금을 반환하기로 하는 약정은 유효한 것인지? • 68
③ 명칭은 연수라고 하여도 실제로는 출장에 해당한다면
  연수비 반환이 가능한 것인지? • 69
④ 퇴직 후에 유사업종에 종사함으로써 영업비밀 유출에 대한
  위약금 또는 손해배상액의 약정은 유효한 것인지? • 70
⑤ 재계약을 전제로 지급한 복리후생에 대하여 재계약이
  성립하지 않아 반환을 요구하는 것이 가능한 것인지? • 70
⑥ 기업이 전문 인력을 채용하면서 연봉과 별도로 일회성의
  인센티브 명목으로 지급한 이른바 사이닝보너스의 법적 성격은? • 71

6. 채용내정 • 72
① 채용내정 취소의 법률상 성격은 무엇인지? • 72
② 채용내정의 취소사유는 일반적인 해고사유와 동일한지? • 73
③ 취업예정일 이후에 채용이 취소되는 경우 임금은 지급하여야 하는지? • 74
④ 정당한 채용내정의 취소가 아닌 경우는? • 74
⑤ 근로자에게 근무가능 여부를 문의한 것을 채용내정으로 볼 수 있는지? • 75

7. 시용 • 76
① 시용계약은 어떻게 성립하는지? • 76
② 시용계약 만료 후 본채용 거부의 법률적 성질은? • 77
③ 시용계약에서 본채용 거부하는 경우 그 방법은? • 78
④ 시용계약 만료 후의 효과는? • 79
⑤ 시용과 채용내정의 차이점은? • 79
⑥ 시용과 수습의 차이점은? • 79

II 징계 • 87

1. 징계의 개념 및 정당성 • 88
① 정당한 징계가 되기 위해서는? • 89
② 징계사유의 정당성은 누가 입증해야 하는지? • 89
③ 취업규칙이 없는 경우 징계할 수 있는지? • 89
④ 취업규칙에 해당하는 사유로 징계를 하였으나 참작할 사정도
  고려할 필요가 있는지? • 90
⑤ 징계를 취소할 수 있는지? • 90

2. 징계사유의 유형 • 91

① 징계사유가 정당하려면 어떤 요건을 갖추고 있어야 하는지? • 91
② 원래의 징계사유에 내용과 성격이 다른
　별개의 새로운 사유를 추가하여 판단할 수 있는지? • 92
③ 무단결근에 대하여 징계처분을 할 수 있는지? • 93
④ 결근일수를 기준으로 징계사유를 정하는 경우 결근일수 산정 방식은? • 94
⑤ 전근·전직 등 전근인사명령에 불응한 결근에 대하여 징계할 수 있는지? • 96
⑥ 경위서 또는 시말서 제출 거부를 징계할 수 있는지? • 97
⑦ 휴가 또는 휴직신청을 회사가 거부하여 결근한 경우 징계할 수 있는지? • 98
⑧ 근무성적 불량이 징계사유에 해당하는지? • 99
⑨ 상대평가에 따른 해고가 가능한 것인지? • 99
⑩ 동료근로자들과의 불화가 징계사유에 해당하는지? • 101
⑪ 경력사칭, 이력서 허위기재가 해고사유에 해당하는지? • 101
⑫ 공익신고를 위한 내부고발이 기밀누설의 징계사유에 해당하는지? • 102
⑬ 회사의 승인 없이 겸직을 하는 경우 징계사유에 해당하는지? • 102
⑭ 형벌이 확정되기 전 징계할 수 있는지? • 103
⑮ 회사에 대한 비방·진정이 징계사유에 해당하는지? • 103
⑯ 업무와 관련 없는 개인적 사생활로 징계처분을 받을 수 있는지? • 103

3. 정당한 징계절차 • 105

① 해고예고제도는 무엇인지? • 105
② 징계절차 규정이 의무규정이 아닌 경우에도 반드시 준수해야 하는지? • 106
③ 취업규칙과 단체협약이 다른 경우 어떤 규정을 준수해야 하는지? • 107
④ 취업규칙과 다른 노사관행이 존재하는 경우는? • 108
⑤ 절차규정이 전혀 존재하지 아니하는 경우? • 108
⑥ 피징계자(근로자)가 방어권을 포기하는 경우는? • 108
⑦ 징계처분을 위한 통지가 반송된 경우 그대로 절차를 진행해도 유효한지? • 109
⑧ 징계위원회 구성에 근로자 측의 대표자가 참석하는 것으로 규정된 경우
　근로자 측의 대표자를 참여시키지 않으면 어떻게 되는지? • 110
⑨ 재심절차를 규정한 경우 재심절차를 거치지 않은 징계가 유효한지? • 110
⑩ 징계시효가 존재하는지? • 111

4. 징계처분의 종류 • 112
① 해고란 무엇이며 어떤 종류가 있는지? • 112
② 경고가 징계에 해당하는지? • 113
③ 견책의 효과는? • 113
④ 징계 시 감급(감봉)의 최대한도는? • 114
⑤ 대기발령도 징계에 해당하는지? • 114
⑥ 진의가 아닌 사직서 제출도 해고에 해당하는지? • 115
⑦ 일괄사표제출과 선별수리는 해고에 해당하는지? • 116
⑧ 정직기간에 급여를 지급해야 하는지? • 117
⑨ 3회 징계 시 해고가 가능한지? • 118
⑩ 징계해고 시 반드시 30일 전에 해야 하는지? • 118
⑪ 징계해고 통보서에 무엇을 작성해야 하는지? • 118
⑫ 해고시기를 제한하는 경우는? • 119
⑬ 직권면직과 징계해고의 구별은? • 120

5. 적정한 징계 • 121
① 적정한 징계를 하기 위해서 고려해야 하는 것은? • 121
② 정당한 징계로 인정된 사례는 무엇이 있는지? • 122
③ 부당한 징계로 인정된 사례는 무엇이 있는지? • 122
④ 이전에 징계를 받은 자에 대하여 가중 징계할 수 있는지? • 123
⑤ 부당한 징계절차에 대한 구제방법은? • 123
⑥ 징계사유는 인정되었으나, 징계양정이 과다하다고 인정된 경우는? • 124

III 임금 • 125

1. 임금의 성격 • 126
① 경영성과급은 임금에 해당하는지? • 127
② 경영성과급을 분할하여 다음 연도에 지급한다면 임금성이 인정되는지? • 129
③ 실비변상 성격으로 지급되는 직급보조비는 임금에 해당하는지? • 130
④ 매달 지급되는 식대 및 유류대가 임금에 해당하는지? • 130
⑤ 노조전임자에게 지급하는 금원은 임금에 해당하는지? • 131

2. 평균임금 • 131
① 평균임금 계산에서 제외되는 기간과 임금은? • 132
② 근로기준법 시행령 제2조 제1항의 평균임금 제외기간이 있을 경우 평균임금 계산방법은? • 133

③ 근로자 귀책사유로 인한 기간은 평균임금 계산에서 어떻게 적용하는지? • 134
④ 입사 첫날 평균임금을 산정할 사유가 발생 시 계산은 어떻게 해야 하는지? • 134
⑤ 평균임금의 산정이 현저하게 부적당한 경우는? • 135
⑥ 미사용연차휴가보상금의 평균임금 산입은 어떻게 되는지? • 136
⑦ 평균임금은 어떤 경우에 사용되는지? • 137
⑧ 평균임금에 포함되는 임금은 어떤 것이 있는지? • 137
⑨ 평균임금 포함 또는 불포함되는 사례는? • 138
  ⑨-1 실비변상적인 해외파견직원의 해외근무수당은 평균임금에 산입되는지? • 138
  ⑨-2 회사가 건강보험료의 근로자 부담분을 납부하는 경우
       평균임금에 산입되는지? • 139
  ⑨-3 재직자에게만 명절휴가비를 지급하는 경우 평균임금에 산입되는지? • 139
  ⑨-4 일정한 요건에 따라 수당(가족 수에 따라 지급하는 가족수당)을
       지급하는 경우 평균임금에 산입되는지? • 139
  ⑨-5 식대보조비는 평균임금에 산입되는지? • 140
  ⑨-6 명절선물, 생일선물을 상품권 등으로 지급하는 경우
       평균임금에 산입되는지? • 140
  ⑨-7 개인연금보조비, 단체보험료는 평균임금에 산입되는지? • 141
  ⑨-8 회의식대, 부서단합대회비는 평균임금에 산입되는지? • 144
  ⑨-9 공공기관의 경영성과급이 평균임금에 산입되는지? • 144
  ⑨-10 지급된 임금 중 일부 자진 반납 시 평균임금에 포함되는지? • 145
⑩ 평균임금에 산입되지 않는 금품은 어떤 것이 있는지? • 146

3. 통상임금 • 146
① 임금이 소정근로의 대가로 지급된다는 의미는? • 147
② 통상임금의 요건인 임금의 정기적·일률적·고정적 지급이란? • 147
  ②-1 임금의 정기적 지급이란? • 147
  ②-2 임금의 일률적 지급이란? • 148
  ②-3 임금의 고정적 지급이란? • 149
③ 통상임금은 어떤 경우에 사용되는지? • 150
④ 다양한 임금 지급방법에 따른 통상임금성 판단? • 150
  ④-1 근속기간에 연동하는 임금은 통상임금에 해당되는지? • 151
  ④-2 근무일수에 연동하는 임금은 통상임금에 해당되는지? • 151
  ④-3 특정 시점에 재직 중인 근로자에게만 지급하는 임금은
       통상임금에 해당되는지? • 153

④-4 특수한 기술, 경력 등을 조건으로 하는 임금은
통상임금에 해당되는지? • 154
④-5 근무실적에 연동하는 임금은 통상임금에 해당되는지? • 154
⑤ 통상임금 산정 단위는? • 156
⑥ 통상임금 포함 또는 불포함되는 사례는? • 156
⑥-1 상여금은 통상임금에 포함되는지? • 157
⑥-2 가족수당은 통상임금에 포함되는지? • 159
⑥-3 중식대는 통상임금에 포함되는지? • 160
⑥-4 차량유지비는 통상임금에 포함되는지? • 160
⑥-5 통신비는 통상임금에 포함되는지? • 161
⑥-6 복지포인트는 통상임금에 포함되는지? • 161
⑥-7 직무 또는 근속연수와 관련된 각종 수당은 통상임금에 포함되는지? • 162

4. 최저임금 • 163
① 최근 3년간의 최저임금의 변동은? • 164
② 최저임금에 산입하지 않는 임금은? • 165
③ 매월 지급하지 않아 최저임금에 포함되지 않는 임금은 어떤 것이 있는지? • 165
④ 소정의 근로일에 대하여 지급하는 임금 외의 임금이란? • 165
⑤ 정기상여금과 같이 월 1회 이상 지급하지만 산정단위가
1개월을 초과하는 임금은 최저임금에 산입되는지? • 166
⑥ 지급 기간이 1개월을 초과하는 상여금을 최저임금에 산입하려면? • 167
⑦ 복리후생도 최저임금에 산입되는지? • 167
⑧ 계약기간 중 최저임금에 미달되는 경우는? • 169

5. 임금 지급의 원칙 • 169
① 전액지급의 원칙은 어떤 것을 의미하는지? • 170
①-1 임금과 채권의 상계가 가능한지? • 170
①-2 근로자가 자유의사로 동의한다면 상계가 가능한지? • 170
①-3 임금을 초과 지급했다면 초과 지급분은 상계가 가능한지? • 171
①-4 재직 시 퇴직금 명목으로 지급한 금원이 퇴직금으로
인정받지 못한 경우 해당 금원은 상계가 가능한지? • 171
①-5 법령 및 취업규칙·단체협약에 의해 공제가 가능한 경우는? • 172
② 통화지급의 원칙은 어떤 것을 의미하는지? • 173
②-1 임금을 외국통화(USD, EUR 등)로 지급하는 것이 가능한지? • 173
②-2 임금 지급에 갈음하여 사용자가 근로자에게 채권을
양도하는 것은 가능한지? • 174

③ 직접 지급의 원칙은 어떤 것을 의미하는지? • 175
  ③-1 임금채권도 양도가 가능한지? • 175
④ 정기지급의 원칙은 어떤 것을 의미하는지? • 176
  ④-1 근로형태별 임금지급의 원칙은? • 176
  ④-2 정기지급의 예외에 해당하는 것은? • 177

6. 휴업수당 • 177
① 사용자의 귀책사유에는 어떤 것이 있는지? • 178
② 사용자의 귀책사유의 사례는? • 178
③ 사용자의 귀책사유로 인정하지 않은 사례는? • 179
④ 휴업이란 무엇을 의미하는지? • 180
⑤ 휴업수당의 지급수준은? • 180
⑥ 임금의 일부를 지급받은 경우 휴업수당은 어떻게 계산되는지? • 180
⑦ 휴업기간 중 중간수입(다른 회사에서의 소득)이 있는 경우
  휴업수당을 공제할 수 있는지? • 181
⑧ 휴업기간 중 쟁의행위가 개시되었다면 휴업수당을 지급하여야 하는지? • 182
⑨ 일용직근로자에게도 휴업수당을 지급하여야 하는지? • 182
⑩ 휴업수당을 감액하여 지급하는 것이 가능한지? • 183
⑪ 부당해고에 따라 임금상당액을 지급하는 경우 근로자가
  다른 회사에 취업하여 받은 수입이 있는 경우 계산은? • 184
⑫ 휴업기간 중 무급휴무일이 포함된 경우 휴업수당 지급 여부는? • 185

7. 주휴수당 • 185
① 1주간의 소정근로일수 중에 지각이나 조퇴가 있는 경우 주휴수당의 계산은? • 186
② 근로시간에 따라 시간당 주휴수당이 달라지는지? • 186
③ 근로시간이 일정하지 않은 경우 주휴수당의 산정방법은? • 187
④ 퇴직하는 주의 주휴수당 지급은? • 188

8. 포괄임금제 • 188
① 포괄임금제 약정이 성립하였는지 판단 기준은? • 191
② 실무상의 포괄임금제(포괄역산임금제)란? • 191
③ 주휴수당을 포괄임금에 포함할 수 있는지? • 193
④ 포괄임금에 연차유급휴가미사용수당 및 퇴직금을 포함할 수 있는지? • 193
⑤ 연장·야간·휴일근로시간 및
  고정급 연장·야간·휴일근로수당을 명시하지 않고 지급한 경우는? • 194

9. 임금의 설계 • 195
① 임금구성에 대하여 법적인 제한이 있는지 • 195
② 비과세되는 항목은 무엇이며 어떤 이점이 있는지? • 196

Ⅳ 근로시간 • 199

1. 법정근로시간과 소정근로시간 • 200
① 초과근로와 연장근로의 차이점은? • 201
② 정규근로시간 이후에 행하여지는 교육시간이 근로시간에 해당되는지? 또한 합숙전체훈련의 경우에는 근로시간에 해당되는지? • 202
③ 공민권 행사에 필요한 시간은 근로시간으로 인정해야 하는 것인지? • 203
④ 자발적인 조기출근은 근로시간으로 인정되는지? • 203
⑤ 지각 또는 조퇴의 경우 근로시간은 어떻게 판단하는지? • 204

2. 유연근로시간제 종류와 도입방법 • 205
① 유연근로시간제의 종류로는 어떤 것이 있는지? • 205
② 유연근로시간제 도입요건? • 206
③ 유연근로시간제 도입과 관련한 취업규칙 변경이 필요한지? • 206
④ 유연근로시간제 도입과 관련한 근로자대표와의 서면합의가 필요한지? • 207
⑤ 근로자대표를 선출함에 있어 근로자의 범위는? • 207
⑥ 근로자대표의 선출방법은? • 208
⑦ 근로자대표의 선출 범위는 어떻게 되는지? • 209
⑧ 노사협의회 근로자위원이 근로자대표로 선출되었다면 노사협의회 의결로 유연근로시간제를 도입할 수 있는지? • 210

3. 탄력적 근로시간제 • 210
① 2주 이내 탄력적 근로시간제를 위한 취업규칙 변경은 불이익 변경인지? • 213
② 2주 이내 탄력적 근로시간제를 근로자대표와의 서면합의를 통하여 도입한 경우 취업규칙 변경이 필수적인지? • 213
③ 탄력적 근로시간제 도입에 있어서 근로조건을 명시한 경우 개별근로자의 동의가 필요한지? • 214
④ 2주 이내 탄력적 근로시간제 도입을 위하여 취업규칙을 변경하였으나, 도입과 관련하여 구체적인 내용이 없는 경우는? • 214
⑤ 3개월 이내 탄력적 근로시간제 시행 중에 임의로 근로일 및 근로시간을 변경할 수 있는지? • 215

⑥ 연장근로수당은 탄력적 근로시간제 단위기간이 끝나는 시점을
　기준으로 정산하여야 하는지? • 215
⑦ 야간근로를 탄력적 근로시간제의 소정근로시간 내에 했다면
　가산수당을 지급하여야 하는지? • 216
⑧ 탄력적 근로시간제 적용 중에 특정일에 결근(또는 불법파업 등)
　한 경우 임금 및 주휴수당 계산은? • 216
⑨ 탄력적 근로시간제를 적용하지 않는 근로자가 탄력적
　근로시간제를 실시하는 사업장(또는 부서)으로 이동하는 경우는? • 217
⑩ 기간제근로자도 탄력적 근로시간제를 적용할 수 있는지? • 218
⑪ 탄력적 근로시간제를 활용 가능한 업종·직무 예시는? • 219
⑫ 탄력적 근로시간제를 적용할 수 없는 근로자는? • 219
⑬ 탄력적 근로시간제 도입을 위한 취업규칙 변경 및
　근로자대표와의 서면합의 예시는? • 219
⑭ 3개월 초과 6개월 이내 탄력적 근로시간제 시행방법 및 주의사항은? • 221

4. 선택적 근로시간제 • 222
① 선택적 근로시간제 적용 시 연장근로는 어떻게 산정할 수 있는지? • 224
② 선택적 근로시간제 적용 시 휴일·야간근로는 어떻게 산정할 수 있는지? • 225
③ 근무시간×시급 형태로 임금을 계산하는 경우 선택적 근로시간제
　적용 시 휴일·야간근로는 어떻게 산정할 수 있는지? • 225
④ 표준근로시간을 근로자 개인별 또는 부서별로 달리 설정할 수 있는지? • 226
⑤ 선택적 근로시간제로 요일별 근로시간을 특정할 수 없는 경우
　연차휴가 산정은 어떻게 하는지? • 227
⑥ 소정근로일이 정해진 경우 소정근로일에 반드시 출근을 해야 하는지? • 227
⑦ 서면합의로 약정한 총근로시간보다 실제 근로시간이 부족하면
　어떻게 처리하는지? • 228
⑧ 선택적 근로시간제를 활용할 수 있는 업종·직무 예시는? • 228
⑨ 선택적 근로시간제를 적용할 수 없는 근로자는? • 229
⑩ 선택적 근로시간제 도입을 위한 근로자대표와의 서면합의 예시는? • 229
⑪ 1개월을 초과한 선택적근로시간제 시행 시 주의할 점은? • 230

5. 사업장 밖 간주근로시간제 • 231
① 사업장 밖 간주근로시간제 도입을 위해서 취업규칙을 변경해야 하는지? • 232
② '업무 수행에 통상적으로 필요한 시간'은 어떻게 산정하는지? • 232
③ '노사가 서면으로 합의한 시간'은 어떻게 산정하는지? • 233

④ 회사 전산망을 이용하여 재택근무를 하는 경우 사업장 밖
간주근로에 해당하는지? • 233
⑤ 사업장 밖 간주근로와 사업장 내 근로를 혼재하여 근로할 수 있는지? • 234
⑥ 사업장 밖 간주근로시간제는 가산임금 및 휴가·휴일에 영향을 미치는지? • 234
⑦ 출장업무로 사업장 밖 간주근로시간제를 활용할 수 있는 업종·직무는? • 235
⑧ 사업장 밖 간주근로시간제를 활용할 수 있는 업종·직무 예시는? • 235
⑨ 사업장 밖 근로시간제 도입을 위한 근로자대표와의 서면합의 예시는? • 236

6. 재량근로시간제 • 237

① 재량근로시간제가 가능한 대상 업무는? • 238
② 근로자에게 어느 정도의 재량이 보장되어야 하는지? • 239
③ 팀(부서)단위로 재량이 보장되어 있다면
재량근로시간제를 적용할 수 있는지? • 239
④ 재량근로시간제 대상 업무에 종사하기만 하면
재량근로시간제를 적용할 수 있는지? • 240
⑤ '업무 수행 수단'에 대한 구체적 지시를 하지 않는다는 의미는? • 240
⑥ '근로시간 배분'에 대한 구체적 지시를 하지 않는다는 의미는? • 241
⑦ 서면합의로 정하는 근로시간은 1주를 초과하는 기간을
기준으로 정할 수 있는지? • 243
⑧ 일정 기간의 범위 내에서 근로가능한 시간의 총량 및
일정 시간대의 근로를 제한하는 것이 가능한지? • 243
⑨ 재량근로시간제는 가산임금 및 휴가·휴일에 영향을 미치는지? • 244
⑩ 재량근로시간제하에서 연차휴가 산정을 위한 출근율은 어떻게 확인하는지? • 244
⑪ 재량근로시간제 도입을 위한 근로자대표와의 서면합의 예시는? • 245

7. (실무상)유연근로시간제 • 247

① 시차출퇴근제의 종류 및 특징은? • 247
② 시차출퇴근제의 도입을 위한 절차는? • 250
③ 재택근무제의 종류 및 특징은? • 252
④ 재택근무제의 도입을 위한 절차는? • 252

8. 연장·야간·휴일 근로 • 253

① 연장근로시간의 기준이 되는 1주는? • 254
② 통상연장근로에 있어서 당사자 간의 합의 주체는? • 254
③ 근로계약 시 약정한 연장근로에 관한 합의가 효력이 있는지? • 254
④ 통상연장근로시간의 산정 및 사례별 가능 여부? • 255

④-1 1일 13시간씩 4일을 근무하는 것이 가능한지? • 255
④-2 월요일~금요일 동안 12시간을 연장근로한 후, 일요일에 휴일대체근로를
    하였다면 일요일 근로는 연장근로로 인정되는지? • 256
④-3 1주 소정근로시간이 1일 7시간, 1주 35시간인 사업장의 경우
    13시간의 연장근로가 가능한지? • 257
④-4 단시간 근로자의 1주 소정근로시간이 1일 7시간,
    1주 35시간인 경우 13시간의 연장근로가 가능한지? • 257
⑤ 휴일근로시간의 산정은? • 258
⑤-1 휴일에 한 근로도 연장근로에 해당되는지? • 258
⑤-2 무급휴무일인 토요일에 한 근로는 연장근로에 해당되는지? • 259
⑤-3 휴일근로시간의 산정? • 260
⑤-4 단시간 근로자의 휴일근로 가산임금은? • 261
⑥ 야간근로는 어떤 경우에 인정되는지? • 261
⑦ 연장·야간·휴일근로가 겹칠 경우 가산임금은 어떻게 지급하는지? • 261

9. 보상휴가제 • 262
① 근로자가 보상휴가를 사용하지 않은 경우는? • 264
② 보상휴가미사용보상금은 평균임금에 산입되는지? • 265
③ 보상휴가의 대상과 보상휴가의 사용기간에 대하여 제한할 수 있는지? • 266
④ 보상휴가에 휴가사용촉진을 적용할 수 있는지? • 266
⑤ 보상휴가제 도입을 위한 근로자대표와의 서면합의 예시는? • 267

10. 휴게시간 • 268
① 대기시간은 근로시간인가 휴게시간인가? • 268
② 휴게시간은 일괄적으로 부여해야 하는지? • 269
③ 휴게시간의 부여 시점은? • 269

11. 감시적·단속적 근로 • 270
① 감시적 근로자와 단속적 근로자는 어떤 근로자를 말하는 것인지? • 271
② 감시업무와 단속업무에 종사하기만 하면 감시적 근로자와
   단속적 근로자로 인정되는 것인지? • 273
③ 임원운전기사의 단속적 근로자 승인 신청 요건은? • 277
④ 감시적 근로자 및 단속적 근로자로 승인된 경우의 효과는? • 278
⑤ 통상근로자에게 적용되는 취업규칙상 휴일규정이
   감시적 근로자와 단속적 근로자에게도 적용될 수 있는지? • 279

⑥ 감시적 근로자와 단속적 근로자에 대해 업무의 종류, 근로조건, 근로형태 등이 승인 당시의 요건과 동일하지만 근로자가 변경되었을 경우 승인 효력이 유효한지? • 279

Ⓥ 휴일 및 휴가 • 281

1. 휴일과 휴일근로 • 282
① 휴일과 관련하여 근로기준법 개정(2018.3) 내용은? • 283
② 유급휴일과 주휴일이 중복되는 경우 어떻게 처리해야 하는지? • 284
③ 휴일의 사전대체란? • 284
④ 휴일의 사후대휴란? • 286

2. 주휴일 • 287
① 근로기준법에서 말하는 1주의 의미는? • 287
② 유급주휴일의 요건은 무엇인지? • 287
③ 일용근로자에게도 주휴일을 부여하여야 하는지? • 288
④ 단시간근로자에게도 주휴일을 부여하여야 하는지? • 288
⑤ 단기근무자(아르바이트)에게도 주휴일을 부여하여야 하는지? • 289
⑥ 격일제근로자에게는 주휴일을 어떻게 부여하여야 하는지? • 290
⑦ 파업이나 태업 시에는 주휴일을 어떻게 부여하여야 하는지? • 291
⑧ 한 주 연속하여 연차휴가 사용 시, 주휴일은 발생하는지? • 291
⑨ 사용자의 귀책사유로 휴업하는 휴업기간 중 주휴일 산정방식은? • 292

3. 약정휴일 • 293
① 대체공휴일은 약정휴일로 볼 수 있는지? • 293
② 약정휴일은 반드시 유급휴일이어야 하는지? • 293
③ 경조휴가의 경우 사용자가 휴가사용시기 변경권을 행사할 수 있는지? • 294

4. 연차휴가 • 294
① 퇴직 시 해당 연도 소정근로일수의 80% 이상 출근한 경우 연차휴가를 부여하는지? • 295
② 연차휴가 출근율 산정에 있어서 소정근로일수 계산에서 제외되는 경우는 무엇인지? • 295
③ 연차휴가 출근율 산정에 있어서 출근하지 않았으나 출근으로 간주하는 경우는 무엇인지? • 298

④ 정직, 직위해제 및 위법한 쟁의행위 기간은
　　연차휴가 산정에 어떤 영향을 주는지? • 299
⑤ 계속근로기간이 1년 미만인 근로자의 연차휴가는? • 300
⑥ 계속근로기간이 정확히 1년인 경우 발생하는 연차휴가 일수는? • 301
⑦ 출근율이 80% 미만인 근로자의 연차휴가는? • 302
⑧ 출근율 산정 기산일은 입사일인지 회계연도 초일인지? • 302
⑨ 격일제근로자에게 연차휴가 부여 방법은? • 304
⑩ 단시간근로자는 연차휴가를 어떻게 부여하는지? • 305
⑪ 연차휴가 부여시기는? • 305
⑫ 연차휴가와 미사용연차휴가보상금의 소멸시효는? • 306
⑬ 미사용연차휴가보상금은 어떻게 계산하여야 하는지? • 307
⑭ 미사용연차휴가보상금 대신에
　　연차휴가를 이월하여 사용하게 할 수 있는지? • 307

5. 연차휴가 사용촉진 제도 • 308
① 연차휴가 사용촉진을 위해 서면으로 촉구하도록 되어 있는데,
　　서면의 범위는? • 310
② 연차휴가 사용촉진을 사내공고 방식으로 하는 것도 가능한지? • 310
③ 연차휴가 사용촉진은 반드시 2차에 걸쳐 진행하여야 하는지? • 311
④ 사용촉진에 따라 근로자가 사용시기를 지정했으나
　　지정일 전에 퇴직한 경우는? • 311
⑤ 연차휴가 사용촉진 절차를 준수하였음에도 불구하고,
　　근로자가 연차휴가일에 출근하여 계속 근무할 경우는? • 311
⑥ 1년간 출근율이 80% 미만자의 경우에도 사용촉진이 가능한지? • 313
⑦ 1년 미만 근로자의 경우에도 사용촉진이 가능한지? • 313

6. 연차휴가의 대체 • 314
① 개별근로자가 연차휴가 대체를 거부한다면? • 315

Ⅵ 모성과 연소자 보호 • 317

1. 미성년자의 근로 • 318
① 미성년자의 근로계약은 누가 해야 하는지? • 319
② 미성년자의 임금은 친권자 또는 후견인이 청구할 수 있는지? • 319
③ 연소자의 근로시간은 제한이 있는지? • 320
④ 연소자가 종사할 수 없는 업무는? • 320

2. 여성의 근로 • 321
① 여성근로자의 근로시간은 제한이 있는지? • 321
② 여성근로자가 종사할 수 없는 업무는? • 321
③ 생리휴가를 사용할 수 있는 요건은? • 322
④ 임신한 여성이 생리휴가를 사용할 수 있는지? • 322
⑤ 불법체류 중인 취업 여성근로자에게도 여성근로자 보호 규정이 적용되는지? • 323

3. 여성근로자의 차별대우 금지 • 323
① 차별에 해당하지 않는 경우는? • 324
② 특정 성이 대부분인 분야에 대한 차별도 불합리한 남녀차별에 해당하는지? • 325
③ 임금차별이 불합리한 차별인지 판단기준은? • 326
④ 불합리한 차별에 대한 배상은 어떻게 산정하는지? • 327
⑤ 무거운 물건을 운반한다는 이유로 남녀 간 임금차별은 합리적 차별에 해당하는지? • 327
⑥ 인척관계에 따라 경조금 및 경조휴가를 부여하는 것이 차별에 해당하는지? • 328
⑦ 불합리한 차별을 규정한 단체협약 또는 취업규칙의 효력은? • 329

4. 모성의 보호 • 329
① 임산부의 근로시간은 제한이 있는지? • 330
② 임산부가 종사할 수 없는 업무는? • 330
③ 임산부 보호와 관련한 휴가는 어떤 것이 있는지? • 331
④ 출산전후휴가는 유급휴가인지? • 332
⑤ 우선지원대상기업의 근로자의 통상임금이 고용보험에서 지급하는 월정급여액을 초과하는 경우 차액을 사업주에게 지급을 요청하였으나 지급받지 못한 경우 구제 방법은? • 333
⑥ 출산전후휴가 급여산정의 기준이 되는 통상임금은? • 334
⑦ 연차휴가 사용 중 출산하였을 경우 출산휴가급여 산정 방법은? • 334
⑧ 출산전후휴가 수급권 대위란 무엇인지? • 335
⑨ 배우자의 출산휴가란 무엇인지? • 335
⑩ 임신기 근로시간 단축이란 무엇인지? • 336
⑪ 임신기 근로시간 단축 시 휴게시간도 단축되는지? • 337
⑫ 임신기 근로시간 단축 시 2시간의 단축을 주 단위로 적치하여 사용할 수 있는지? • 337
⑬ 임신기 여성의 태아검진 시간이란? • 337

5. 일과 가정의 양립 지원 • 338
① 육아휴직 신청 대상과 기간은? • 338
② 육아휴직 급여는 어떻게 지급되는지? • 339
③ 아빠 육아휴직이란 무엇인지? • 340
④ 12개월 이내의 자녀에 대한 육아휴직이란 특례가 무엇인지? • 341
⑤ 육아휴직 급여를 육아휴직 종료 후 12개월 이내에
  신청하지 않으면 육아휴직 급여를 지급받을 수 없는지? • 341
⑥ 육아휴직 중 해외 체류를 이유로 육아휴직 급여의 지급을 제한할 수 있는지? • 343
⑦ 육아휴직자를 승진 및 승급대상자에서 배제하는 것이
  불리한 처우에 해당하는지? • 344
⑧ 육아기 근로시간 단축이란? • 345
⑨ 육아기 근로시간 단축 급여는 어떻게 지급되는지? • 345
⑩ 육아휴직과 육아기 근로시간 단축과의 관계는? • 346
⑪ 가족돌봄휴직은 어떤 경우에 사용할 수 있는지? • 347
⑫ 가족돌봄휴가는 어떤 경우에 사용할 수 있는지? • 347
⑬ 가족돌봄휴직 및 가족돌봄휴가의 부여 기준은? • 348

Ⅶ 취업규칙 • 349

1. 취업규칙 작성 • 350
① 취업규칙은 어떤 회사에서 작성해야 하는지? • 350
② 취업규칙은 반드시 신고해야 하는지? • 351
③ 취업규칙으로서의 효력 발생 요건은 무엇인지? • 351
④ 취업규칙에 들어가야 할 내용은? • 352
⑤ 취업규칙이 여러 개가 존재해도 되는지? • 353

2. 취업규칙 변경 • 354
① 취업규칙 변경은 어떤 절차를 거쳐야 하는지? • 354
② 취업규칙이 불이익하게 변경된다는 것이 무슨 의미인지? • 354
③ 2개 이상의 근로조건을 변경할 때 불이익 변경 여부는 어떻게 판단하는지? • 355
④ 일부 근로자에게는 유리하고, 일부 근로자에게는 불리한
  근로조건을 변경할 때 불이익 변경 여부는 어떻게 판단하는지? • 355
⑤ 취업규칙 불이익 변경은 기존에 정한 유리한 근로계약의
  근로조건에도 효력이 있는지? • 356
⑥ 취업규칙을 불이익하게 변경할 때 적법한 동의의 방법은? • 357

⑦ 취업규칙 불이익 변경은 누구의 동의를 받아야 하는지? • 358
⑧ 근로조건이 이원화되었거나, 현재는 불이익이 없으나
   장차 해당 취업규칙의 적용이 예상되는 경우에 동의 주체는? • 358
⑨ 직종 간 근로조건이 다른 경우 한 직종만 취업규칙 변경에
   동의를 한 경우 효력범위는? • 359
⑩ 취업규칙을 변경하면 반드시 신고해야 하는지? • 359
⑪ 10인 미만 사업장 취업규칙의 효력 및 변경 요건은? • 359

3. 취업규칙의 효력 • 361
① 취업규칙 작성 시 또는 유리하게 변경하는 경우
   근로자 의견청취가 반드시 필요한 것인지? • 361
② 취업규칙을 불이익하게 변경할 때
   동의하지 않은 직원에게도 효력이 발생하는지? • 361
③ 변경 당시에는 동의하지 않았다가 나중에 동의할 수도 있는지? • 362
④ 근로자의 동의 없이 불리하게 변경된 취업규칙의 효력은? • 363
⑤ 취업규칙과 근로계약의 효력관계는? • 363
⑥ 취업규칙과 단체협약의 효력관계는? • 364
⑦ 근로계약과 단체협약의 효력관계는? • 365

VIII 비정규직 • 367

1. 기간제근로자 • 369
① 기간제근로자 사용기간과 사용기간 예외에 해당하는 사유는? • 369
② 기간제근로자를 2년을 초과하여 사용할 수 있는 예외에
   해당하지 않는데 2년을 초과하여 사용한다면? • 372
③ 기간제근로자를 2년을 초과하여 사용할 수 있는 경우인
   사업의 완료 또는 특정한 업무의 완성이란? • 372
④ 임원수행기사 업무가 2년 초과사용 예외에 해당되는지? • 373
⑤ 공공서비스를 위한 일자리는 2년 초과 사용이 가능한 사유에 해당하는지? • 373
⑥ 2년 초과사용 예외에 해당하는 고용형태별근로실태조사의 한국표준직업분류 대분류
   2 직업에 종사하는 자의 근로소득 상위 100분의 25에 해당하는 금액은? • 375
⑦ 2년 초과사용 예외에 해당하는 단시간근로자의 기준과 단시간근로와
   통상근로가 혼재되어 있을 경우 2년 사용기간의 판단은? • 375
⑧ 기간제근로자의 근로계약기간이 종료되면 근로관계는 자동적으로 종료되는지? • 376

⑨ 기간제근로계약을 체결하였음에도 불구하고
근로계약종료가 해고로 판단될 수 있는 경우는? • 376
⑩ 기간제근로계약이 형식에 불과한 것이 아니더라도
근로계약기간의 만료가 근로관계의 종료로 자동적으로
처리할 수 없는 경우는? • 377
⑪ 2년 초과사용 예외사유에 해당하는 경우에도 갱신기대권이 적용될 수 있는지? • 378
⑫ 기간제근로 중 정년 연령이 도래한 경우 근로계약관계를 종료할 수 있는지? • 378
⑬ 기간제근로 기간 중 근로계약 갱신규정을 신설한 경우
해당 갱신요건을 적용하지 않고 다른 사유로
근로계약을 종료한 것이 정당성이 있는지? • 379
⑭ 2년의 근로계약기간 만료 후 퇴사한 기간제근로자를
기간제근로자로 다시 채용할 수 있는지? • 380
⑮ 출산전후휴가기간 또는 육아휴직기간 중
근로계약이 만료되는 경우 근로계약을 종료시킬 수 있는지? • 380

2. 단시간근로자 • 381
① 단시간근로자의 근로조건은 어떻게 결정하는지? • 381
② 초단시간근로자에게 적용되지 않는 것은? • 384
③ 실제근로시간과 소정근로시간이 다를 경우 초단시간근로자 판별 기준은? • 384
④ 초단시간근로자에게 근로자의 날이 유급휴일로 적용될 수 있는지? • 385
⑤ 1주 동안의 소정근로시간이 15시간 이상과 미만을 반복하는 경우
퇴직금지급과 연차휴가 부여는 어떻게 판단하여야 하는지? • 385

3. 파견근로자 • 386
① 근로자파견은 어떤 제한이 있는지? • 387
② 도급과 파견의 차이는 무엇인지? • 388
③ 도급과 파견의 판단기준은? • 388
④ 불법파견이란? • 390
⑤ 파견근로자에 대한 사용사업자의 직접고용의무란? • 390
⑥ 파견근로자를 직접고용하는 경우 근로조건은? • 391
⑦ 파견근로자를 직접고용하는 경우 기간제근로자로 사용할 수 있는지? • 391
⑧ 외국인근로자도 파견근로자 보호 등에 관한
법에 의한 파견근로자가 될 수 있는지? • 392
⑨ 파견근로자에 대해서 파견사업주와 사용사업주의 책임은? • 393

4. 비정규직 차별금지 및 시정 • 394

① 기간제 및 단시간근로자에 대한 차별이란? • 395
② 기간제 및 단시간근로자 차별 판단기준은? • 395
③ 비교대상 근로자는 근로기준법을 적용받지 않는 공무원도 포함될 수 있는지? • 397
④ 기간제 및 단시간근로자 차별금지 대상은? • 398
⑤ 임금에 해당되지 않은 복리후생도 차별적 처우에
　해당하는지 여부와 차별적 처우를 명시한 단체협약의 효력은? • 399
⑥ 임금의 구성이 상이한 경우 불리한 처우가 있는지를 어떻게 판단하는지? • 400
⑦ 비정규직과 비교대상 근로자 간에 임금의 세부항목이
　서로 상이한 경우 어떻게 비교해야 하는지? • 405
⑧ 비교대상 근로자가 실제 근무하고 있지 않다면
　어떻게 차별 여부를 판단해야 하는지? • 406
⑨ 차별시정 신청권자와 차별시정 절차는? • 407
⑩ 확정된 차별시정의 효력이 미치는 범위는? • 409
⑪ 계속되는 차별의 경우 신청기간 내에 시정을 신청하면
　차별 시정의 효과는 언제부터 언제까지 적용되는지? • 409
⑫ 기간제근로자가 차별적 처우의 시정신청을 한 후
　그에 관한 판정 이전에 근로계약기간이 만료한 경우에도
　차별 시정이 가능한지? • 410
⑬ 파견근로자에 대한 차별금지는? • 411

Ⅸ 노사협의회 • 417

1. 노사협의회 설치 및 구성 • 418

① 노사협의회 구성은 어떻게 되는지? • 419
② 노사협의회를 설치하여 운영하던 중 인원감소로
　상시 근로자수가 30인 미만으로 되었을 때에
　노사협의회를 계속 운영하여야 하는지? • 419
③ 근로조건의 결정에 관한 일부의 권한이 지점에 위임되어 있는
　경우에 각 지점에도 노사협의회를 반드시 설치해야 하는지? • 420
④ 사업장별로 업무의 결정권이 나누어져 있는 경우
　노사협의회 설치는 어떻게 해야 하는지? • 420
⑤ 노사협의회를 특정직군별로 설치할 수 있는지? • 421

⑥ 노사협의회 업무에 대한 보상은 있는지? • 422
⑦ 노사협의회 규정으로 노사협의회 위원에게
　　상임근무를 하게 하거나 보수를 지급하는 것이 가능한지? • 422

2. 노사협의회 운영 • 423
① 3개월마다 정기적으로 노사협의회 개최의 의미가
　　분기별 1회를 의미하는 것인지? • 423
② 노사협의회에서 의결된 사항이 노조원에게 적용되는지 여부와
　　노사일방의 파기선언으로 무효가 될 수 있는지? • 424
③ 비조합원인 근로자위원의 임기가 3년이 채 지나지 않은
　　상태에서 근로자 과반수로 조직된 노동조합이 등장한 경우는? • 424

3. 노사협의회 임무 • 425
① 노사협의회 합의사항도 단체협약과 같이 취업규칙에
　　우선하는 효력이 있는지? • 425
② 노조전임자의 수에 대해 노사협의회에서 협의하는 것이 가능한지? • 425
③ 노사협의회 의결사항과 단체협약과의 관계는? • 426
④ 노사협의회의 협의를 거쳐 성립된 합의사항에 대해서
　　노사 양측이 단체협약의 의사가 있었다면
　　단체협약으로서의 효력이 있는지? • 427
⑤ 취업규칙의 불이익 변경 시 노사협의회의 의결만을
　　거친 경우에도 변경에 대한 효력이 있는지? • 427
⑥ 노사협의회 협의사항은 노사협의회 의결 없이 시행할 수 있는지? • 428

I

근로자 및 근로계약

1
근로자

근로자란 직업의 종류와 관계없이 임금을 목적으로 사업이나 사업장에 근로를 제공하는 자를 말한다(근로기준법 제2조 제1항 1호). 직업의 종류와 관계없음의 의미는 공기업·사기업·비영리기관을 가리지 않으며, 상용직·계약직·일용직 등 근로기간의 정함 여부와도 관계가 없다. 임금을 목적으로 근로를 제공하는 자이어야 하는데, 여기서 임금이란 사용자가 근로의 대가로 근로자에게 임금, 봉급, 그 밖에 어떠한 명칭으로든지 지급하는 일체의 금품을 말한다(근로기준법 제2조 제1항 5호). 또한 근로자는 사업이나 사업장에서 근로를 제공하는 자이므로 해고자·구직자는 근로자에 해당되지 않는다.

근로기준법에 따른 근로자 정의에 부합해야지만 근로자로 인정을 받게 되고, 근로자에 해당하지 않으면 근로자로서 근로기준법 외에 최저임금법, 근로자퇴직급여보장법, 각종 사회보험법 등의 보호를 받을 수 없으므로 근로자에 해당하는지 여부는 매우 중요하다.

다만, 이른바 집단법의 영역인 노동조합 및 노동관계조정법에서는 근로자를 '직업의 종류를 불문하고 임금·급료 기타 이에 준하는 수입에 의하여 생활하는 자를 말한다(노동조합 및 노동관계조정법 제2조 1호)'라고 정의한다. 이는 노동3권의 보장과 근로조건의 유지 및 개선을 목적으로 하기 때문에 근로자보호가 목적인 근로기준법의 근로자 개념과는 조금 차이가 있다.

① 근로자의 판단기준은?

근로기준법상의 근로자에 해당하는지 여부는 계약의 형식이 고용계약인지 도급계약인지보다 그 실질에 있어 근로자가 사업 또는 사업장에 임금을 목적으로 종속적인 관계에서 사용자에게 근로를 제공하였는지 여부에 따라 판단하여야 한다. 그리고 여기에서 종속적인 관계가 있는지 여부는 업무 내용을 사용자가 정하고 취업규칙 또는 복무규정 등의 적용을 받으며 업무 수행 과정에서 사용자가 상당한 지휘·감독을 하는지, 사용자가 근무시간과 근무장소를 지정하고 근로자가 이에 구속을 받는지, 노무제공자가 스스로 비품·원자재나 작업도구 등을 소유하거나 제3자를 고용하여 업무를 대행케 하는 등 독립하여 자신의 계산으로 사업을 영위할 수 있는지, 노무 제공을 통한 이윤의 창출과 손실의 초래 등 위험을 스스로 안고 있는지, 보수의 성격이 근로 자체의 대상적 성격인지, 기본급이나 고정급이 정하여졌는지 및 근로소득세의 원천징수 여부 등 보수에 관한 사항, 근로 제공 관계의 계속성과 사용자에 대한 전속성의 유무와 그 정도, 사회보장제도에 관한 법령에서 근로자로서 지위를 인정받는지 등의 경제적·사회적 여러 조건을 종합하여 판단하여야 한다.

다만, 기본급이나 고정급이 정하여졌는지, 근로소득세를 원천징수하였는지, 사회보장제도에 관하여 근로자로 인정받는지 등의 사정은 사용자가 경제적으로 우월한 지위를 이용하여 임의로 정할 여지가 크기 때문에, 그러한 점들이 인정되지 않는다는 것만으로 근로자성을 쉽게 부정하여서는 안 된다(대법원 2004다29736, 2006.12.7).

> **사례: 대학입시학원 종합반 강사 근로자성 인정**
> **(대법원 2004다29736, 2006.12.7.)**
>
> 대학입시학원 종합반 강사들의 출근시간과 강의시간 및 강의장소의 지정, 사실상 다른 사업장에 대한 노무 제공 가능성의 제한, 강의 외 부수 업무 수행 등에 관한 사정과 그들이 시간당 일정액에 정해진 강의시간수를 곱한 금액을 보수로 지급받았을 뿐 수강생 수와 이에 따른 학원의 수입 증감이 보수에 영향을 미치지 아니하였다는 사정 등에 비추어 볼 때 위 강사들이 근로기준법상의 근로자에 해당한다고 하면서, 비록 그들이 학원 측과 매년 '강의용역제공계약'이라는 이름의 계약서를 작성하였고 일반 직원들에게 적용되는 취업규칙 등의 적용을 받지 않았으며 보수에 고정급이 없고 부가가치세법상 사업자등록을 하고 근로소득세가 아닌 사업소득세를 원천징수 당하였으며 지역의료보험에 가입하였다고 하더라도 위 강사들의 근로자성을 부정할 수 없다.

② 근로자에 포함 또는 불포함되는 사례는?

직종별 상황별 근로자 포함 여부를 판단할 수 있다.

②-1 채권추심원의 근로자성 인정 여부는?

채권추심원의 근로자성이 다투어지는 개별 사건에서 근로자에 해당하는지 여부는 소속된 채권추심회사의 지점, 지사 등 개별 근무지에서의 업무형태 등 구체적인 사실관계 및 증명의 정도에 따라 달라질 수밖에 없다. 채권추심원이 채권추심회사에 매일 정시에 출근할 의무가 없었고 채권추심회사와 계약관계를 유지한 기간 동안 채권추심회사에 종속되어 지휘·감독을 받으며 업무에 전념하였다고 보기에는 지나치게 적은 액수의 성과수수료를 받는 등 근로자성을 인정하기 어려운 사정들이 밝혀지는 경우 근로자성이 부정될 수 있다.

그러나 최초 위임형식의 계약은 6개월로 정하여 채용되었지만 반복적인 재계약 또는 기간연장 합의를 통하여 약 3년 내지 5년 동안 채권추심원으로 종사하여 업무의 계속성이 있었고, 또한 그 업무수행 과정에서 채권추심회사로부터 수수료 차감, 다른 팀으로의 이동, 이미 배정된 채권의 환수, 새로이 배정될 채권의 감소 등과 같은 불이익을 받지 않기 위해 캠페인, 조기출근, 야근, 토요일 근무 등 업무실적향상을 위해 동참을 요구하는 각종 조치에 따를 수밖에 없었던 경우이고, 지급 받은 보수는 기본급이나 고정급 없이 성과급의 형태로만 지급되었지만 이는 채권추심업무의 특성에 의한 것일 뿐이고, 채권추심업무를 수행하는 과정에서 목표설정에서부터 채권추심업무의 처리에 이르기까지 모든 업무의 과정을 채권관리시스템에 입력하게 함으로써 업무를 구체적으로 지휘하고 관리·감독한 것으로 보기에 충분하다.

그러므로 계약의 형식이 위임계약이라 해도 실질은 임금을 목적으로 근로를 제공한 근로계약관계라고 볼 수 있으므로 근로기준법의 적용대상인 근로자에 해당한다(대법원 2015다252891, 2016.4.15).

②-2 백화점 판매원의 근로자성 인정 여부는?

백화점 입점업체는 백화점 판매원들과 판매용역계약을 체결하고 매출 실적에 따라 수수료를 지급하여 온바, 수수료의 상한이 정해져 있고, 매출이 부진해도 일정 수준의 보수를 받은 점, 본사 직원들이 주기적으로 백화점 판매원들의 근무상황을 점검한 점, 백화점 입점업체가 내부 전산망을 통하여 백화점 판매원들에게 업무와 관련하여 출근시간 및 시차의 등록 공지, 아르바이트 근무현황표 제출 공지, 수선실 관련 공지, 상품의 로스·반품·가격·할인행사 등 관련 공지, 재고실사 관련 공지, 택배 관련 공지, 상품 DP 수량 조사(사용자 지시사항) 관련 공지 등 근태를 관리하거나 업무 관련 공지를 한 점, 백화점 입점업체는 백화점 판매원들의 '병가 및 출산휴가 현황표'도 작성해 보관하고 있었던 점, 백화점 판매원들은 백화점 입점업체의 취업규칙의 적용을 받지 못하고, 근로소득세가 아닌 사업소득세를 납부하였으며, 4대 보험 등 사회보장제도에서 근로자로서의 지위를 인정받지 못하고 있었는데, 이는 사용자로서 경제적으로 우월한 지위를 이용하여 임의로 정하였다고 볼 여지도 있는 점 등을 종합하여 볼 때, 백화점 판매원들은 백화점 입점업체와 판매용역계약을 체결하여 그 계약의 형식이 위임계약처럼 되어 있지만, 그 실질은 임금을 목적으로 종속적인 관계에서 근로를 제공한 근로계약관계라고 봄이 상당하다. 따라서 백화점 판매원들은 근로기준법상의 근로자에 해당한다(대법원 2015다59146, 2017.1.25).

②-3 견인차 운전기사의 근로자성 인정 여부는?

작업도구인 견인차를 사업주가 소유·관리하는 점, 견인기사에게 지급된 금품을 재무제표상 잡급으로 신고한 점 등 일부 근로자성이 인정될 요소도 있으나, 고정급 등 별도의 임금 없이 특정 보험사의 견인비를 사업주와 견인차 기사가 일정 비율로 배분하는 점, 특정 보험사 외 사고 차량 견인 시 전부 견인차 기사의 수입으로 하는 점, 견인차 유지비용(유류대, 과태료 등)을 견인차 기사가 부담하는 점, 사용자의 지휘·감독을 받지 아니한 채 사용자에 의하여 정해진 출퇴근시간 등 취업규칙을 두지 않고 자신이 원하는 시간에 출근하는 점, 사용자에 의해 근무장소가 지정되지 않는 점, 결근 시 별도의 제재가 없는 점, 고용·산재보험 등에 가입되어 있지 않았던 점 등을 종합적으로 고려하면 임금을 목적으로 종속적인 관계에서 사용자에게 근로를 제공하고 근로 자체의 대가를 지급받는 근로기준법상 근로자로 보기는 어렵다(보험가입부-4479, 2015.10.13).

②-4 자원봉사자의 근로자성 인정 여부는?

교육부의 "종일제 보조인력(3세대 하모니) 사업계획"에 따라 종일제 유치원 운영내실 및 핵가족화 시대의 유아 정서함양 등을 위해 일정한 연령 등의 지원 자격을 갖춘 자 중에서 자원봉사 신청서를 제출받아 급·간식 도우미 및 청소 등의 봉사활동을 수행하며, 실비 변상적 차원의 일정 금품을 지급받는 경우라면 임금을 목적으로 근로를 제공하는 근로기준법상 근로자로 단정하기는 어렵다(근로개선정책과-3845, 2013.7.1).

②-5 구체적인 지시나 감독을 하지 않은 도급제 사원의 근로자성 인정 여부는?

도급제 사원에 대하여는 납품기한 준수 독촉과 품질검사 이외에 업무 수행에 관한 구체적인 지시를 하거나 개별적인 감독을 한 적이 없는 점, 도급제 사원들은 일정한 시급을 받기로 하고 공장 이전에 따른 시설 라인 이전 등의 다른 작업도 한 적이 있으나, 이는 작업물량이 적을 경우 자신의 수익을 높이고자 회사와 합의하여 한 것이지, 강제 또는 지시로 해당 작업을 수행한 것이라고 볼 수 없는 점, 도급제 사원이 월급제 사원과 함께 회사가 정한 작업공간 및 작업라인에서 업무를 수행한 것은 작업공정의 효율성 차원에서 불가피한 측면이 있었고, 그 경우에도 도급제 사원과 월급제 사원이 공동으로 동일한 제품에 대하여 작업을 하였던 것은 아닌 점, 도급제 사원은 작업의 편의를 위하여 일정한 근무시간을 자율적으로 유지한 것으로 보일 뿐, 그 출·퇴근시간이나 근무일수는 월급제 사원과 달리 유동적이었으며, 회사도 그와 관련하여 어떠한 제재를 가하지 않았던 점, 회사가 도급제 사원에게도 점심을 제공하는 한편 작업도구와 소모품 등을 무상으로 지원하기는 하였지만, 이는 우수한 기술자를 확보하기 위한 계약조건 또는 복지혜택으로 볼 수 있는 점, 도급제 사원은 다른 사람에게 위탁하거나 종업원을 고용하여 자신의 작업물량을 처리하는 것이 허용되었고, 회사가 그에 관하여 특별한 통제를 가하지는 않았던 점, 도급제 사원의 보수는 근무시간이 아닌 실제 작업한 물량에 따라 산정되었으며, 도급제 사원은 월급제 사원과 달리 각종 수당이나 상여금, 휴가비 등을 지급받지 아니한 점, 회사는 도급제 사원이 작업한 부분에 하자가 있을 경우 그 손해액 상당을 보수에서 공제하기도 한 점 등을 종합하여 보면, 도급제 사원들을 근로기준법상 근로자로 보기는 어렵다(대법원 2011다1880, 2016.3.24).

③ 임원은 근로자에 해당하는지?

상법상 이사와 감사는 주주총회의 선임 결의를 거쳐 임명하고 그 등기를 하여야 하며, 이사와 감사의 법정 권한은 위와 같이 적법하게 선임된 이사와 감사만이 행사할 수 있을 뿐이고 그러한 선임절차를 거치지 아니한 채 다만 회사로부터 이사라는 직함을 형식적·명목적으로 부여받은 것에 불과한 자는 상법상 이사로서의 직무권한을 행사할 수 없다.

주식회사의 이사, 감사 등 임원은 회사로부터 일정한 사무처리의 위임을 받고 있는 것이므로, 사용자의 지휘·감독 아래 일정한 근로를 제공하고 소정의 임금을 받는 고용관계에 있는 것이 아니며, 따라서 일정한 보수를 받는 경우에도 이를 근로기준법 소정의 임금이라 할 수 없고, 회사의 규정에 의하여 이사 등 임원에게 퇴직금을 지급하는 경우에도 그 퇴직금은 근로기준법 소정의 퇴직금이 아니라 재직 중의 직무집행에 대한 대가로 지급되는 보수에 불과하다.

근로기준법의 적용을 받는 근로자에 해당하는지 여부는 계약의 형식에 관계없이 그 실질에 있어서 임금을 목적으로 종속적 관계에서 사용자에게 근로를 제공하였는지 여부에 따라 판단하여야 할 것이므로, 회사의 이사 또는 감사 등 임원이라고 하더라도 그 지위 또는 명칭이 형식적·명목적인 것이고 실제로는 매일 출근하여 업무집행권을 갖는 대표이사나 사용자의 지휘·감독 아래 일정한 근로를 제공하면서 그 대가로 보수를 받는 관계에 있다거나 또는 회사로부터 위임받은 사무를 처리하는 외에 대표이사 등의 지휘·감독 아래 일정한 노무를 담당하고 그 대가로 일정한 보수를 지급받아 왔다면 그러한 임원은 근로기준법상의 근로자에 해당한다(대법원 2002다64681, 2003.9.26).

> **사례: 어린이집 대표(원장)의 근로자성 판단**
> **(근로개선정책과-4844, 2014.8.29)**
>
> 어린이집이 독립된 법인인 경우에는 그 법인의 대표자는 사용자에 해당하고, 어린이집이 법인 산하 시설인 경우에 법인으로부터 독립된 사업장으로서 어린이집 원장이 법인의 지휘·감독 없이 독립하여 인사·노무관리 및

예산·회계 결정권을 가지고 업무를 처리하여 왔다면 근로기준법상 사용자의 지위를 가진다고 볼 수 있다.

그러나 어린이집 대표자가 그 실질에 있어서 법인으로부터 종속적인 관계 하에서 임금을 목적으로 근로를 제공하는 자에 해당한다면 근로기준법상 근로자에 해당할 수 있으므로 대법원 판례로 제시한 근로자성 판단기준에 따라 판단하여야 한다.

사례: 글로벌기업 임원의 근로자성 판단 (서울중앙지법 2015가합510042, 2016.4.21)

회사(본사의 국내영업소) 및 그 회사의 본사(미국 소재)는 본사의 자회사인 D와는 독립하여 설립등기를 마친 별도의 법인인 점, 글로벌기업 임원은 자신의 업무를 처리하면서 자회사인 D의 임원인 M에게 보고하거나 그의 지시를 받았을 뿐 회사의 대표이사, 이사, 감사, 대한민국에서의 대표자로부터는 구체적인 업무상 지휘·감독을 받은 적이 없는 점, 그 밖에 글로벌기업 임원의 업무 내용과 업무수행과정 등에 비추어 보면, 글로벌기업 임원이 비록 자회사 D와의 관계에서는 임원인 M으로부터 일정한 정도의 지휘·감독을 받았다고 하더라도 회사와의 관계에서는 사용자의 지휘·감독 아래 일정한 근로를 제공하고 소정의 임금을 받는 근로기준법상 근로자에 해당한다고 보기 어렵고, 글로벌기업 임원에게 회사의 취업규칙이 적용되고, 근로소득세가 원천징수되었으며, 건강보험 등 사회보험이 적용되었다는 등의 사정만으로는 글로벌기업 임원이 회사의 근로자임을 인정하기에 부족하며, 달리 이를 인정할 증거가 없다.

사례: 팀장업무를 겸한 등기이사 (대법원 2012다28813, 2013.9.26)

주식회사의 이사가 정관이나 주주총회의 결의에서 정한 바에 따라 일정한 보수를 받는 경우에 원칙적으로 이는 상법에 근거한 것으로서 그 보수는 근로기준법에서 정한 임금이라 할 수 없으며, 또한 회사의 규정에 의하여 이사에게 퇴직금을 지급하는 경우에도 원칙적으로 그 퇴직금은 근로기준법 등에서 정한 퇴직금이 아니라 재직 중의 위임 사무 집행에 대한 대가로 지급되는 보수의 일종이라 할 수 있으므로, 그 보수 및 퇴직금 지급에 관한 사정을 이유로 하여 이사의 지위를 달리 볼 것은 아니다.

팀장업무를 겸한 등기이사는 회사의 상법상 이사로서 이사회 등을 통하여 회사의 업무집행에 관한 주요 의사결정에 참가하는 한편 일정한 범위의 사업경영에 관한 업무를 위임받아 처리하여 왔으며, 특히 일반 사원의 정년이 지난 후에도 계속 이사로 선임되어 업무를 처리하고 주주총회 결의에 기초한 이사로서의 보수를 받는 등 근로자인 일반 사원과는 확연하게 차별화된 처우를 받았다고 할 수 있고, 비록 팀장업무를 겸한 등기이사가 영업팀장으로서의 업무를 함께 담당하는 과정에서 대표이사로부터 지시 등을 받는 경우가 있다고 하더라도, 등기 이사로서의 명칭이나 직위가 형식적·명목적인 것에 불과하다거나 담당한 전체 업무의 실질이 위임사무를 처리하는 것이 아니라 임금을 목적으로 종속적인 관계에서 일정한 근로를 제공함에 그친다고 보기에는 부족하다.

그렇다면 팀장업무를 겸한 등기이사가 회사의 이사에서 퇴직할 때에 정관이나 주주총회의 결의 등으로 정한 이사에 대한 보수의 일부로서 퇴직금을 청구할 수 있음은 별론으로 하고, 근로기준법상의 근로자임을 전제로 하여 근로자퇴직급여 보장법이 규정한 퇴직금을 청구할 수는 없다고 할 것이다.

사례: 정수기 수리기사의 근로자성 판단
(대법원 2021다222914, 2021.8.12.)

정수기 수리기사의 근무시간이나 근무장소에 대한 구속이 엄격하지 않은 것은 사실이나 이는 정수기 수리기사가 수행하는 업무가 정해진 구역 내에서 고객의 주거지에 방문하여 제품의 설치나 점검을 하는 특성을 가지고 있기 때문인 것으로 보이는 점, 정수기 수리기사가 정수기 등을 판매하거나 임대하는 경우 회사로부터 수당을 지급받을 수 있도록 되어 있으나 이는 개별적인 영업활동의 결과가 아니라 회사의 지휘·감독 하에서 그 독려에 따른 영업활동의 결과로 보이는 점, 정수기 수리기사가 회사의 취업규칙, 복무규정을 적용받지 않고, 개인사업자로 등록하여 정기적으로 사업소득세와 부가가치세를 납부하며, 회사도 수수료를 지급하면서 근로소득세를 원천징수하지 않으나 이는 회사가 경제적으로 우월한 지위를 이용하여 임의로 정한 것으로 보이는 점 등으로 볼 때, 정수기 수리기사는 근로기준법상 근로자에 해당한다.

④ 특수형태고용종사자는 어떤 형태를 의미하는지?

근로기준법상 근로자로 해당되지는 않으나, 노무를 제공하고 경제적 종속성이 인정되는 직업군에 대하여 근로자와 사업자의 중간영역으로 '특수형태근로종사자'라고 한다.

산재보험법 제125조에서는 계약의 형식에 관계없이 근로자와 유사하게 노무를 제공함에도 근로기준법 등이 적용되지 아니하여 업무상의 재해로부터 보호할 필요가 있는 자로서 주로 하나의 사업에 그 운영에 필요한 노무를 상시적으로 제공하고 보수를 받아 생활하고, 노무를 제공함에 있어서 타인을 사용하지 아니할 것의 요건을 충족하는 자로 정의하고 있다.

특수형태근로종사자는 근로기준법상의 근로자가 아니므로 근로기준법 등 근로자로서의 보호를 받지 못하고 있으나, 제한적인 사용종속관계가 인정되는 등 실질적으로 근로자와 유사한 성격을 가지고 있으므로 산재보험에 있어서 근로자로 간주하는 것이다. 현재 특수형태근로종사자로 인정되는 직종은 보험설계사, 콘크리트믹서트럭운전자, 학습지교사, 골프장캐디, 택배기사, 퀵서비스기사, 대출모집인, 신용카드모집인, 대리운전기사 등이 있다(산업재해보상보험법 시행령 제125조).

⑤ 4인 이하의 근로자를 사용하는 사업 또는 사업장에서 적용이 제외되는 근로기준법 조항은 무엇인지?

영세사업장을 운영하는 사업자의 부담을 경감하는 취지에 따라, 4인 이하의 근로자를 사용하는 사업장에는 근로기준법의 일부규정에 대하여 적용을 제외한다(근로기준법 제11조 제2항). '상시 사용 근로자수 5인'이라는 기준을 분수령으로 하여 근로기준법의 전면적용 여부를 달리한 것은, 근로기준법의 확대적용을 위한 지속적인 노력을 기울이는 과정에서, 한편으로 영세사업장의 열악한 현실을 고려하고, 다른 한편으로 국가의 근로감독능력의 한계를 아울러 고려하면서 근로기준법의 법규범성을 실질적으로 관철하기 위한 입법 정책적 결정으로서 거기에는 나름대로의 합리적 이유가 있다고 할 것이므로 평등원칙에 위배된다고 할 수 없다(헌재 98헌마310, 1999.9.16). 적용이 제외되는 근로기준법 규정은 다음과 같다.

구분	미적용 내용	비고
해고	- 해고의 제한 - 경영상 이유에 대한 해고의 제한 - 해고 서면통지 - 부당해고 구제신청	정당한 이유가 없더라도 해고 가능. 단, 해고시기제한과 해고예고의무는 부담.
임금	- 휴업수당 - 연장·야간·휴일근로 가산임금	

구분	미적용 내용	비고
근로시간 및 휴가	- 탄력적·선택적 근로시간제 - 법정근로시간 　(1일 8시간, 1주 40시간 한도) - 연장근로시간(1주 12시간 한도) - 연차휴가 - 생리휴가	휴게시간과 주휴일 적용
취업규칙	- 취업규칙 작성 및 신고	

⑥ 근로기준법 적용 범위인 상시 5명 이상의 근로자를 사용한다는 의미는?

'상시 5인 이상의 근로자를 사용하는 사업 또는 사업장'이라 함은 '상시 근무하는 근로자의 수가 5인 이상인 사업 또는 사업장'이 아니라 '사용하는 근로자의 수가 상시 5인 이상인 사업 또는 사업장'을 뜻하는 것이고, 이 경우 상시라 함은 상태라고 하는 의미로서 근로자의 수가 때때로 5인 미만이 되는 경우가 있어도 사회통념에 의하여 객관적으로 판단하여 상태적으로 5인 이상이 되는 경우에는 이에 해당한다. 대표이사를 제외한 직원이 4명에 불과하더라도 일시적인 것이고, 회사가 사용하는 근로자의 수가 사회통념에 의하여 객관적으로 판단하여 상태적으로 5인 이상이 된다면 상시 5인 이상의 사업장에 해당한다(서울행법 2004구합22312, 2005.1.18).

⑦ 근로를 제공하나 근로기준법 적용이 제외되는 경우는?

동거의 친족만을 사용하는 사업 또는 사업장과 가사 사용인에 대하여는 근로기준법이 적용되지 않는다(근로기준법 제11조 제1항 단서). 사업에 고용되어 근로하는 근로자 중 친족 이외의 근로자가 단 1인이라도 있거나 또는 그 친족인 근로자가 세대를 같이하고 상시 동거하면서 생활을 공동으로 한다고 인정되지 않는다면 근로기준법의 적용제외사업(동거의 친족만을 사용하는 사업)이라고 볼 수 없다(법무 811-19400, 1978.9.7).

기타 특별법에 따라 공무원, 선원, 사립학교 교원, 청원경찰에게는 근로기준법을 적용하지 않는다.

2
사용자

사용자란 사업주 또는 사업경영담당자, 그 밖에 근로자에 관한 사항에 대하여 사업주를 위하여 행위하는 자를 말한다(근로기준법 제2조 제1항 2호). 근로기준법 준수의무자로서의 사용자를 사업주에 한정하지 아니하고 사업경영담당자 등으로 확대한 이유는 노동현장에 있어서 근로기준법의 각 조항에 대한 실효성을 확보하기 위한 정책적 배려에 있다(대법원 2007도1199, 2008.4.10).

사업주란 개인회사는 그 개인, 법인회사는 법인 자체가 사업주이며, 비영리단체의 경우 그 단체 자체가 사업주이다. 사업경영담당자란 사업경영 일반에 관하여 책임을 지는 자로서 사업주로부터 사업경영의 전부 또는 일부에 대하여 포괄적인 위임을 받고 대외적으로 사업을 대표하거나 대리하는 자를 말한다(대법원2007도4904, 2007.9.6). 그 밖에 근로자에 관한 사항에 대하여 사업주를 위하여 행위하는 자란 근로자의 인사·급여·후생·노무관리 등 근로조건의 결정 또는 업무상의 명령이나 지휘·감독을 하는 등의 사항에 관하여 사업주로부터 일정한 권한과 책임을 부여받은 자를 말한다(대법원 2008도5984, 2008.10.9).

① 권한과 책임을 반드시 행사하여야 사용자로 인정받는 것인지?

사업경영담당자 기타 근로자에 관한 사항에 대하여 사업주를 위하여 행위하는 자를 말하고, 여기에서 사업경영담당자라 함은 사업경영 일반에 관하여 책임을 지는 자로서 사업주로부터 사업경영의 전부 또는 일부에 대하여 포괄적인 위임을 받고 대외적으로 사업을 대표하거나 대리하는 자를 말하는바, 원칙적으로 사업경영 일반에 관하여 권한을 가지고 책임을 부담하는 자로서 관계 법규에 의하여 제도적으로 근로기준법의 각 조항을 이행할 권한과 책임이 부여되었다면 이에 해당한다고 할 것이고, 반드시 현실적으로 그러한 권한을 행사하여야만 하는 것은 아니다(춘천지법 2016노434, 2017.6.7).

② 실질적으로 업무를 집행하지 않는 주식회사의 대표이사는 사용자로 인정받는 것인지?

주식회사의 대표이사는 대외적으로는 회사를 대표하고 대내적으로는 회사의 업무를 집행할 권한을 가지는 것이므로, 특별한 사정이 없는 한 사업경영담당자로서 사용자에 해당한다고 할 것이나, 탈법적인 목적을 위하여 특정인을 명목상으로만 대표이사로 등기하여 두고 그를 회사의 모든 업무집행에서 배제하여 실질적으로 아무런 업무를 집행하지 아니하는 경우에 그 대표이사는 사업주로부터 사업경영의 전부 또는 일부에 대하여 포괄적인 위임을 받고 대외적으로 사업주를 대표하거나 대리하는 자라고 할 수 없으므로 사업경영담당자인 사용자라고 볼 수 없다(대법원 99도2910, 2000.1.18).

③ 사용자와 근로자의 지위를 동시에 갖게 될 수 있는지?

근로자에 관한 사항에 대하여 사업주를 위하여 행위하는 자는 인사·급여·후생·노무관리 등을 담당하고 해당 업무에 대한 권한이 주어지는 근로자(예를 들어, 인사팀장, 급여담당책임자 등)를 말하므로, 근로자이자 사용자의 지위도 갖게 된다. 이들은 근로자이므로 근로기준법의 적용을 받게 되나, 사용자의 이익을 대표하여 행동하는 자의 참가를 허용하는 경우 노동조합으로 보지 않는다는 노동조합 및 노동관계조정법 제2조 4호 가목에 따라 노동조합에는 가입할 수 없다.

④ 근로자에 관한 사항에 대하여 사업주를 위하여 행위하는 자도 근로기준법 위반책임을 부담하는지?

연장근로시간 한도 초과에 따른 근로기준법 위반 사용자는 법인이라면 그 법인(사업주), 법인의 대표(사업경영담당자), 기타 그 밖에 근로자에 관한 사항에 대해 사업주를 위해 행위하는 자가 근로기준법 위반에 따른 사용자가 될 것이며, 사업주 또는 사업경영담당자로부터 그 권한을 위임받아 독자적인 채용, 인사처분 등의 권한을 가지고 있는 관리자가 있다면 기타 그 밖에 근로자에 관한 사항에 대해 사업주를 위해 행위하는 자로서 사용자의 범위에 포함될 수 있으므로 근로기준법 위반책임을 부담한다(근로개선정책과-6192, 2013.10.18).

⑤ 파견근로자에 대한 근로기준법상 사용자의 책임은 누가 부담하는지?

근로자파견이란 파견사업주가 근로자를 고용한 후 그 고용관계를 유지하면서 근로자파견계약의 내용에 따라 사용사업주의 지휘·명령을 받아 사용사업주를 위한 근로에 종사하게 하는 것을 말한다(파견근로자 보호 등에 관한 법률 제2조 1호). 따라서 파견근로자는 자신을 고용한 사업주(파견사업주)와 실제 근무에 지휘·명령하는 사업주(사용사업주)가 상이하다.

파견근로자에 대해서는 파견사업주 및 사용사업주를 근로기준법의 사용자로 보아 동일하게 적용한다. 다만, 근로계약, 해고, 임금, 연차휴가 등에 관하여는 파견사업주를 사용자로 보고, 근로시간·휴게·휴일 등에 관하여는 사용사업주를 사용자로 본다(파견근로자 보호 등에 관한 법률 제34조 제1항).

⑥ 형식적인 사용자와는 별개로 실질적인 사용자가 있는 경우 사용자는 누구인지?

근로자가 근로계약을 맺은 사용자의 사업장이 아닌 제3자의 사업장에서 업무에 종사한다고 제3자가 그 근로자의 사용자인 것은 아니다. 근로계약을 맺은 사용자(원고용주)가 형식적인 사용자이고, 제3자가 실질적인 사용자라고 할 수 있으려면, 원고용주는 사업주로서의 독자성이 없거나 독립성을 결하여 제3자의 노무대행기관과 동일시 할 수 있는 등 그 존재가 형식적·명목적인 것에 지나지 아니하고, 사실상 당해 피고용인은 제3자와 종속적인 관계에 있으며, 실질적으로 임금을 지급하는 자도 제3자이고, 또 근로제공의 상대방도 제3자이어서 당해 피고용인과 제3자 간에 묵시적 근로계약관계가 성립되어 있다고 평가될 수 있어야 한다(대법원 97누19946, 1999.11.12).

즉, 원고용주의 사업주로서의 실체가 결여되어 있고, 제3자에게 근로계약과 임금지급 의무가 있어서 제3자와 근로자 간에 묵시적 근로계약관계가 성립된다면 실질적인 사용자는 제3자가 될 것이고, 근로기준법상의 사용자는 실질적 사용자인 제3자가 된다.

사례: 위장도급의 근로제공 수령 거부(대법원 2003두3420, 2003.9.23)

위장도급의 형식으로 근로자를 사용하기 위하여 I코리아라는 법인격을 이용한 것에 불과하고, 실질적으로는 근로자들을 직접 채용한 것과 마찬가지로서 원청회사와 (도급)근로자들 사이에 근로계약관계가 존재한다고 보아야 할 것이다. 그렇다면 원청회사가 (도급)근로자들을 계약직 근로자의 형식으로 신규채용 하겠다고 제의한 데 대하여 (도급)근로자들이 동의하지 아니한다는 이유로 원청회사가 근로제공을 수령하기를 거부한 것은 부당해고에 해당한다.

사례: 도급인과 수급인 근로자 간의 묵시적 근로계약
(대법원 2005다75088, 2008.7.10)

원고용주에게 고용되어 제3자의 사업장에서 제3자의 업무에 종사하는 자를 제3자의 근로자라고 할 수 있으려면, 원고용주는 사업주로서의 독자성이 없거나 독립성을 결하여 제3자의 노무대행기관과 동일시할 수 있는 등 그 존재가 형식적, 명목적인 것에 지나지 아니하고, 사실상 당해 피고용인은 제3자와 종속적인 관계에 있으며, 실질적으로 임금을 지급하는 자도 제3자이고, 또 근로제공의 상대방도 제3자이어서 당해 피고용인과 제3자 간에 묵시적 근로계약관계가 성립되어 있다고 평가될 수 있어야 한다. 형식적으로는 수급인이 도급인과 도급계약을 체결하고 소속 근로자들로부터 노무를 제공받아 자신의 사업을 수행한 것과 같은 외관을 갖추었다고 하더라도, 실질적으로는 업무수행의 독자성이나, 사업경영의 독립성을 갖추지 못한 채, 도급인의 일개 사업부서로서 기능하거나, 노무대행기관의 역할을 수행하였을 뿐이고, 오히려 도급인이 근로자들로부터 종속적인 관계에서 근로를 제공받고, 임금을 포함한 제반 근로조건을 정하였다고 봄이 상당하므로, 근로자들과 도급인 사이에는 직접 회사가 근로자들을 채용한 것과 같은 묵시적인 근로계약관계가 성립되어 있었다고 본다.

3
근로계약

근로계약이란 근로자가 사용자에게 근로를 제공하고 사용자는 이에 대하여 임금을 지급하는 것을 목적으로 체결된 계약을 말한다(근로기준법 제2조 제1항 4호). 즉, 계약의 형식이나 명칭이 고용·위임·도급이라 하더라도 실질적으로 임금을 목적으로 사용자가 지휘·감독하는 사용종속적인 관계에서 근로자가 근로를 제공한 것이라면 근로계약에 해당한다.

근로기준법의 근로계약과 민법의 계약과의 비교

▲ 근로계약: 근로자가 사용자에게 근로를 제공하고 사용자는 이에 대하여 임금을 지급하는 것을 목적으로 체결된 계약
→ 민법상 고용계약에 속하나 근로기준법 등에 의하여 제한된 계약

▲ 고용계약: 당사자 일방이 상대방에 대하여 노무를 제공할 것을 약정하고 상대방이 이에 대하여 보수를 지급할 것을 약정함으로써 그 효력이 생기는 계약(민법 제655조)
→ 양 당사자가 자주적으로 체결한 노무제공 계약

▲ 도급계약: 당사자 일방이 어느 일을 완성할 것을 약정하고 상대방이 그 일의 결과에 대하여 보수를 지급할 것을 약정함으로써 그 효력이 생기는 계약(민법 제664조)
→ 일의 완성을 목적으로 체결한 계약

▲ 위임계약: 당사자 일방이 상대방에 대하여 사무의 처리를 위탁하고 상대방이 이를 승낙함으로써 그 효력이 생기는 계약(민법 제680조)
→ 사무처리를 목적으로 체결한 계약

근로계약의 체결 주체는 사용자와 근로자이다. 근로계약 체결 당사자로서의 사용자는 사업주 또는 사업경영담당자가 원칙이며, 사용자의 이익을 위하여 행위하는 자에게 위임이 가능하지만 그 법적 효과는 사업주에게 귀속된다.

① 근로계약서에 기재되어야 하는 내용은?

구분	근로계약서 기재내용	비고
근로자 (근로기준법 제17조, 시행령 제8조)	- 임금의 구성항목·계산방법 ·지급방법 - 소정근로시간 - 휴일 - 연차휴가 - 근로장소, 취업규칙에 관한 사항, 기숙사규칙	- 임금, 소정근로시간, 휴일, 연차휴가는 교부+명시의무 - 근로장소, 취업규칙에 관한 사항, 기숙사규칙은 명시의무
연소근로자 (근로기준법 67조 제3항)	- 일반근로자와 동일	- 근로장소, 취업규칙에 관한 사항, 기숙사규칙도 교부+명시의무
기간제 및 단시간근로자 (기간제법 제17조)	- 근로계약기간 - 근로시간·휴게 - 임금의 구성항목·계산방법 및 지불방법 - 휴일·휴가 - 근로장소 및 업무 - 근로일 및 근로일별 근로시간	- 근로일 및 근로일별 근로시간은 단시간근로자만 해당 - 모든 사항 서면명시의무

구분	근로계약서 기재내용	비고
파견근로자 (파견법 제20조 제1항)	- 파견근로자의 수 - 업무의 내용 - 파견 사유 - 사업장의 명칭 및 소재지, 근로 장소 - 파견근로자를 직접 지휘·명령할 사람 - 근로자파견기간 및 파견근로 시작일 - 업무시작 및 종료 시각과 휴게시간 - 휴일·휴가 - 연장·야간·휴일근로 - 안전 및 보건 - 근로자파견의 대가	- 근로자파견계약의 당사자가 맺는 근로자파견 계약서에 기재할 내용 - 파견사업주는 파견근로자에게 서면통지의무

② 근로계약에 의하여 근로자와 사용자가 부담하는 의무는?

사용자는 근로자의 근로제공에 대한 대가로서 임금을 지급할 의무를 진다. 임금은 근로에 대한 반대급부이므로 결근과 같이 근로자의 사유로 인하여 근로를 제공하지 못한 경우에는 임금을 지급할 의무가 없으며, 쟁의행위에 참가하여 근로를 제공하지 아니한 근로자에 대하여는 그 기간 중의 임금을 지급할 의무가 없다(노동조합 및 노동관계조정법 제44조 제1항). 다만, 부당해고와 같이 사용자의 귀책으로 인하여 근로를 제공할 수 없던 기간 동안에는 임금을 지급하여야 한다.

또한, 사용자는 근로계약에 수반되는 신의칙상의 부수적 의무로서 근로자가 노무를 제공하는 과정에서 생명, 신체, 건강을 해치는 일이 없도록 물적 환경을 정비하는 등 필요한 조치를 강구하여야 할 보호의무를 부담하는데(대법원 97다12082, 1999.2.23), 이는 사용자의 사업장에서 근로를 제공하는 파견근로자에게도 마찬가지로 적용된다(대법원 2011다60247, 2013.11.28).

근로자는 근로제공의무를 부담하는데, 근로의 제공은 근로계약에 의하여 근로시간·근로장소 등을 약정하고, 근로자가 자신의 노동력을 사용자의 지휘·처분 하에 두고 제공하면 된다. 노조전임자의 경우 출근의무는 있으나 휴직상태에 있는 근로자와 유사하여 근로제공의무가 면제되지만, 노조전임발령 전에는 근로제공의무가 면제될 수 없다.

더불어, 사용자의 업무명령권에 속하는 것으로 업무상 필요하다고 인정되는 상당한 범위 안에 있다고 인정되는 재량에 대해서 근로자가 따라야 하는 성실의무, 업무수행 중에 알게 된 경영상의 비밀을 유지할 의무와 사용자의 이익에 반하여 경쟁사업체에 취직하지 않을 의무인 경업금지의무를 부담한다.

③ 구두로 체결한 근로계약도 효력이 있는지?

회사의 인사담당 대리인과 근로자 사이에 보수 및 직급 등 근로조건에 관하여 구두약정이 이루어질 당시 인사담당 대리인이 회사 사장의 허락을 받은 것으로 보여지는 점, 근로자는 회사에 출근하여 인사담당 대리인의 지시에 따라 경비업 허가에 필요한 서류를 준비하는 등의 근로를 제공하고 이에 대한 보수를 받은 점 등에 비추어 보면, 회사와 근로자 사이에는 근로계약관계가 성립하였다고 봄이 상당하다(서울행법 2004구합22312, 2005.1.18).

다만, 사원모집광고 또는 면접 시의 구두약속은 특별한 사정이 없는 한 근로계약에 있어서 청약의 유인 또는 준비단계에 불과하고 그 자체로서 근로계약의 내용이 된다 할 수 없다(서울지법 89가합16022, 1989.12.12).

④ **전자근로계약 체결 시 근로조건의 명시의무를 위반하는 것은 아닌지?**

사용자와 근로자는 전자근로계약서를 작성하는 방법으로 근로계약을 체결할 수 있는데, 이 경우 근로계약에 관한 분쟁을 사전에 예방할 수 있도록 가급적 당사자의 서명을 포함한 문서를 전자화하거나 전자서명법에 의한 전자서명을 하는 등의 방법으로써 해당 계약 당사자 쌍방의 의사가 합치하여 전자근로계약서에 명시된 내용대로 근로계약을 체결하였음을 명확히 하여야 한다. 또한, 최종 작성 또는 서명 이후에 어느 일방이 임의로 수정할 수 없도록 위·변조 방지를 위한 장치를 마련하여야 한다.

근로계약의 내용이 입력된 전자장치를 마련하여 근로자는 사원 인증 후 스마트 폰으로 전자서명을 하게 하는 경우 유효한 근로계약체결로는 볼 수 있으나, 이러한 전자근로계약서가 비록 근로자가 스스로 출력할 수 있는 상황이라 하더라도 회사 서버에만 저장되어 있다면 사용자의 교부의무를 다하였다고 볼 수는 없을 것이며, 근로자가 전자근로계약서를 수신할 정보처리시스템을(e메일 등) 지정하게 하고 사용자가 해당 정보처리시스템에 전자근로계약서를 입력(발송)한 때 사용자가 근로계약서를 교부한 것으로 볼 수 있다. 다만, 근로자가 정보처리시스템으로의 수신에 동의하지 않을 경우 사용자는 근로계약서를 직접 교부하여야 한다(근로기준정책과-6384, 2016.10.12).

⑤ **근로계약서의 임금 부분은 제외하고 작성한 후 연봉계약서를 별도로 작성하였다면 근로조건 명시의무를 위반하는 것은 아닌지?**

사용자가 개인별 연봉계약서의 비밀을 유지하기 위하여, 노사 당사자 간에 연봉액을 합의할 때 연봉과 관련된 근로조건은 별도의 연봉확인절차로 갈음토록 근로계약서를 작성한 후, 근로자가 별도의 방법(지정된 인터넷 사이트)에 의하여 개인별 연봉확인서를 서면으로 출력하여 보관하도록 하였을 경우, 근로계약서 및 연봉확인서에 임금의 구성항목, 계산방법 및 지불방법에 관한 사항이 포함되어 있다면 근로조건을 서면으로 명시하였다고 볼 수 있다(근로기준팀-812, 2005.10.28).

⑥ **근로시간의 상한만을 규정하고 소정근로시간을 구체적으로 명시하지 아니한 경우 근로조건 명시의무를 위반하는 것은 아닌지?**

근로계약 체결을 위한 청약의 의사표시는 이에 대한 승낙만 있으면 곧

계약이 성립될 수 있을 정도로 그 내용이 구체적이어야 하고 확정적이어야 한다(대법원 97누14132, 1998.11.27). 따라서 소정근로시간을 구체적으로 명시하지 않은 근로계약은 근로시간을 확정적으로 정하여 청약의 의사표시를 하지 않았으므로, 최초의 '고용계약' 시점은 근로자가 자신의 선택 여부에 따라 근로제공 여부를 결정할 수 있는 단계에 불과하여 최초의 '고용계약' 시점에는 그 명칭에도 불구하고 실질적으로 법에 따른 근로계약을 체결한 것으로 판단하기는 어렵다(근로기준정책과-5951, 2015.11.18).

⑦ 근로계약과 근로기준법과의 관계는?

근로기준법에서 정하는 기준에 미치지 못하는 근로조건을 정한 근로계약은 그 부분에 한하여 무효로 하고, 무효로 된 부분은 이 법에서 정한 기준에 따른다(근로기준법 제15조 제1항 및 제2항). 즉, 근로계약에서 근로기준법을 미달하는 조건이 있더라도 근로계약 전부가 무효가 되는 것이 아니라 미달하는 부분에 한하여 무효가 된다는 것이며, 무효가 되는 부분에 한하여 근로기준법에 따른다.

⑧ 근로계약과 취업규칙과의 관계는?

취업규칙에서 정한 기준에 미달하는 근로조건을 정한 근로계약은 그 부분에 관하여는 무효로 한다. 이 경우 무효로 된 부분은 취업규칙에 정한 기준에 따른다(근로기준법 제97조). 반면에 취업규칙을 상회하는 근로계약의 근로조건은 유효하다.

⑨ 근로계약과 단체협약과의 관계는?

단체협약에 정한 근로조건 기타 근로자의 대우에 관한 기준에 위반하는 취업규칙 또는 근로계약의 부분은 무효로 하고, 근로계약에 규정되지 아니한 사항 또는 무효로 된 부분은 단체협약에 정한 기준에 의한다(노동조합 및 노동관계조정법 제33조 제1항 및 제2항).

근로계약으로 정한 근로조건보다 단체협약의 근로조건이 유리한 경우에는 당연히 단체협약의 근로조건을 따라야 하는 것이며, 근로자가 근로계약보다 유리한 근로조건의 단체협약을 준수하는 것을 이유로 해고하는 것은 부당해고가 된다(근기 01254-16279, 1987.10.10). 다만, 단체협약보다 근로조건이 유리한 근로계약은 노동조합 및 노동관계조정법 제33조 제1항에서 단체협약에 '미달'이 아니라 '위반'하는 근로계약이라고 언급하였고, 단체협약보다 유리한 취업규칙을 인정하지 않은 판례에 비추어 볼 때 인정하지 않는다고 본다.

그러나, 최근 지방법원 판례(대구지법 2020가단120698, 2021.5.27)에 따르면, 상여금 지급률을 축소하여 단체협약을 체결하였어도, 근로계약서에 이보다 유리한 상여금 지급률로 근로계약을 체결한 경우 유리한 근로계약을 인정하였다. 이 판결에서도 일률적으로 단체협약이 최저기준으로 확정한 것은 아니고 단체협약이 근로계약의 최저기준인지 최고기준인지의 여부는 구체적인 내용에 따라 판단한다고 하여 향후 상급심의 판단을 확인할 필요가 있다.

⑩ 근로계약내용 예시?

근로계약내용 예시

ⅰ) 1주 40시간 이상 근로하는 근로자
근로일: 월~금 9시간, 토 4시간
임금: 월 267만원(차량유지비 20만원, 식대 10만원 포함)

▲ 근로시간
- 소정근로시간은 1일 8시간, 1주 40시간으로 하되, 1주 12시간 이내에서 시간외근로를 실시하는 데 동의한다.
- 시업 및 종업 시간: 월요일에서 금요일까지 09시~19시, 토요일 09시~14시
- 휴게시간: 12시~13시

▲ 임금
- 기본급: 178.5만원, 차량유지비: 20만원, 식대: 10만원
  [통상임금 산정시간: 48시간(40시간+주휴 8시간)×4.345주=208.5시간]
- 연장근로수당(39시간): 58.5만원
  [연장근로 산정시간: 9시간(월금 5시간+토 4시간)×4.345주=39시간]

▲ 휴일
- 주휴일: 일요일

ⅱ) 1주 30시간 근로하는 단시간 근로자
근로일: 월~토 5시간
임금: 월 165.1만원(식대 10만원 포함)

▲ 근로시간
- 소정근로시간은 1일 5시간, 1주 30시간으로 하고, 근로일별 근로시간은 다음과 같다.

요일	근로시간	시업시간	종업시간	휴게시간
월	6시간	16시	23시	20시~21시
화	6시간	16시	23시	20시~21시
수	5시간	16시	22시	20시~21시
목	5시간	16시	22시	20시~21시
금	4시간	18시	23시	20시~21시
일	4시간	18시	23시	20시~21시

▲ 임금
- 기본급: 146.4만원, 식대: 10만원
  [통상임금 산정시간: 36시간(30시간+주휴 6시간)×4.345주=156.4시간]
- 야간근로수당(17.4시간): 8.7만원
  [야간근로 산정시간: 4시간×4.345주=17.4시간]

▲ 휴일
- 주휴일: 토요일

ⅲ) 격일제 근로하는 근로자
근로일: 격일 24시간 근로(감시적근로)
임금: 월266.1만원(식대 10만원 포함)

▲ 근로시간
- 시업 및 종업 시간: 06시부터 익일 06시까지(격일제)
- 휴게시간: 11시~12시, 16시~17시, 21시~22시, 01시~06시

▲ 임금
- 기본급: 233.3만원, 식대: 10만원
  [통상임금 산정시간: (16시간÷2)×365일÷12월=243.3시간]
- 야간근로수당(45.6시간): 22.8만원
  [야간근로 산정시간: (3시간÷2)×365일÷12월=45.6시간]

⑪ **표준근로계약서 서식은?**

고용노동부에서 게시한 첨부서식 참조(80~85페이지).

4
경업금지약정

경업금지의무란 근로자는 사용자의 업무와 경합하는 업무를 행하지 아니할 의무를 말한다. 근로자는 근로계약의 신의칙상의 의무로써 근로계약기간 중에는 특별한 약정이 없다고 하더라도 경업금지의무를 부담한다.

근로계약이 종료되면 근로계약의 권리·의무를 부담할 필요가 없으므로 경업금지의무를 부담하지 아니한다. 다만, 근로계약 종료 후에도 별도의 '약정'에 의하여 경업금지의무를 부담할 수 있다. 이를 '경업금지약정'이라고 하는데, 경업금지약정을 체결하였다고 무조건 근로자의 경업이 무제한적으로 금지되는 것은 아니고, 경업금지약정이 일정한 요건에 해당하여 근로자의 직업선택의 자유와 조화를 이루는 한도 내에서만 유효하다.

① 경업금지약정을 체결하지 않은 경우에도 퇴직한 근로자의 경업을 금지시킬 수 있는지?

근로자가 전직한 회사에서 영업비밀과 관련된 업무에 종사하는 것을 금지하지 않고서는 회사의 영업비밀을 보호할 수 없다고 인정되는 경우에는 구체적인 전직(경업)금지약정이 없다고 하더라도 부정경쟁방지 및 영업비밀보호에 관한 법 제10조 제1항에 의한 침해행위의 금지 또는 예방 및 이를 위하여 필요한 조치 중의 한 가지로서 그 근로자로 하여금 전직한 회사에서 영업비밀과 관련된 업무에 종사하는 것을 금지하도록 하는 조치를 취할 수 있다.

근로자가 회사에서 퇴직하지는 않았지만 전직을 준비하고 있는 등으로 영업비밀을 침해할 우려가 있어서 이를 방지하기 위한 예방적 조치로서 미리 영업비밀침해금지 및 전직금지를 구하는 경우에는 근로자가 회사에서 퇴직하지 않았다고 하더라도 실제로 그 영업비밀을 취급하던 업무에서 이탈한 시점을 기준으로 영업비밀침해금지기간 및 전직금지기간을 산정할 수 있을 것이지만, 근로자가 회사에서 퇴직한 이후 전직금지를 신청하는 경우에는, 전직금지는 기본적으로 근로자가 사용자와 경쟁관계에 있는 업체에 취업하는 것을 제한하는 것이므로, 근로자가 영업비밀을 취급하지 않는 부서로 옮긴 이후 퇴직할 당시까지의 제반 상황에서 사용자가 근로자가 퇴직하기 전에 미리 전직금지를 신청할 수 있었다고 볼 특별한 사정이 인정되지 아니하는 이상 근로자가 퇴직한 시점을 기준으로 산정하여야 한다(대법원 2002마4380, 2003.7.16).

② 부정경쟁방지 및 영업비밀보호에 관한 법률에서 말하는 영업비밀이란?

부정경쟁방지 및 영업비밀보호에 관한 법률에서의 영업비밀이라 함은 공연히 알려져 있지 아니하고 독립된 경제적 가치를 가지는 것으로서, 상당한 노력에 의하여 비밀로 유지된 생산방법·판매방법 기타 영업활동에 유용한 기술상 또는 경영상의 정보를 말하는 것이고, 영업비밀침해금지를 명하기 위해서는 그 영업비밀이 특정되어야 할 것이지만, 상당한 정도의 기술력과 노하우를 가지고 경쟁사로 전직하여 종전의 업무와 동일·유사한 업무에 종사하는 근로자를 상대로 영업비밀침해금지를 구하는 경우 사용자가 주장하는 영업비밀이 영업비밀로서의 요건을 갖추었는지의 여부 및 영업비밀로서 특정이 되었는지 등을 판단함에 있어서는, 사용자가 주장하는 영업비밀 자체의 내용뿐만 아니라 근로자의 근무기간, 담당업무, 직책, 영업비밀에의 접근 가능성, 전직한 회사에서 담당하는 업무의 내용과 성격, 사용자와 근로자가 전직한 회사와의 관계 등 여러 사정을 고려하여야 한다(대법원 2002마4380, 2003.7.16).

③ 경업금지약정이 유효하기 위한 판단기준은?

사용자와 근로자 사이에 경업금지약정이 존재한다고 하더라도, 그와 같은 약정이 헌법상 보장된 근로자의 직업선택의 자유와 근로권 등을 과도하게 제한하거나 자유로운 경쟁을 지나치게 제한하는 경우에는 민법 제103조에 정한 선량한 풍속 기타 사회질서에 반하는 법률행위로서 무효라고 보아야 하며, 이와 같은 경업금지약정의 유효성에 관한 판단은 보호할 가치 있는 사용자의 이익, 근로자의 퇴직 전 지위, 경업 제한의 기간·지역 및 대상 직종, 근로자에 대한 대가의 제공 유무, 근로자의 퇴직 경위, 공공의 이익 및 기타 사정 등을 종합적으로 고려하여야 한다(대법원 2009다82244, 2010.3.11).

예를 들어, 경업에 관하여 ⅰ) 제한기간을 한정하고 ⅱ) 대상지역을 명확히 하고 ⅲ) 대상 직종이나 업무를 한정하며 ⅳ) 제한(근로자의 불이익)에 어떠한 대가가 지급되었는지 여부 등이 경업금지약정의 유효성 인정 요건이 된다. 다만, 제한기간이 지나치게 길거나, 제한 직종이나 업무를 모든 업무로 하는 등 제한의 범위가 지나치게 포괄적이거나 추상적이라면 인정되지 아니한다는 것이다.

> **사례: 경업금지약정이 유효성 판단(대법원 2009다82244, 2010.3.11)**
>
> 근로자 갑이 을 회사를 퇴사한 후 그와 경쟁관계에 있는 중개무역회사를 설립·운영하자 을 회사 측이 경업금지약정 위반을 이유로 하여 갑을 상대로 손해배상을 청구한 사안에서, 갑이 고용기간 중에 습득한 기술상 또는 경영상의 정보 등을 사용하여 영업을 하였다고 하더라도 그 정보는 이미 동종업계 전반에 어느 정도 알려져 있었던 것으로, 설령 일부 구체적인 내용이 알려지지 않은 정보가 있었다고 하더라도 이를 입수하는 데 그다지 많은 비용과 노력을 요하지는 않았던 것으로 보이고, 을 회사가 다른 업체의 진입을 막고 거래를 독점할 권리가 있었던 것은 아니며 그러한 거래처와의 신뢰관계는 무역 업무를 수행하는 과정에서 자연스럽게 습득되는 측면이 강하므로 경업금지약정에 의해 보호할 가치가 있는 이익에 해당한다고 보기 어렵거나

그 보호가치가 상대적으로 적은 경우에 해당한다고 할 것이고, 경업금지약정이 갑의 이러한 영업행위까지 금지하는 것으로 해석된다면 근로자인 갑의 직업선택의 자유와 근로권 등을 과도하게 제한하거나 자유로운 경쟁을 지나치게 제한하는 경우에 해당되어 민법 제103조에 정한 선량한 풍속 기타 사회질서에 반하는 법률행위로서 무효라고 할 것이므로, 경업금지약정이 유효함을 전제로 하는 손해배상청구는 이유 없다고 하였다.

사례: 경업금지의무(약정)이 직업선택의 자유를 보장한 헌법규정의 위반여부 (대법원 97다8229, 1997.6.13)

특수한 기술상의 비밀정보를 가지고 있고 이러한 비밀정보는 일종의 객관화된 지적재산이므로, 퇴직사원의 영업비밀 침해행위에 대하여 회사와의 사이에 침해행위중지 및 위반 시 손해배상 약정금을 정한 합의가 이루어진 경우, 그 합의서의 내용을 회사의 영업비밀을 지득하는 입장에 있었던 사원들에게 퇴직 후 비밀유지의무 내지 경업금지의무를 인정하는 것으로 해석하는 것은 직업선택의 자유에 관한 헌법규정에 반하지 않는다.

④ 보호할 가치 있는 사용자의 이익이란?

부정경쟁방지 및 영업비밀보호에 관한 법률에 정한 '영업비밀'뿐만 아니라 그 정도에 이르지 아니하였더라도 당해 사용자만이 가지고 있는 지식 또는 정보로서 근로자와 이를 제3자에게 누설하지 않기로 약정한 것이거나 고객관계나 영업상의 신용의 유지도 이에 해당한다(대법원 2009다82244, 2010.3.11).

5
위약예정의 금지

사용자는 근로계약 불이행에 대한 위약금 또는 손해배상액을 예정하는 계약을 체결하지 못한다(근로기준법 제20조). 위약금 또는 손해배상액을 예정하는 계약을 '위약예정 계약'이라고 하는데, 이는 근로자가 근로계약을 이행하지 않는 경우 손해발생의 여부 및 실제 손해발생액과 상관없이 일정한 액수의 위약금이나 손해배상액을 미리 정하여 두는 계약을 의미한다. 다만, 위약금이나 손해배상액을 미리 정하여 두지 않고, 실제 발생한 경우 청구하는 것은 가능하다.

① **교육 또는 연수에 대하여 의무재직기간을 설정하고 의무재직기간을 충족하지 못한 경우 연수비를 반환하기로 하는 약정은 유효한 것인지?**

사용자가 근로자의 교육 훈련 또는 연수를 위한 비용을 우선 지출하고 근로자는 실제 지출된 비용의 전부 또는 일부를 상환하는 의무를 부담하기로 하되 i) 장차 일정 기간 동안 근무하는 경우에는 그 상환 의무를 면제해 주기로 하는 취지인 경우에는, 그러한 약정의 필요성이 인정된다. 이때 주로 사용자의 업무상 필요와 이익을 위하여 원래 사용자가 부담하여야 할 성질의 비용을 지출한 것에 불과한 정도가 아니라 ii)

근로자의 자발적 희망과 이익까지 고려하여 근로자가 전적으로 또는 공동으로 부담하여야 할 비용을 사용자가 대신 지출한 것으로 평가되며, iii) 약정 근무 기간 및 상환해야 할 비용이 합리적이고 타당한 범위 내에서 정해져 있는 등 위와 같은 약정으로 인하여 근로자의 의사에 반하는 계속 근로를 부당하게 강제하는 것으로 평가되지 않는다면, 그러한 약정까지 위약예정의 금지에 해당하는 것은 아니다(대법원 2006다37274, 2008.10.23).

즉, 의무재직기간을 설정한 연수비 반환약정의 경우 상기와 같이 일정 요건을 갖춘 약정이라면 위약예정 금지에 해당하지 않아 유효한 약정이라 할 수 있다.

② 미리 정한 근무기간 이전에 퇴직한 경우 임금을 반환하기로 하는 약정은 유효한 것인지?

근로자가 일정 기간 동안 근무하기로 하면서 이를 위반할 경우 소정 금원을 사용자에게 지급하기로 약정하는 경우, 그 약정의 취지가 약정한 근무 기간 이전에 퇴직하면 그로 인하여 사용자에게 어떤 손해가 어느 정도 발생하였는지 묻지 않고 바로 소정 금액을 사용자에게 지급하기로 하는 것이라면 이는 명백히 위약예정의 금지에 반하는 것이어서 효력을 인정할 수 없다. 또, 그 약정이 미리 정한 근무 기간 이전에 퇴직하였다는 이유로 마땅히 근로자에게 지급되어야 할 임금을 반환하기로 하는 취지일 때에도, 역시 그 효력을 인정할 수 없다(대법원 2006다

37274, 2008.10.23).

③ 명칭은 연수라고 하여도 실제로는 출장에 해당한다면 연수비 반환이 가능한 것인지?

직원의 해외연수여행의 주된 실질이 교육훈련이 아니라 출장업무를 수행한 것에 불과하여 이러한 해외 출장업무에 대하여 지급한 금품은 출장이라고 하는 특수한 근로의 대상으로서 일종의 임금에 해당하거나 또는 업무수행에 있어서의 필요불가결하게 지출할 것이 예정되어 있는 경비를 보전해 준 것에 불과하여 재직기간 의무근무 위반을 이유로 이를 반환하기로 하는 약정 또한 마찬가지로 무효라고 보아야 한다.

연수여행이 그 기간이 매우 단기간에 불과할 뿐더러, 그 또한 매우 빈번하게 이루어졌던 점, 위 각 연수기간 중 특별한 교육프로그램이나 훈련과정이 설정되어 있지 아니하였던 반면, 위 연수기간의 대부분이 신제품에 적용할 디자인 개발에 필요한 정보수집이나 견본의 확보 및 시장조사를 위하여 소요되었던 점, 나아가 이와 같은 활동이 회사의 제품 개발에 있어 필수불가결한 중요 업무 중 하나에 해당하는 점 등을 감안하면 위 연수여행은 회사의 단순한 출장업무에 해당한다고 봄이 상당하다 할 것이고, 근로자가 회사로부터 지급받은 연수여행비용은 출장업무에 대하여 회사가 지급한 금품에 해당한다는 이유로 그 경비 상당의 금원의 반환을 구하는 회사의 주장은 타당하지 않다. 따라서 근로자가 회사비용으로 다녀온 외국 연수목적이 교육이 아니라 출장이었다면 의무재직기간 이전에 퇴사해도 연수비용을 상환하지 않아도 된다(대법원 2003다7388, 2003.10.23).

④ 퇴직 후에 유사업종에 종사함으로써 영업비밀 유출에 대한 위약금 또는 손해배상액의 약정은 유효한 것인지?

사용자는 근로계약 불이행에 대한 위약금 또는 손해배상액을 예정하는 계약을 체결할 수 없다. 그러나 경업금지에 대한 약정이 근로계약 불이행에 따른 위약금 또는 손해배상액을 예정한 것이 아니라 퇴직 후에 유사업종에 종사함으로써 영업비밀 유출에 대한 위약금 또는 손해배상액을 예정한 것(기업의 영업권 보호와 영업비밀보호를 위해 근로계약서와 함께 경업금지약정서 작성 시 위약금을 예정하는 것)이라면 위약 예정 금지 위반으로 보기는 어려울 것이나, 경업금지의 약정이 과도하다면 민법상 계약의 신의성실원칙에 위반될 소지가 있다(근로개선정책과-2396, 2013.4.18).

⑤ 재계약을 전제로 지급한 복리후생에 대하여 재계약이 성립하지 않아 반환을 요구하는 것이 가능한 것인지?

회사가 근로자에게 복리후생으로 왕복항공료를 지급한 경우, 항공료는 근로의 대가로 지급하는 임금이나 취업규칙상 사용자가 부담할 의무가 있는 금품으로 볼 수 없고, 근로자가 부담하여야 할 항공료를 사용자가 재계약을 전제로 복리후생 차원에서 부담하였다면, 재계약이 되지 않아 이를 반환하도록 요구하는 것은 위약예정의 금지 위반으로 보기 어렵다(근로개선정책과-169, 2011.3.10).

⑥ 기업이 전문 인력을 채용하면서 연봉과 별도로 일회성의 인센티브 명목으로 지급한 이른바 사이닝보너스의 법적 성격은?

기업이 경력 있는 전문 인력을 채용하기 위한 방법으로 근로계약 등을 체결하면서 일회성의 인센티브 명목으로 지급하는 이른바 사이닝보너스가 이직에 따른 보상이나 근로계약 등의 체결에 대한 대가로서의 성격만 가지는지, 더 나아가 의무근무기간 동안의 이직금지 내지 전속근무 약속에 대한 대가 및 임금 선급으로서의 성격도 함께 가지는지는 해당 계약이 체결된 동기 및 경위, 당사자가 계약에 의하여 달성하려고 하는 목적과 진정한 의사, 계약서에 특정 기간 동안의 전속근무를 조건으로 사이닝보너스를 지급한다거나 그 기간의 중간에 퇴직하거나 이직할 경우 이를 반환한다는 등의 문언이 기재되어 있는지 및 거래의 관행 등을 종합적으로 고려하여 판단하여야 할 것이다. 만약 해당 사이닝보너스가 이직에 따른 보상이나 근로계약 등의 체결에 대한 대가로서의 성격에 그칠 뿐이라면 계약 당사자 사이에 근로계약 등이 실제로 체결된 이상 근로자 등이 약정근무기간을 준수하지 아니하였더라도 사이닝보너스가 예정하는 대가적 관계에 있는 반대급부는 이행된 것으로 볼 수 있을 것이다(대법원 2012다55518, 2015.06.11).

6
채용내정

　채용내정이란 통상적으로 본 채용(정식채용) 상당기간 전에 채용할 자를 미리 선정하여 두는 것을 의미한다. 채용내정 계약이라 할 수 있기 위해서는 졸업, 학위취득, 서류 또는 서약서의 제출, 프로젝트의 완성 등 일정한 요건 충족을 전제로 하는 특별한 조건이 붙어야 함이 일반적이다(중노위 2010부해710, 2010.11.4). 예를 들어 기업의 채용 절차에 따라 졸업예정자를 채용대상자로 확정하고, 졸업 후 채용하기로 확정하는 방식을 말한다. 기업의 입장에서는 필요한 인력을 사전에 확보하고, 채용대상자의 입장에서는 취업을 이른 시기에 확정한다는 장점이 있다. 채용내정의 법적 성질은 채용내정 시 근로관계가 성립하는 것으로 보고 있으며, 다만, 채용내정 시부터 정식발령일까지 사이에는 사용자에게 근로계약의 해약권이 유보된다고 한다(대법원 2000다51476, 2000.11.28).

① 채용내정 취소의 법률상 성격은 무엇인지?

　회사가 1997년 11월 말경 채용내정자들에 대하여 최종합격통지를 하고 같은 해 12월경 서약서 등 입사관계서류 제출을 요구하여 교부받음으로써 채용내정자들과 회사 사이에는 채용 내정자들이 1998년 2

월까지 대학을 졸업하지 못할 것 등을 해약사유로 유보하고, 취업할 시기를 1998년 3월로 하는 내용의 근로계약이 성립되었다고 할 것이고, 따라서 회사가 1998년 8월 18일 채용내정자들에 대하여 한 채용내정 취소통지는 그 실질내용에 비추어, 해고에 해당한다고 할 것이므로, 위 채용내정취소에 정당한 이유가 없는 한 회사가 채용내정자들에 대하여 한 위 채용내정취소는 무효라고 할 것이다(서울지법 98가합20043, 1999.4.30). 즉, 채용내정을 근로계약의 성립으로 보기 때문에, 사용자에게 근로계약의 해약권이 유보되어 있다고 하더라도 채용내정의 취소는 법률상 해고에 해당하고 정당한 해약권의 행사가 아니라면 이는 무효인 해고가 된다.

② 채용내정의 취소사유는 일반적인 해고사유와 동일한지?

내정단계에서는 구체적인 근로의 제공이 없었으므로 채용내정 취소사유는 통상의 해고사유와는 달리 채용내정제도의 취지·목적에 비추어 객관적이고 합리적인 사유가 있어야 한다. 채용내정의 취소는 크게 채용내정자의 귀책사유에 의한 취소와 경영상 이유에 의한 취소로 나누어 볼 수 있다.

채용내정자의 귀책사유에 의한 채용내정의 취소 사유로 구체적인 예를 들면, 졸업의 연기, 건강상태의 악화, 이력서의 경력이나 신상명세서에 중요한 부분의 허위기재 등이 있다.

경영상 이유에 의한 취소로는 채용내정 시부터 정식발령일까지 사이에는 사용자에게 근로계약의 해약권이 유보된다고 할 것이어서 채용 내정자들에 대하여는 경영상 해고의 요건 중에서 근로자대표와의 협의가 적용되지 않는다고 보아야 한다고 하여 경영상 해고 요건을 완화하여 적용한다(대법원 2000다51476, 2000.11.28).

③ 취업예정일 이후에 채용이 취소되는 경우 임금은 지급하여야 하는지?

채용내정자의 취업예정일 이후에 사용자의 귀책사유로 채용내정을 취소하는 경우 사용자는 채용내정자에게 임금 전액을 지급하여야 한다(대법원 2000다25910, 2002.12.10).

④ 정당한 채용내정의 취소가 아닌 경우는?

정당한 채용내정의 취소가 아닌 경우 부당해고가 되어 채용내정의 취소는 무효가 된다. 또한, 정당한 채용내정의 취소는 '불법행위'가 성립하여 사용자는 채용내정자에게 손해를 배상할 책임이 있다(대법원 92다42897, 1993.9.10).

> **사례: 학교법인이 사무직원채용통지를 하였다가 채용하지 않은 경우**
> **(대법원 92다42897, 1993.9.10)**
>
> 학교법인이 채용내정자 A를 사무직원 채용시험의 최종합격자로 결정하고 그 통지와 아울러 "1989.5.10. 자로 발령하겠으니 제반 구비서류를 5.8.까지 제출하여 달라"는 통지를 하여 채용내정자로 하여금 위 통지에 따라 제반 구비서류를 제출하게 한 후, A의 발령을 지체하고 여러 번 발령을 미루었으며,

그 때문에 A는 위 학교법인이 1990.5.28. A를 직원으로 채용할 수 없다고 통지할 때까지 임용만 기다리면서 다른 일에 종사하지 못한 경우 이러한 결과가 발생한 원인이 위 학교법인이 자신이 경영하는 대학의 재정 형편, 적정한 직원의 수, 1990년도 입학정원의 증감 여부 등 여러 사정을 참작하여 채용할 직원의 수를 헤아리고 그에 따라 적정한 수의 합격자 발표와 직원채용통지를 하여야 하는데도 이를 게을리하였기 때문이라면 위 학교법인은 불법행위자로서 A가 위 최종합격자 통지와 계속된 발령 약속을 신뢰하여 직원으로 채용되기를 기대하면서 다른 취직의 기회를 포기함으로써 입은 손해를 배상할 책임이 있다.

⑤ 근로자에게 근무가능 여부를 문의한 것을 채용내정으로 볼 수 있는지?

채용내정이란 본채용 전에 채용할 자를 미리 결정하여 두는 것으로 채용내정통지 및 최종합격통보 등을 통해 객관적으로 명확하게 입증이 가능한 경우에 한해 당사자 간 근로계약이 성립되었다고 할 것으로, 사용자가 문자메시지로 이 사건 근로자에게 근무가능 여부를 문의한 것은 채용내정이라기보다는 근로계약 체결의 의사가 있는지를 확인하는 청약의 유인으로 보는 것이 타당하다. 청약의 유인에 대하여 이 사건 근로자가 이에 응하였다 하더라도 사용자가 승낙하지 않는 이상 근로계약은 성립되지 않으므로, 사용자의 승낙이 있었다는 점이 입증되지 않는다면 근로계약이 성립되었다고 보기 어렵다(중노위 2019부해1525, 2020.2.11).

7
시용

시용근로계약이란, 근로자를 기업조직에 최종적으로 편입시키는 데 신중을 기하기 위하여 입사한 근로자를 곧바로 정규근로자로 임명하지 않고 일정 기간을 설정하여 그 기간 내의 근무상황 등을 고려하여 근로자의 직업적성과 업무능력, 자질, 인품, 성실성 등을 판단하려는 목적으로 체결된 근로계약을 가리킨다(대전지법 2014구합100626, 2015.2.5). 일정 기간 동안 당해 근로자가 앞으로 담당하게 될 업무를 수행할 수 있는가에 관하여 그 인품 및 능력 등을 평가하여 정식사원으로서의 본채용 여부를 결정하는 것이므로, 일종의 해약권유보부 근로계약이라 할 수 있다(대법원 92다15710, 1992.8.18).

① 시용계약은 어떻게 성립하는지?

취업규칙 중 시용기간의 적용에 관한 규정이 근로자에 대한 시용기간의 적용을 선택적 사항으로 규정하고 있으므로 근로자를 신규채용하는 경우에는 그 근로자에 대하여 시용기간을 적용할 것인가의 여부를 근로계약에 명시하여야 한다. 근로계약에 시용기간이 적용된다고 명시되지 않으면 시용근로자가 아닌 정규근로자로 채용된 근로자라고 인정한다(대법원 90다4914, 1991.11.26). 시용계약의 연장은 근로자의 법적 지위에 중대한 영향을 미치고, 근로계약의 중요한 일부를 이루는 사항이므로 최소한 시용기간 연장은 그에 대하여 근로자가 동의하거나 근로자에게 통보되어야 그 효력이 있다(서울행법 2006구합20655, 2006.9.26).

② 시용계약 만료 후 본채용 거부의 법률적 성질은?

시용기간 만료 시 본계약의 체결을 거부하는 것은 사용자에게 유보된 해약권의 행사로서 해고에 해당한다. 다만, 당해 근로자의 업무능력·자질·인품·성실성 등 업무적격성을 관찰·판단하려는 시용제도의 취지와 목적에 비추어 볼 때 보통의 해고보다는 넓게 인정되나, 이 경우에도 객관적으로 합리적인 이유가 존재하여 사회통념상 상당하다고 인정되어야 할 것이다(대법원 2002다62432, 2006.2.24).

> **사례: 시용 중의 버스운전사 본채용 거부**
> **(대법원 87다카555, 1987.9.8)**
>
> 버스운전사로 채용된 자가 3개월간의 시용기간 중에 앞차를 충돌하여 승객들이 부상하고 앞차가 파손되는 사고가 발생하여 즉심에 회부되어 75일간 운전면허 정지처분까지 받았다면 시용제도의 목적에 비추어 운전사를 해고할 수 있는 정당한 사유에 해당된다.
>
> **사례: 시용 중의 택시기사 본채용 거부**
> **(서울행법 2006구합20655, 2006.9.26)**
>
> 비록 근무시간이 종료된 이후이기는 하지만 시용기간 중의 근로자가 술자리에서 다툼을 벌이고, 그로 인하여 2일간 회사 업무를 수행하지 못하였음은 물론, 형사처벌까지 받은 점, 회사가 공고한 고과수당제에 대하여 근무시간 중에

정당한 절차를 거치지 아니한 채 이를 일방적으로 비방한 점, 한 달간 택시 운행 시 5차례나 차량 제한 속도를 위반한 점 등 변론에 나타난 제반사정을 종합하면, 회사는 시용 중의 택시기사가 운전기사로서의 업무적격성이 없다고 판단하여 정식채용을 거부할 만한 합리적인 이유가 있었다고 할 것이다.

사례: 상대평가 방식의 근무성적평정 등으로 본채용 거부
(대법원 2002다62432, 2006.2.24)

은행이 각 지점별로 C나 D의 평정 등급 해당자 수를 할당한 점, 은행이 근무성적평정표 제출 후 일부 지점장들에게 재작성을 요구하고, 이에 따라 일부 지점장들이 평정자와 확인자를 달리하도록 한 근무성적평정요령에 어긋나게 혼자서 근무성적평정표를 다시 작성하기도 한 점, 시용근로자들에 대한 근무성적평정표와 평정의견서만으로 시용근로자들의 업무수행능력이 얼마나, 어떻게 부족했는지, 그로 인하여 업무수행에 어떠한 차질이 있었는지를 알 수 없는 점 등에 비추어, 은행이 시용근로자들과 맺은 이 사건 근로계약을 해지한 데에 정당한 이유가 있다고 보기 어렵다.

③ 시용계약에서 본채용 거부하는 경우 그 방법은?

시용근로관계에서 사용자가 본 근로계약 체결을 거부하는 경우에는 해당 근로자로 하여금 그 거부사유를 파악하여 대처할 수 있도록 구체적·실질적인 거부사유를 서면으로 통지하여야 한다고 봄이 타당하다. 사용자가 근로자에게 단순히 시용기간의 만료로 해고한다는 취지로만 통지한 것은 해고사유의 서면 통지를 위반한 절차상 하자가 있어 효력이 없다(대법원 2015두48136, 2015.11.27).

④ 시용계약 만료 후의 효과는?

시용근로계약 기간이 만료된 후 사용자가 본채용 거부 사유를 제시하지 않고 계속 사용한다면 정규근로자로 전환된다. 정규근로자로 전환된다면 시용기간 동안의 근무기간은 근속기간에 산입되어 퇴직금 및 연차휴가 등의 산정 시 포함되어 계산하여야 한다.

⑤ 시용과 채용내정의 차이점은?

확정적인 근로계약을 체결하기 전의 고용관계라는 점에서는 채용내정과 같으나 채용내정의 경우 실제 사용종속관계 아래서의 근로가 이루어지는 것은 아니지만, 시용기간 중에는 현실적으로 사용종속관계 아래서 근로가 이루어진다는 점에서 채용내정과 차이가 있다.

⑥ 시용과 수습의 차이점은?

수습은 확정적인 근로계약을 체결한 후 직업능력과 적응능력을 향상시키기 위한 기간으로 숙련된 근로자가 되기 위한 교육기간이라고 볼 수 있다. 시용은 앞서 설명한 바와 같이 확정적인 근로계약이 아닌 해약권이 유보된 근로계약으로서 시험적으로 사용하는 기간이다. 시용의 본채용 거부는 해고와 동일하나 본채용 거부의 이유는 일반적인 해고보다 넓게 해석되지만 수습은 이미 확정적인 근로계약이므로 수습종료 후 본채용 거부는 있을 수 없고, 근로관계 종료는 일반 근로자의 해고와 동일하다. 다만, 수습의 경우 일정한 요건을 충족하면 최저임금은 일반근로자 최저임금의 90% 이상을 지급해도 된다.

〈첨부서식〉

표준근로계약서(기간의 정함이 없는 경우)

_____(이하 "사업주"라 함)과(와) _____(이하 "근로자"라 함)은 다음과 같이 근로계약을 체결한다.

1. 근로개시일 :   년   월   일부터
2. 근 무 장 소 :
3. 업무의 내용 :
4. 소정근로시간 :___시 분부터___시___분까지 (휴게시간 :   시 분~ 시   분)
5. 근무일/휴일 : 매주   일(또는 매일단위)근무, 주휴일 매주___요일
6. 임 금
    - 월(일, 시간)급 : _____원
    - 상여금 : 있음 (   )_____원, 없음 (   )
    - 기타급여(제수당 등) : 있음 (   ), 없음 (   )
        · _____원, _____원
        · _____원, _____원
    - 임금지급일 : 매월(매주 또는 매일)   일(휴일의 경우는 전일 지급)
    - 지급방법 : 근로자에게 직접지급(   ), 근로자 명의 예금통장에 입금(   )
7. 연차유급휴가
    - 연차유급휴가는 근로기준법에서 정하는 바에 따라 부여함
8. 사회보험 적용여부(해당란에 체크)
    □ 고용보험 □ 산재보험 □ 국민연금 □ 건강보험
9. 근로계약서 교부
    - 사업주는 근로계약을 체결함과 동시에 본 계약서를 사본하여 근로자의 교부요구와 관계없이 근로자에게 교부함(근로기준법 제17조 이행)
10. 근로계약, 취업규칙 등의 성실한 이행의무
    - 사업주와 근로자는 각자가 근로계약, 취업규칙, 단체협약을 지키고 성실하게 이행하여야 함
11. 기 타
    - 이 계약에 정함이 없는 사항은 근로기준법령에 의함

                        년   월   일

(사업주) 사업체명 :   (전화 :   )
          주 소 :
          대 표 자 :   (서명)
(근로자) 주 소 :
          연 락 처 :
          성 명 :   (서명)

표준근로계약서(기간의 정함이 있는 경우)

_____(이하 "사업주"라 함)과(와) _____(이하 "근로자"라 함)은 다음과 같이 근로계약을 체결한다.
1. 근로계약기간 :   년   월   일부터   년   월   일까지
2. 근 무 장 소 :
3. 업무의 내용 :
4. 소정근로시간 :   시   분부터   시   분까지 (휴게시간 : 시 분~ 시   분)
5. 근무일/휴일 : 매주   일(또는 매일단위)근무, 주휴일 매주   요일
6. 임 금
    - 월(일, 시간)급 : _____원
    - 상여금 : 있음 (   ) _____원, 없음 (   )
    - 기타급여(제수당 등) : 있음 (   ), 없음 (   )
      · _____원, _____원
      · _____원, _____원
    - 임금지급일 : 매월(매주 또는 매일)   일(휴일의 경우는 전일 지급)
    - 지급방법 : 근로자에게 직접지급(   ), 근로자 명의 예금통장에 입금(   )
7. 연차유급휴가
    - 연차유급휴가는 근로기준법에서 정하는 바에 따라 부여함
8. 사회보험 적용여부(해당란에 체크)
    ☐ 고용보험   ☐ 산재보험   ☐ 국민연금   ☐ 건강보험
9. 근로계약서 교부
    - 사업주는 근로계약을 체결함과 동시에 본 계약서를 사본하여 근로자의 교부요구와 관계 없이 근로자에게 교부함(근로기준법 제17조 이행)
10. 근로계약, 취업규칙 등의 성실한 이행의무
    - 사업주와 근로자는 각자가 근로계약, 취업규칙, 단체협약을 지키고 성실하게 이행하여야 함
11. 기   타
    - 이 계약에 정함이 없는 사항은 근로기준법령에 의함

                          년   월   일

(사업주)   사업체명 :   (전화 :   )
          주   소 :
          대 표 자 :   (서명)
(근로자)   주   소 :
          연 락 처 :
          성   명 :   (서명)

연소근로자(18세 미만인 자) 표준근로계약서

_____(이하 "사업주"라 함)과(와) _____(이하 "근로자"라 함)은 다음과 같이 근로계약을 체결한다.
1. 근로개시일 :   년   월   일부터 (근로계약기간을 정하는 경우에는 "   년   월   일부터   년   월   일까지" 등으로 기재)
2. 근 무 장 소 :
3. 업무의 내용 :
4. 소정근로시간 : ___시 ___분부터 ___시 ___분까지 (휴게시간 : 시 분~ 시 분)
5. 근무일/휴일 : 매주   일(또는 매일단위)근무, 주휴일 매주 ___요일
6. 임 금
   - 월(일, 시간)급 : _____원
   - 상여금 : 있음 (   ) _____원, 없음 (   )
   - 기타급여(제수당 등) : 있음 (   ), 없음 (   )
     . _____원, _____원
     . _____원, _____원
   - 임금지급일 : 매월(매주 또는 매일)   일(휴일의 경우는 전일 지급)
   - 지급방법 : 근로자에게 직접지급(   ), 근로자 명의 예금통장에 입금(   )
7. 연차유급휴가
   - 연차유급휴가는 근로기준법에서 정하는 바에 따라 부여함
8. 가족관계증명서 및 동의서
   - 가족관계기록사항에 관한 증명서 제출 여부 : _____
   - 친권자 또는 후견인의 동의서 구비 여부 : _____
9. 사회보험 적용여부(해당란에 체크)
   ☐ 고용보험   ☐ 산재보험   ☐ 국민연금   ☐ 건강보험
10. 근로계약서 교부
    - 사업주는 근로계약을 체결함과 동시에 본 계약서를 사본하여 근로자의 교부요구와 관계없이 근로자에게 교부함(근로기준법 제17조, 제67조 이행)
11. 근로계약, 취업규칙 등의 성실한 이행의무
    - 사업주와 근로자는 각자가 근로계약, 취업규칙, 단체협약을 지키고 성실하게 이행하여야 함
12. 기타
    - 13세 이상 15세 미만인 자에 대해서는 고용노동부장관으로부터 취직인허증을 교부받아야 하며, 이 계약에 정함이 없는 사항은 근로기준법령에 의함

                               년   월   일

(사업주) 사업체명 :   (전화 :   )
        주   소 :
        대 표 자 :   (서명)
(근로자) 주   소 :
        연 락 처 :
        성   명 :   (서명)

친권자(후견인) 동의서

○ 친권자(후견인) 인적사항
　성　　명 :
　생년월일 :
　주　　소 :
　연 락 처 :
　연소근로자와의 관계 :

○ 연소근로자 인적사항
　성　　명 :　　　　　　　(만　　세)
　생년월일 :
　주　　소 :
　연 락 처 :

○ 사업장 개요
　회 사 명 :
　회사주소 :
　대 표 자 :
　회사전화 :

　본인은 위 연소근로자＿＿＿＿＿가 위 사업장에서 근로를 하는 것에 대하여 동의합니다.

　　　　　　　　　　　년　　월　　일

　　　　　　　　　　　　　친권자(후견인)　　　　　　(인)

첨　부 : 가족관계증명서 1부

건설일용근로자 표준근로계약서

____(이하 "사업주"라 함)과(와) ____(이하 "근로자"라 함)은 다음과 같이 근로계약을 체결한다.

1. 근로계약기간 :   년 월 일부터   년 월 일까지
   ※ 근로계약기간을 정하지 않는 경우에는 "근로개시일"만 기재
2. 근 무 장 소 :
3. 업무의 내용(직종) :
4. 소정근로시간 : ___시 ___분부터 ___시 ___분까지 (휴게시간 : 시 분~ 시 분)
5. 근무일/휴일 : 매주   일(또는 매일단위)근무, 주휴일 매주   요일(해당자에 한함)
   ※ 주휴일은 1주간 소정근로일을 모두 근로한 경우에 주당 1일을 유급으로 부여
6. 임 금
   - 월(일, 시간)급 : _____원(해당사항에 ○표)
   - 상여금 : 있음 (   ) _____원, 없음 (   )
   - 기타 제수당(시간외□야간□휴일근로수당 등):   원(내역별 기재)
     □시간외 근로수당:_____원(월   시간분)
     □야 간 근로수당:_____원(월   시간분)
     □휴 일 근로수당:_____원(월   시간분)
   - 임금지급일 : 매월(매주 또는 매일) _____ 일(휴일의 경우는 전일 지급)
   - 지급방법 : 근로자에게 직접지급(   ), 근로자 명의 예금통장에 입금(   )
7. 연차유급휴가
   - 연차유급휴가는 근로기준법에서 정하는 바에 따라 부여함
8. 사회보험 적용여부(해당란에 체크)
   □ 고용보험   □ 산재보험   □ 국민연금   □ 건강보험
9. 근로계약서 교부
   - "사업주"는 근로계약을 체결함과 동시에 본 계약서를 사본하여 "근로자"의 교부요구와 관계없이 "근로자"에게 교부함(근로기준법 제17조 이행)
10. 근로계약, 취업규칙 등의 성실한 이행의무
    - 사업주와 근로자는 각자가 근로계약, 취업규칙, 단체협약을 지키고 성실하게 이행하여야 함
11. 기 타
    - 이 계약에 정함이 없는 사항은 근로기준법령에 의함

                              년   월   일

(사업주) 사업체명 :   (전화 :   )
          주   소 :
          대 표 자 :   (서명)
(근로자) 주   소 :
          연 락 처 :
          성   명 :   (서명)

단시간근로자 표준근로계약서

_____(이하 "사업주"라 함)과(와) _____(이하 "근로자"라 함)은 다음과 같이 근로계약을 체결한다.

1. 근로개시일 :   년   월   일부터
   ※ 근로계약기간을 정하는 경우에는 "   년   월   일부터   년   월   일까지" 등으로 기재
2. 근 무 장 소 :
3. 업무의 내용 :
4. 근로일 및 근로일별 근로시간

근로 시간	( )요일 시간	( )요일 시간	( )요일 시간	( )요일 시간	( )요일 시간	( )요일 시간
시업	시 분	시 분	시 분	시 분	시 분	시 분
종업	시 분	시 분	시 분	시 분	시 분	시 분
휴게 시간	시 분 ~ 시 분	시 분 ~ 시 분	시 분 ~ 시 분	시 분 ~ 시 분	시 분 ~ 시 분	시 분 ~ 시 분

  ○ 주휴일 : 매주 ___요일
5. 임 금
   - 시간(일, 월)급 : _____원(해당사항에 ○표)
   - 상여금 : 있음 (   )   원, 없음 (   )
   - 기타급여(제수당 등) : 있음 : _____원(내역별 기재), 없음 (   ),
   - 초과근로에 대한 가산임금률: %
   ※ 단시간근로자와 사용자 사이에 근로하기로 정한 시간을 초과하여 근로하면 법정 근로시간 내라도 통상임금의 100분의 50%이상의 가산임금 지급('14.9.19. 시행)
   - 임금지급일 : 매월(매주 또는 매일)   일(휴일의 경우는 전일 지급)
   - 지급방법 : 근로자에게 직접지급(   ), 근로자 명의 예금통장에 입금(   )
6. 연차유급휴가: 통상근로자의 근로시간에 비례하여 연차유급휴가 부여
7. 사회보험 적용여부(해당란에 체크)
    □ 고용보험 □ 산재보험 □ 국민연금 □ 건강보험
8. 근로계약서 교부
   - "사업주"는 근로계약을 체결함과 동시에 본 계약서를 사본하여 "근로자"의 교부요구와 관계없이 "근로자"에게 교부함(근로기준법 제17조 이행)
9. 근로계약, 취업규칙 등의 성실한 이행의무
   - 사업주와 근로자는 각자가 근로계약, 취업규칙, 단체협약을 지키고 성실하게 이행하여야 함
10. 기 타
   - 이 계약에 정함이 없는 사항은 근로기준법령에 의함

                          년   월   일

(사업주)   사업체명 :   (전화 :   )
           주   소 :
           대 표 자 :   (서명)
(근로자)   주   소 :
           연 락 처 :
           성   명 :   (서명)

II

징계

1
징계의 개념 및 정당성

　징계란 사용자가 명령·복종관계를 근간으로 일정한 경영조직의 질서 또는 규율을 위반한 근로자의 행위를 훈계 또는 시정의 목적으로 부과하는 불이익조치를 의미한다. 징계는 근로계약상의 채무불이행에 대한 책임을 묻는 것이 아니라 회사의 일정한 경영목적을 달성하기 위하여 근로자에 대한 지휘명령을 통하여 노동력의 가치를 최대한 이용하고자 하는 것이다. 또한 잘못을 시정하고 다른 근로자에게 본보기로 삼아 재발을 방지하려는 데 그 행사목적이 있다.

① 정당한 징계가 되기 위해서는?

징계가 정당하기 위해서는 ⅰ) 징계사유가 정당해야 하고, ⅱ) 취업규칙 등에 정해진 절차를 준수해야 하며, ⅲ) 징계양정(정도)가 적정하여야 한다. 즉, 비위행위가 존재해야 하고, 동일한 사유로 중복하여 징계를 할 수 없으며, 취업규칙 또는 단체협약에서 규정하고 있는 징계절차를 준수하고, 징계처분의 결과를 통보해야 한다. 또한 다른 직원들의 징계수위와 비교하여 과하지 않아야 하고, 반복 및 반성의 정도, 근무태도, 고의 여부 등을 고려하여 적정한 수준의 징계처분을 해야 징계가 정당하게 된다.

② 징계사유의 정당성은 누가 입증해야 하는지?

피징계자가 자신의 징계혐의 사실에 대하여 부인하고 있는 경우 징계사유에 대한 입증책임은 사업주에게 있다 할 것이므로 징계권자가 징계혐의 사실에 대하여 명확히 입증하지 못하는 한 징계사유의 정당성을 인정할 수가 없다고 하여 사용자가 징계가 정당함을 입증해야 한다(중노위99부해563, 1999.12.08).

③ 취업규칙이 없는 경우 징계할 수 있는지?

취업규칙에 징계종류에 대한 구체적인 규정이 없다 하더라도 사용자로서 징계권을 행사해 해고하는 것이 가능하다(서울행정법원 2003구합16020, 2003.10.10).

④ 취업규칙에 해당하는 사유로 징계를 하였으나 참작할 사정도 고려할 필요가 있는지?

근로자가 취업규칙상의 징계해고 사유에 해당하는 행위를 하였다고 하더라도, 사용자의 해고처분이 정당한 것으로 인정되기 위해서는 사회통념상 고용관계를 계속할 수 없을 정도로 근로자에게 책임 있는 사유가 인정되어야 한다. 노동조합 전임자가 무단결근 등으로 취업규칙상의 징계해고 또는 징계사유에 해당하는 행위를 하였으나 무단결근에 참작할 사정이 인정되고 일부 행위가 징계사유에 해당하지 않는 것으로 판명되었을 경우, 그럼에도 사용자가 가장 무거운 징계해고처분을 한 것은 재량권을 일탈, 남용한 것으로 징계해고는 무효이다(인천지법 2009가합15219, 2010.4.15).

⑤ 징계를 취소할 수 있는지?

자체의 재심절차에서 징계처분을 취소할 수 있으며, 사용자가 징계절차의 하자, 징계사유의 존부, 징계양정 등에 잘못이 있음을 스스로 인정한 때에는 노동위원회의 구제명령이나 법원의 무효확인판결을 기다릴 것 없이 스스로 징계처분을 취소할 수 있고, 나아가 새로이 적법한 징계처분을 하는 것도 가능하다(대법원 2009다97611, 2010.6.10)

2
징계사유의 유형

징계사유는 각각의 기업의 취업규칙이나 단체협약에서 정하는 것이므로 각 기업별로 그 내용이 상이할 것이나, 대부분의 기업의 경우 주로 근로제공의무 위반, 성실의무 위반, 충실의무 위반, 반사회적 행위, 노동조합 관련 사유들을 징계사유로 정하고 있다. 실무상 주로 문제되는 징계사유로는 ⅰ) 지각·조퇴 등의 근무태만, ⅱ) 무단결근, ⅲ) 인사명령불복종, ⅳ) 업무지시불이행 및 거부, ⅴ) 겸직 및 이중취업 등이 있다. 다만, 징계사유는 취업규칙이나 단체협약에 기재되어 있다는 이유만으로 정당성이 성립하는 것은 아니고, 그 사유가 징계를 내릴 만한 정당한 사유이어야 한다.

① 징계사유가 정당하려면 어떤 요건을 갖추고 있어야 하는지?

단체협약, 취업규칙 등에 징계에 관한 규정이 있는 경우 그것이 근로기준법에 위배되어 무효가 아닌 이상 그에 따른 징계는 정당한 이유가 있는 징계라 할 것이고(대법원 89다카5451, 1990.4.27), 단체협약이나 취업규칙에 근로자에 대한 징계해고사유가 제한적으로 열거되어 있는 경우에는 그와 같이 열거되어 있는 사유 이외의 사유로는 징계 해고할 수 없다(대법원 93다37915, 1993.11.9)라고 하여 사용자가 근로자를 징계하고자 할 때는 그 사유가 단체협약, 취업규칙, 근로계약 등에 정한 사유이어야 한다.

단체협약이나 취업규칙에 징계사유가 열거되어 있다 하더라도 사유가 반드시 정당성을 갖는 것은 아니고, 그 징계사유 자체가 적법한 것이어야 한다. 징계사유가 근로자에게 책임 있는 사유와 무관한 것이거나 근로기준법 등을 반하는 내용이라면 사유에 적법성이 없으므로 징계사유가 정당하다고 볼 수 없다.

② 원래의 징계사유에 내용과 성격이 다른 별개의 새로운 사유를 추가하여 판단할 수 있는지?

사용자의 취업규칙과 인사규정에 직원의 직권면직사유에 관하여 규정하고 있는 경우에 사용자가 위 규정에 의하여 직원을 면직처분하였다면 그 면직처분의 당부는 당해 처분에서 면직사유로 삼은 사유에 의하여 판단하여야 하고 이와는 전혀 별개의 사유까지를 포함하여 위 면직처분의 당부를 판단할 수는 없는 것이다. 사용자가 근로자들에 대한 면직처분에서 기구 축소로 인한 정원의 감소를 면직사유로 삼았으나 사용자가 그 내용과 성격이 전혀 다른 인사비리에의 관여, 직무유기, 직무수행능력 부족 등을 실제 면직사유로 주장하였다면 이와 같이 당초의 면직사유와 다른 사유를 들거나 또는 이를 추가하여 면직처분에 정당한 이유가 있다고 하는 주장은 허용될 수 없다(대법원 91다11537, 1992.6.9),

③ 무단결근에 대하여 징계처분을 할 수 있는지?

취업규칙이나 단체협약에 무단결근, 지각, 조퇴 등을 일정 기간, 일정 횟수 반복하는 경우를 징계사유로 규정하는 것이 일반적이다. 다만 단순히 이러한 규정에 해당한다고 하여 징계의 정당성이 인정되는 것은 아니며, 사업장의 여건, 해당 근로자의 지위, 종전의 근무태도, 직무 내용 및 기타의 상황을 고려하여 정당성을 판단해야 할 것이다. 3일 이상의 무단결근을 징계해고사유로 규정하고 있는 취업규칙 규정이 근로기준법에 위반되어 무효라고 볼 근거는 없다고 판시한 사례가 있으며(대법원 89다카5451, 1990.4.27), 상당한 이유 없이 기능직 사원을 기능직에서 사무직으로, 다시 사무직에서 기능직으로 수차에 걸쳐 수시로 전직처분을 하고 다른 기능직 사원과 차별하여 연장근로 등을 시키지 않음으로써 수입이 감소된 데 대한 항의 내지 시정요구의 수단으로 5일간 작업거부를 한 근로자에 대한 해고처분은 징계권의 남용이나 형평의 원칙에 위배된 무효의 처분이라고 판시한 사례(대법원 90다8046, 1991.5.28)도 있다.

> **사례: 결근사유에는 해당하나 결근계 승인을 받지 못한 경우**
>   (대법원 89다카5451, 1990.4.27)
>
> 종업원이 질병 또는 부득이한 사유로 출근하지 못하였을 때에는 정오까지 결근계를 제출하여야 하고, 결근계 또는 사유를 신고하여 인증을 받지 못한 때에는 무단결근으로 취급하되, 다만 부득이한 사유가 있을 때에는 전화 또는 구두로 신고하여 사전 승낙을 받고 후에 출근한 때에는 사유서를 첨부한 결근계를 제출하도록 규정하고 있는 경우에 근로자가 어떤 인편 또는 전화

상으로 구두에 의한 결근신고를 하고 그에 대한 승인을 받았다고 하더라도 후일 출근 시에 사유서가 첨부된 결근계를 제출하여 사후 승인을 받지 않았다면 무단결근으로 취급될 수밖에 없다.

사례: 결근계를 제출하였어도 사용자의 승낙을 받지 못한 경우
    (대법원 97다6926, 1997.4.25)

근로자가 근로계약에 의하여 사용자에게 부담하는 근로제공의무를 이행하지 못하게 된 경우 이를 정당화하기 위해서는 사용자의 사전 또는 사후의 승인을 요하고, 근로자의 일방적인 통지에 의하여 근로제공의무 불이행이 정당화 될 수는 없으므로, 근로자가 종래의 근무부서에 출근하지 아니하면서 결근계를 제출하였다고 하더라도 사용자의 승낙이 없는 이상 무단결근에 해당한다.

④ 결근일수를 기준으로 징계사유를 정하는 경우 결근일수 산정 방식은?

회사의 인사위원회규정에 '7일 이상 무단결근하였을 때'에 대하여 5가지 징계의 종류 중 해고처분만을 할 수 있도록 규정하고 있으며, 단체협약에도 '정당한 사유 없이 7일 이상 무단결근하였을 때'를 징계위원회에 회부할 수 있는 사유로 규정하고 있다면, 해고는 징계처분 중 가장 무거운 처분으로서 사회통념상 고용계약을 계속시킬 수 없을 정도로 근로자에게 책임이 있는 사유가 있는 경우에야 할 수 있는 것인 점에 비추어 인사위원회규정에 의한 징계해고사유인 '7일 이상 무단결근 하였을 때'란 일정한 시간적 제한이 없이 합계 7일 이상의 무단결근을 한 모든 경우를 의미하는 것이 아니라 상당한 기간 내에 합계 7일 이상의 무단결근을 한 경우를 의미한다고 제한적으로 해석하여야 한다(대법원 94다 46596, 1995.5.26).

> **사례: 휴일 전후의 근로일을 결근한 경우 휴일도 결근으로 처리**
> **(서울행법 2000구13784, 2001.04.24)**
>
> 근로기준법상 주휴일 제도는 근로자의 피로를 회복시킴으로써 노동의 재생산을 꾀하고 생산성을 유지하기 위하여 정신적, 육체적 휴식을 취하는 데서 그치지 않고, 나아가 근로자로 하여금 근로제공의무를 벗어나 사업장 이외의 장소에서 자유로운 시간을 갖도록 하려는 데에 그 취지가 있는 만큼, 근로기준법 제54조 및 근로기준법시행령 제25조에서 사용자로 하여금 1주간의 소정근로일수를 개근한 근로자에게 1주일에 평균 1회 이상의 유급휴일을 주도록 한 규정은 1주일에 1회 이상의 휴일을 의무화하는 한편, 성실근로를 유도, 보상하기 위하여 소정의 근로일수를 개근하는 경우에 유급으로 할 것으로 정한 것으로 해석하여야 할 것이므로 근로자가 소정의 근로일수를 모두 근무하지 아니하였다 하더라도 사용자에 대하여 유급휴일로 처리하여 줄 것을 청구할 수 없을 뿐, 휴일 자체가 보장되지 않는다고 볼 수는 없으며, 따라서 휴일 전후의 근로일을 결근하였다고 하여 휴일을 결근으로 처리할 수는 없다 할 것이다.

> **참고: 사회통념상 근로자와 근로계약관계를 계속할 수 없는 상태**
> **(대법원 94누13053, 1995.4.25)**
>
> 사회통념상 사용자가 당해 근로자와 근로계약관계를 계속할 수 없는 상태에 이르렀다고 볼 사정이 있는지의 여부에 대한 판단을 하려면 징계대상자가 제재처분을 받게 된 경위, 그 처분을 받게 된 비위사실의 구체적인 내용과 정도, 이로 인하여 기업의 위계질서가 문란케 될 위험성 등 기업질서에 미칠 영향, 징계대상자가 그 제재처분에 따라 시말서를 제출하는 등으로

> 자신의 비위사실에 대하여 반성하고 있는지의 여부, 과거의 근무태도, 기업질서위반으로 다른 징계처분 등을 받은 전력이 있는지의 여부 등 여러 사정을 종합적으로 검토하여야 한다.

⑤ 전근·전직 등 전근인사명령에 불응한 결근에 대하여 징계할 수 있는지?

인사처분이나 지휘명령이 법령, 취업규칙, 공서양속 등에 위반하여 무효인 경우 이에 따르지 않더라도 해고사유가 되지 않는다. 반면 적법한 사내 대기발령을 받은 자가 대기하지 않거나 출근조차 하지 않는 경우, 적법한 전근명령에 불응하여 부임을 거부하는 경우, 운수업체에서 사용자의 배차지시를 거부하는 경우, 근로자가 안전보건규칙을 위반한 경우, 상사에게 폭언을 한 경우 등은 징계사유에 해당한다(대법원 94다4295, 1994.7.29).

> **참고: 전근·전직과 징계**
>
> 근로자에 대한 전직이나 전보처분은 근로자가 제공하여야 할 근로의 종류, 내용, 장소 등에 변경을 가져온다는 점에서 근로자에게 불이익한 처분이 될 수도 있으나 원칙적으로 사용자(인사권자)의 권한에 속하므로 업무상 필요한 범위 안에서는 상당한 재량을 인정하여야 하는 것으로서 이것이 근로자에 대하여 정당한 이유 없이 해고, 휴직, 정직, 감봉, 기타 징벌을 하지 못한다는 근로기준법 제23조 에 위반되거나 권리남용에 해당하는 등 특별한 사정이 없는 한 무효라고는 할 수 없다.
>
> 전직처분이 정당한 인사권의 범위 내에 속하는지의 여부는 당해 전직명령의

업무상의 필요성과 전직에 따른 근로자의 생활상의 불이익과의 비교, 교량과 근로자가 속하는 노동조합(노동조합이 없으면 근로자 본인)과의 협의 등 그 전직처분을 하는 과정에서 신의칙상 요구되는 절차를 거쳤는지의 여부에 의하여 결정되어야 한다(대법원 91다12752, 1991.7.12).

업무상 필요에 의한 전직 등에 따른 생활상의 불이익이 근로자가 통상 감수하여야 할 정도를 현저하게 벗어난 것이 아니라면 이는 정당한 인사권의 범위 내에 속하는 것으로서 권리남용에 해당하지 않는다고 할 것이고, 전직처분 등을 함에 있어서 근로자 본인과 성실한 협의절차를 거쳤는지의 여부는 정당한 인사권의 행사인지의 여부를 판단하는 하나의 요소라고는 할 수 있으나, 그러한 절차를 거치지 아니하였다는 사정만으로 전직처분 등이 권리남용에 해당하여 당연히 무효가 된다고 볼 수는 없다. 그리고 사용자가 전직처분 등을 함에 있어서 요구되는 업무상의 필요란 인원 배치를 변경할 필요성이 있고 그 변경에 어떠한 근로자를 포함시키는 것이 적절할 것인가 하는 인원선택의 합리성을 의미하는데, 여기에는 업무능률의 증진, 직장질서의 유지나 회복, 근로자 간의 인화 등의 사정도 포함된다(대법원 2010두20447, 2013.2.28).

⑥ 경위서 또는 시말서 제출 거부를 징계할 수 있는지?

취업규칙 등에 징계처분을 당한 근로자는 시말서를 제출하도록 규정되어 있는 경우 징계처분에 따른 시말서의 불제출은 그 자체가 사용자의 업무상 정당한 명령을 거부한 것으로서 징계사유가 될 수 있으므로 시말서 제출을 통보받은 근로자들이 기한 내에 시말서를 제출하지 아니한 것은 징계사유가 된다(대법원 90다12991, 1991.12.24). 인사규정에 견책의 징계처분을 당한 근로자는 시말서를 제출하도록 규정되어 있다면, 견책의 징계처분에 따른 시말서 불제출은 그 자체가 사용자의 업무상 정당한 명령을 거부한 것으로서 새로운 징계사유가 될 수는 있지만, 그 징계사유는 종전 징계처분에 뒤따르는 시말서 불제출이라는 가벼운 비위로서 특단의 사정이 없는 한 이에 대하여 징계종류 중 가장 무거운 해고를 선택한 것은 징계권의 범위를 일탈한 것이다(대법원 94누11767, 1995.3.3). 특히, 경위서나 시말서가 단순히 사건의 경위가 아니고 사죄문 또는 반성문을 기재하도록 한 것이라면 이는 헌법상 양심의 자유를 침해하는 것에 해당되어 이러한 바탕에서의 그 제출 거부를 징계사유로 삼게 되면 부당징계가 될 수 있다(대법원 2009두6605, 2010.1.14).

⑦ 휴가 또는 휴직신청을 회사가 거부하여 결근한 경우 징계할 수 있는지?

사용자는 근로자가 청구한 시기에 연차휴가를 주어야 하고, 다만 근로자가 청구한 시기에 휴가를 주는 것이 사업 운영에 막대한 지장이 있는 경우에는 그 시기를 변경할 수 있다. 따라서 근로자의 연차휴가 신청에 대하여 사용자가 회사의 운영에 지장이 있음을 이유로 적법하게 그 시기를 변경하였다는 사정이 없는 한 그 연차휴가 신청에 회사의 승인이 없더라도 근로자에게는 출근의무가 없으므로, 이러한 경우는 무단결근으로 볼 수 없다. 휴직신청의 경우에도 근로자가 정당한 휴직신청을 하였음에도 회사가 정당한 사유 없이 휴직 신청의 승인을 거부함으로써 근로자가 무단결근하는 사례가 초래된 경우 징계사유에 해당하지 않는다(서울고등법원 2018누34758, 2018.6.22).

⑧ 근무성적 불량이 징계사유에 해당하는지?

근무성적은 근로자가 직무수행에 필요한 지식, 기술, 경험을 토대로 주어진 업무를 성실히 수행하거나 목표를 달성하였는가를 평가하는 것으로, 근무성적 불량 자체만으로 곧바로 징계처분의 대상이 되는 것은 아니라 하더라도, 수차례 저조한 실적을 내거나 저조한 근무성적을 개선하고자 하는 노력은 하지 않은 채 계속된 업무복귀지시에도 불구하고 계속하여 업무를 거부하는 것은 징계의 대상이 될 수 있다(서울고등법원 2012누34220, 2013.4.25).

⑨ 상대평가에 따른 해고가 가능한 것인지?

일정 비율의 저평가자를 설정해 놓고, 해당 인원을 해고하는 것은 인정되지 않고, 절대평가 방식에 의거하여 정당한 이유가 있는 경우에는 평가결과에 따른 해고는 인정된다.

> **사례: 절대평가 최하위등급을 받아 해고한 경우**
> **(서울행법 2003구합39306, 2004.12.28)**
>
> 근로자가 2001년 하반기와 2002년 상반기 2회 연속 인사고과*에서 최하위등급인 C를 받은 점과 인사고과규정에서 1차 고과자가 1차 고과등급 산출 후 별도의 양식에 고과등급을 기재하여 피고과자에게 배부하고 피고과자가 1차 고과등급에 대한 의견, 면담요청 의사 여부를 표시하여 제출하도록 규정하고 있는 점, 근로자는 그 이전에도 인사고과불량자로 수회에 걸쳐 징계를 받은 전력이 있었던 점 등에 비추어 보면, 근로자에 대한 2회 연속

최하위등급으로 인과고과를 한 것이 근로자에게 일방적으로 불리하게 평가된 것이라고 보기 어렵고, 따라서 근로자가 2001년 하반기와 2002년 상반기 2회 연속 인사고과에서 최하위등급인 C를 받은 것은 취업규칙 소정의 징계사유에 해당하며, 근로자의 그 동안의 근무태도와 전력, 회사의 인사고과 방법과 근로자가 2연속 최하위등급인 C를 받은 경위 등 제반 사정을 종합하여 보면, 근로자가 주장하는 여러 사정을 감안한다 하더라도 회사가 위와 같은 사유로 근로자에 대한 징계로 해고를 선택하였다고 하더라도 그 징계 양정이 과중하여 징계권을 남용하였거나 일탈한 것이라고 볼 수 없다.

* 평가등급은 S, A, B, C의 4 등급으로 되어 있으며, S, A, B 등급의 경우 일정비율이 주어지지만 C등급은 강제분포가 아닌 임의분포로서 평가

다만, 상대평가 방식에 있어서도 일정 기간 동안 계속된 최하위등급을 받는 상황에서 대기발령 등을 거친 후 해고하는 것은 인정되기도 한다.

사례: 상대평가 최하위등급을 받아 해고한 경우
(중노위 중앙2015부해793, 2015.11.5)

3년 연속 최하위 수준의 평가점수를 받은 근로자 중에서 상담을 거쳐 전체 근로자의 0.3%에 해당하는 근로자들을 대상으로 역량 프로그램을 실시한 점, 1년간의 역량 프로그램을 통해 역량 향상의 기회를 부여하였음에도 다시 최하위 평가를 받는 등 역량이 개선되지 않은 점, 이에 따라 7주간의 대기발령 기간 중 적합한 직무를 부여하기 위한 노력에도 불구하고 근로자를 원하는 부서가 없어 전환배치가 이루어지지 못한 사정이 있는 점, 근로자가 업무능력과 태도를 개선하려는 노력이 미흡하였던 것으로 보이는 점 등을 종합하여 보면, 근무성적이 현저히 낮고, 이를 개선하기 위하여 역량향상 교육을 실시하였음에도 개선이 이루어지지 않았다는 이유로 이루어진 해고는 신의칙에 기초한 근로관계의 본질에 비추어 부당하다고 할 수 없다.

* 3년의 평가기간 중에 절대평가에서 상대평가로 평가기준이 변경됨.

⑩ 동료근로자들과의 불화가 징계사유에 해당하는지?

직원들 사이에서 끊임없이 갈등을 야기하고 마찰을 빚어 회사의 정상적인 업무진행을 곤란하게 한 것은 징계사유에 해당하며(서울행정법원 2008구합40080, 2009.3.17), 상급자의 지시에 반발하여 욕설과 폭언을 한 경우 징계사유에 해당한다(서울행정법원 2010구합40052, 2011.4.14).

⑪ 경력사칭, 이력서 허위기재가 해고사유에 해당하는지?

사용자가 노동자를 고용함에 있어서 경력 등을 기재한 이력서를 요구한 이유는 근로자의 기능경험 등 노동력 평가의 조사 자료로 하기 위해서 뿐만 아니라 그 근로자의 직장에 대한 정착성, 기업질서, 기업규범에 대한 적응성 기타 협조성 등 인격조사자료로 함으로써 노사 간의 신뢰관계의 설정이나 기업질서의 유지안정을 도모하고자 하는 데에도 그 목적이 있다 할 것이므로 근로자가 그 이력서에서 그 경력을 은폐하거나 사칭한 내용이 위 두 가지 목적 중 어느 것에 관계되든지 간에 사용자의 근로자에 대한 신뢰관계나 기업질서유지 등에 영향을 주는 것으로서 그 전력사칭이 사전에 발각되었다면 사용자는 고용계약을 체결하지 아니하였거나 적어도 동일조건으로는 계약을 체결하지 아니하였을 것으로 인정되는 정도의 것이라면 그 노동자에 대한 징계해고사유가 된다(대법원 83다카2202, 1990.12.7). 다만, 채용공고에는 "경력조건: 관계없음", "학력조건: 학력무관"으로 명시되어 있으며, 입·출고 등 단순노무직으로 최종학력 및 경력 사이에 별다른 관련성이 없는 경우 등에는 이력서 허위기재를 이유로 한 해고는 정당하지 않다(대법원 2013다110316, 2016.9.12).

⑫ 공익신고를 위한 내부고발이 기밀누설의 징계사유에 해당하는지?

회사의 신용이나 명예 등과 관련된 비밀을 제3자나 일반인에게 공포하여야 할 정당한 이익이 있고, 그 이익이 사용자가 침해받을 이익과 비교하여 더 큰 경우에는 근로자의 비밀유지의무 위반을 이유로 징계할 수 없다. 또한 공익신고자 보호법에서 정하는 바에 따라 공익신고를 한 근로자에 대하여 해고 등의 불이익 조치를 금하고 있다.

⑬ 회사의 승인 없이 겸직을 하는 경우 징계사유에 해당하는지?

겸직금지란 원래 고용된 회사의 업무 이외에 다른 업무에 종사하지 않아야 할 의무를 의미하고, 근로자가 자유시간에 적절한 휴식을 취함으로써 정신적·육체적 피로회복을 하는 것은 다음의 근로를 위해 필요하므로 겸직금지의무위반을 징계사유로 규정하는 것은 가능하다. 다만, 취업규칙에 의하더라도 겸직을 절대적으로 금지하는 것은 특별한 경우를 제외하고는 합리성을 결여한 것으로 무효라 할 것이다. 따라서 경쟁관계에 있는 기업에서의 이중취직은 물론 사용자의 이익이 부당하게 침해되거나 직장질서를 문란하게 하는 자기사업 등은 징계사유가 될 것이나, 기업질서나 노무제공에 아무런 문제가 없는 부업 등을 이유로 징계하는 것은 정당성이 긍정되기 어렵다.

⑭ 형벌이 확정되기 전 징계할 수 있는지?

징계혐의 사실의 인정은 형사재판의 유죄 확정 여부와는 무관한 것이므로 형사재판 절차에서 유죄의 확정판결을 받기 전이라도 징계혐의 사실은 인정될 수 있는 것이며, 그와 같은 징계혐의 사실인정은 무죄추정 원칙에 저촉된다고 볼 수 없으므로 유죄판결 이전에도 징계할 수 있다(대법원 2003두1042, 2003.6.13).

⑮ 회사에 대한 비방·진정이 징계사유에 해당하는지?

뚜렷한 자료도 없이 사용자를 수사기관에 고소·고발하거나 그에 대한 인격을 비난하는 내용까지 담긴 진정서 등을 타 기관에 제출하는 행위는 징계사유가 되고, 공개석상에서 진실과 다른 내용이나 과장된 내용을 가지고 회사를 비방하는 행위도 정당한 징계사유가 된다(대법원 91다42982, 1992.6.26).

⑯ 업무와 관련 없는 개인적 사생활로 징계처분을 받을 수 있는지?

근로자의 범죄행위나 사생활상 비행은 근로제공과 직접적인 관련이 없기 때문에 징계사유가 될 수 없음이 원칙이다. 따라서 사생활의 영역에서 발생한 비위행위는 그것이 형벌법규에 해당되어 처벌대상이 된다고 하더라도 그 사유로 인해 직무를 계속할 수 없다든지 기업질서를 교란한 경우, 또한 기업의 사업 활동에 직접 관련이 있거나 기업의 사회적

평가를 훼손할 염려가 있는 경우가 아니라면 징계의 대상으로 삼을 수 없다고 보는 것이 타당하다.

근로자에 대한 징계사유인 부동산투기행위가 근로자의 사생활에서의 비행에 불과하다고 볼 여지가 없지 아니하다 하더라도, 택지의 개발과 공급, 주택의 건설, 개량, 공급 및 관리 등을 통하여 시민의 주거생활의 안정과 복지향상에 이바지함을 목적으로 설립한 도시개발공사의 설립목적, 그 업무의 종류와 태양, 부동산보상 관련 업무를 담당하는 근로자의 업무내용 등의 여러 사정을 종합적으로 고려하면, 도시개발공사 소속 근로자의 부동산투기행위는 객관적으로 그 공사의 사회적 평가에 심히 중대한 악영향을 미치는 것으로 평가될 수 있는 경우라고 할 것이므로, 이는 그 공사의 인사규정 소정의 '공익을 저해하는 중대한 행위를 하였을 때'에 해당한다고 본 것은 정당하다(대법원 93누23275, 1994.12.13).

불륜은 기업 내 사생활 비위행위 중에서 가장 많이 문제되는 사안 중의 하나로 불륜 자체는 사생활의 비위행위이기에 원칙적으로 징계사유에 해당되지 않으나, 불륜으로 인해 기업질서와 근무 분위기에 부정적 영향을 미치는 경우 징계의 대상이 된다(서울행정법원 2012구합20083, 2013.5.15).

# 3
정당한 징계절차

사용자에게 사업의 목적달성 및 기업질서의 유지를 위해서 근로자에 대한 징계가 필요하더라도 근로자에 비해 상대적으로 우월한 위치에서 일방적으로 행사되는 사용자의 징계는 약세에 있는 근로자의 보호를 위해서 제한할 필요가 있다. 근로자는 근로계약, 취업규칙, 단체협약 및 근로기준법 등에서 정하는 바에 따라서 징계처분이 결정되는 과정에 참여할 권리를 가지고, 사용자는 그 근로자의 절차적 권리를 존중할 의무가 있을 뿐만 아니라 근로계약 등에서 정한 절차적 제한규정 및 근로기준법 등의 취지에 부합하는 결정 과정을 거쳐야 할 의무가 있다. 법원도 단체협약이나 취업규칙에 피징계자에게 징계위원회의 개최실시 및 장소에 관한 통지를 하여야 한다거나 징계위원회에서 소명할 기회를 부여하여야 한다는 명문의 규정이 있는 경우 이는 징계처분의 객관성과 공정성을 확보하기 위한 것으로서 일한 절차를 거치지 아니하고 한 징계처분은 원칙적으로 효력을 인정할 수 없다고 하였다(대법원 92다11220, 1992.1.30).

① 해고예고제도는 무엇인지?

사용자는 근로자를 해고하려면 적어도 30일 전에 예고를 하여야 하고, 30일 전에 예고를 하지 아니하였을 때에는 30일분 이상의 통상임금을 지급하여야 한다(근로기준법 제26조). 해고예고제도의 취지는 근로자로 하여금 해고에 대비하여 새로운 직장을 구할 수 있는 시간적 또는 경제적 여유를 주려는 것이므로, 사용자의 해고예고는 일정 시점을 특정하여 하거나 언제 해고되는지를 근로자가 알 수 있는 방법으로 하여야 한다(대법원 2009도13833, 2010.4.15).

해고예고기간은 근로일 기준이 아니고 역일을 기준으로 일수를 산정하고, 만일 30일 전에 해고예고를 하지 않고, 즉시 해고하고자 하면 30일분의 통상임금을 지급하여야 하는데, 이를 해고예고수당이라고 한다. 다만, 해고예고제도를 적법하게 준수하였다고 해도 해고의 효력이 반드시 정당성을 갖는 것은 아니다.

② 징계절차 규정이 의무규정이 아닌 경우에도 반드시 준수해야 하는지?

절차규정이 의무규정이 아닌 임의규정(훈시규정)으로 해석되는 경우 이는 사용자에게 재량적인 결정의 권한을 부여하는 것으로 해석된다. 법원도 회사의 징계절차를 규정한 상벌위원회운영규정에서 위원회의 심의상 필요하다고 인정되는 관계자를 위원회에 출석시켜 의견을 청취할 수 있다고 규정하였을 뿐, 징계대상자에게 필요적으로 변명의 기회를 부여할 것을 명하고 있지는 않은 경우 이와 같이 변명의 기회를 필요적인 것으로 규정하지 아니하였다고 하여 그 규정이 무효라고 할 수 없다(대법원 92다42774, 1993.7.13).

③ 취업규칙과 단체협약이 다른 경우 어떤 규정을 준수해야 하는지?

　근로조건을 불리하게 변경하는 내용의 단체협약이 현저히 합리성을 결하여 노동조합의 목적을 벗어난 것으로 볼 수 있는 것과 같은 특별한 사정이 없는 한 그러한 노사 간의 합의를 무효라고 볼 수는 없고, 단체협약의 개정에도 불구하고 종전의 단체협약과 동일한 내용의 취업규칙이 그대로 적용된다면 단체협약의 개정은 그 목적을 달성할 수 없으므로 개정된 단체협약에는 당연히 취업규칙상의 유리한 조건의 적용을 배제하고 개정된 단체협약이 우선적으로 적용된다는 내용의 합의가 포함된 것이라고 봄이 당사자의 의사에 합치한다고 할 것이다(대법원 2002두9063, 2002.12.27). 즉, 단체협약이 취업규칙보다 불리하게 개정되었더라도 유리한 취업규칙이 적용되는 것이 아니라 개정된 단체협약이 적용되는 것이다.

　또한, 단체협약에서 "해고에 관하여는 단체협약에 의하여야 하고 취업규칙에 의하여 해고할 수 없다"는 취지로 규정하거나 "단체협약에 정한 사유 외의 사유로는 근로자를 해고할 수 없다"고 규정하는 등 근로자를 해고함에 있어서 해고사유 및 해고절차를 단체협약에 의하도록 명시적으로 규정하고 있거나 동일한 징계사유나 징계절차에 관하여 단체협약상의 규정과 취업규칙 등의 규정이 상호 저촉되는 경우가 아닌 한 사용자는 취업규칙에서 새로운 해고사유를 정할 수 있고, 그 해고사유에 터잡아 근로자를 해고할 수 있으며 비록 단체협약에서 해고사유와 해고 이외의 징계사유를 나누어 구체적으로 열거하고 있다 하더라도 취업규칙에서 이와 다른 사유를 해고사유로 규정하는 것이 단체협약에 반하는 것이라고 할 수 없다(대법원 93다26151, 1994.6.14)고 하여 단체협약에 규정되어 있지 않은 취업규칙의 징계사유로도 근로자를 징계할 수 있다.

④ 취업규칙과 다른 노사관행이 존재하는 경우는?

사용자와 노동조합 사이에 근로자에 대한 징계절차를 취업규칙에서 정해진 징계절차보다 '근로자에게 유리한 방식'으로 운영하기로 합의가 이루어져 상당한 기간 그 합의에 따라 징계절차가 운영되어 왔고, 이에 대하여 근로자들도 아무런 이의를 제기하지 아니하였다면, 그와 같은 징계절차의 운영은 취업규칙의 징계절차에 따르지 않았다 하더라도 그 효력을 부인할 수 없다(대법원2000두7605, 2001.4.10).

⑤ 절차규정이 전혀 존재하지 아니하는 경우?

단체협약이나 취업규칙에 피징계자에게 소명의 기회를 부여하여야 한다는 규정이 있는 경우 이러한 절차를 거치지 아니한 징계처분은 유효하다고 할 수 없으나, 그러한 규정이 없는 경우까지도 사용자는 반드시 피징계자에게 소명의 기회를 부여하여야 할 의무가 있다고 할 수 없다(대법원 91다14406, 1992.4.14).

⑥ 피징계자(근로자)가 방어권을 포기하는 경우는?

근로자가 징계절차에 회부되는 이유를 알고 있었음에도 스스로 방어권을 포기하는 경우 징계의 효력은 유효하다. 다만, 징계위원회 회부 사실에 대한 통지가 제대로 이루어지지 않았거나 징계위원회 출석 요구서를 수령하기는 하였지만, 구체적인 징계 사유를 통지받지 못함으로써, 적절한 대응을 할 수 없어 징계위원회에 불참한 것으로 스스로 방어권을 포기했다고 볼 수 없는 경우에는 징계가 무효로 될 수 있다. 또한 근로자가 스스로 방어권을 포기하였음을 입증하는 것은 사용자 책임으로 보아야 한다.

⑦ 징계처분을 위한 통지가 반송된 경우 그대로 절차를 진행해도 유효한지?

단체협약에 근로자를 징계하고자 할 때는 징계위원회 개최일시 및 장소를 서면통보 하여야 한다고 되어 있다면 위 사항을 기재한 통보서를 단순히 발송한 것만으로는 부족하고, 그 통보서가 징계대상자에게 도달되어야 할 것인바, 회사가 근로자에 대한 징계위원회 개최 및 출석통보서를 그의 인사기록카드에 적힌 주소로 발송하였으나 그가 그 이전에 주소를 옮긴 탓으로 위 통보서가 배달되지 못하고 회사로 반송되었음에도 불구하고, 근로자가 출석하지 아니한 채 징계위원회를 개최하였다면, 취업규칙에 근로자가 주소에 변경이 있을 때에는 이를 신고하도록 되어 있는데도 근로자가 그 신고를 하지 아니하였다 하더라도, 위 통보서를 발송한 것만으로는 적법한 절차를 이행한 것이라고 보기 어렵고, 더욱이 징계위원회를 개최하기 이전에 그 발송한 통보서가 반송되어 왔다면 회사로서는 다른 방법으로 근로자의 주소를 알아보거나 달리 그 통보서를 전달할 수 있는 조처를 강구하여야 함에도 만연히 징계절차에 나아간 것이라면, 위 징계절차는 사전에 거쳐야 할 통보절차를 제대로 이행하였다고 볼 수 없어 무효이다(서울고등법원 90나36968, 1991.7.5).

⑧ 징계위원회 구성에 근로자 측의 대표자가 참석하는 것으로 규정된 경우 근로자 측의 대표자를 참여시키지 않으면 어떻게 되는지?

징계위원회의 구성에 근로자 측의 대표자를 참여시키도록 되어 있음에도 이러한 징계절차를 위배하여 징계해고를 하였다면 그 징계권의 행사는 근로자 측에 징계위원 선정권을 행사할 기회를 부여하였는데도 근로자 측이 스스로 징계위원 선정을 포기 또는 거부하였다는 등의 사정이 없는 한 절차에 관한 정의에 반하는 처사로서 무효이다(대법원 98두4672, 1999.3.26). 다만, 징계위원회의 구성과 절차에 대하여 별도의 규정이 없거나 소규모 기업으로 대표자가 결정할 수 있도록 규정이 되어 있는 경우에는 그 규정에 따라 징계를 결정하면 유효한 징계권을 행사한 것으로 인정된다.

⑨ 재심절차를 규정한 경우 재심절차를 거치지 않은 징계가 유효한지?

재심절차가 규정되어 있는 경우 징계처분에 대한 재심절차는 징계처분에 대한 구제 내지 확정절차로서 원래의 징계절차와 함께 전부가 하나의 징계처분절차를 이루는 것으로서 그 절차의 정당성도 징계과정 전부에 관하여 판단되어야 하므로, 원래의 징계처분이 그 요건을 갖추었다 하더라도 재심절차를 전혀 이행하지 않거나 재심절차에 중대한 하자가 있어 재심의 효력을 인정할 수 없는 경우에는 그 징계처분은 현저히 절차적 정의에 반하는 것으로서 무효이다(대법원 2010두1743, 2010.5.27). 다만, 취업규칙 또는 단체협약에 별도의 규정이 없는 이상 재심절차를 반드시 실시해야 하는 것은 아니다.

⑩ 징계시효가 존재하는지?

인사규정 등에 정해 둔 징계시효에 관한 규정은 징계혐의자가 무한정의 신분적 불안정 상태로부터 벗어나게 하고, 징계시효 기간 경과로 인하여 형성된 근로자의 기대를 보호하기 위하여 위 기간의 경과를 이유로 사용자의 징계권 행사에 제한을 가하려는 취지이다. 만일 상벌규정 조항에 일정 기간(예를 들어 3개월)이 규정되어 있는 경우에 그 기간이 도과되면 징계권은 소멸된다고 봄이 옳다(서울행법 2010구합39687, 2011.3.18). 취업규칙 등에 징계의 시효와 관련된 내용이 규정되어 있지 않은 경우, 상당한 기간이 경과하였다 하더라도 시효가 완성된 것으로 볼 수 없다(서울행정법원 2003구합30910, 2004.3.19).

다만, 징계위원회 개최시한을 규정하면서 이를 위반하여 개최된 징계위원회의 징계를 무효로 한다는 취지의 규정을 두는 경우, 그 징계위원회 개최시한의 기산점은 원칙적으로 징계사유가 생긴 때이지만, 징계를 하는 것이 불가능한 사정이 있는 경우에는 그러한 사정이 없어진 때부터 위 기간이 기산된다. 만일 근로자에게 징계사유가 있더라도 그 사유가 나중에 밝혀지기 전까지 징계를 할 수 없었던 부득이한 사정이 있다면, 사용자가 징계절차를 개시해도 충분할 정도로 징계사유에 대한 증명이 있다는 것을 알게 된 때부터 징계위원회의 개최시한이 기산된다.

4
징계처분의 종류

근로기준법 제23조는 해고 이외에 전직·휴직·정직·감봉 그 밖의 징벌도 정당한 이유 없이 행하지 못하도록 규정하고 있다. 근로기준법에 규정된 징계로는 첫째로 해고, 둘째로 근로를 제공하고 임금도 지급되나 근로의 장소나 업무내용을 바꾸는 전보·전직, 셋째로 근로를 제공치 않으며 임금도 지급되지 않는 휴직·정직, 넷째로 근로를 제공하되 임금의 일부를 지급하지 않는 감봉·감급 등으로 나눌 수 있다.

① 해고란 무엇이며 어떤 종류가 있는지?

해고란 사용자의 일방적 의사표시에 의하여 근로계약관계를 장래에 향하여 소멸시키는 법률행위로서 사용자가 근로자의 의사에 반하여 근로관계를 강제로 종료시키는 것을 말한다. 해고는 근로자의 귀책으로 인한 통상해고와 징계해고, 회사의 귀책으로 의한 정리해고로 나누어진다. 해고의 종류를 도식화하면 다음과 같다.

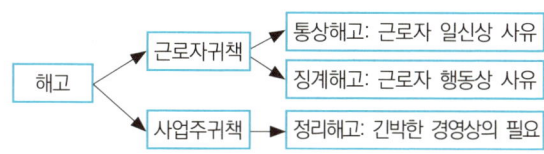

② 경고가 징계에 해당하는지?

경고는 근로자의 비위나 과실 등에 대하여 구두로 잘못을 지적하고 재발 시 징계할 것을 계고하는 것을 의미한다. 경고는 단순한 훈계로 시말서의 제출을 요구하지 않는다는 점에서 징계의 종류에 속하지 않는다는 의견도 있으나 이를 징계처분으로 설정할 것인가는 사용자의 재량에 속한다. 경고처분의 후속조치로서 인사이동이나 인사기록 등의 불이익이 표면적으로 나타나지 않는다면 징계성을 인정하기 어려울 수 있다.

③ 견책의 효과는?

견책이란 사용자가 근로자의 부당한 행위에 대하여 이를 반성케 하고, 또한 장래에 향하여 다시 반복되는 일이 없도록 서면으로 경고하는 처분으로 구두경고와 구별된다. 견책은 그 자체로 근로자의 재산적 불이익을 가져오거나 근로계약의 내용에 변경을 가져오는 법적효과를 발생하지 않아 비교적 경미한 처분에 해당한다. 다만, 견책으로 인해 승진제한, 인사고과 불이익 등 불리하게 고려될 수 있어 주의해야 한다.

④ 징계 시 감급(감봉)의 최대한도는?

근로기준법에서는 근로자에 대하여 감급의 제재를 정할 경우에 있어서는 그 감액은 1회의 액이 평균임금의 1일분의 2분의 1을, 총액이 1 임금지급기의 임금총액의 10분의 1을 초과하지 못한다(근로기준법 제94조)고 명시하고 있다. 예를 들어, 평균임금이 300만원인 근로자가 감봉 4개월의 처분을 받은 경우라면 i) 1회의 감봉액은 평균임금 1일분(30일 기준 1일 10만원)의 1/2인 5만원 한도에서 할 수 있으며, ii) 4개월에 걸쳐서 감봉(5만원 × 4회 = 20만원)하는 경우 그 총액이 1임금지급기의 임금총액의 1/10인 30만원 한도 내에서 가능하다. 즉, 1회의 금액이 최대 5만원 그 감봉기간은 최대 6개월까지 가능하다. 다만, 징계처분의 결과 근로자의 지위가 강등돼 기존 수행직무가 변경되면서 임금이 삭감되는 경우에는 감급 제재 규정의 적용을 받지 않는다.

⑤ 대기발령도 징계에 해당하는지?

대기발령은 정직과 별도로 징계의 전제조치로서 그 처분을 내리기 위해 조사나 심의결정을 하기 까지 취업을 금지시키는 것을 의미한다. 일반적으로 대기발령은 징계가 아닌 인사명령에 해당하며, 정당한 인사권의 범위 내에 속하는지는 대기발령의 업무상의 필요성과 그에 따른 근로자의 생활상의 불이익과의 비교를 통해 결정된다. 대기발령을 위해서는 징계위원회 등 징계절차를 준수하지 않아도 되며, 대기발령 이후 징계를 하더라도 중복징계에 해당하지 않는다. 대기발령기간에는 정직과 달리 휴업수당 등 유급으로 처리된다.

⑥ 진의가 아닌 사직서 제출도 해고에 해당하는지?

사용자가 근로자로부터 사직서를 제출받고 이를 수리하는 의원면직의 형식을 취하여 근로계약관계를 종료시킨 것이라 할지라도, 사직의 의사가 없는 근로자로 하여금 어쩔 수 없이 사직서를 작성·제출하게 한 경우에는 실질적으로 사용자의 일방적 의사에 의하여 근로계약관계를 종료시키는 것이어서 해고에 해당한다고 할 것이다. 근로자들은 특정 사원에 대한 위법한 해고를 회피하기 위한 회사의 사직서 제출요구를 견디지 못하고 사직 이외에는 다른 선택의 여지가 없는 상황에서 사직서를 제출하였다고 볼 것이고 따라서 근로자들의 퇴직은 자발적인 사직의 의사에 따른 것이 아니라 회사가 일방적인 의사표시에 의하여 근로계약관계를 종료시킨 것으로서 사실상 해고에 해당한다.

회사로부터 해고된 근로자가 퇴직금 등을 수령하면서 아무런 이의의 유보나 조건을 제기하지 않았다면 특별한 사정이 없는 한 그 해고의 효력을 인정하였다고 할 것이고, 따라서 그로부터 오랜 기간이 지난 후에 그 해고의 효력을 다투는 소를 제기하는 것은 신의칙이나 금반언의 원칙에 위배되어 허용될 수 없으나, 다만 이와 같은 경우라도 해고의 효력을 인정하지 아니하고 이를 다투고 있었다고 볼 수 있는 객관적인 사정이 있다거나 그 외에 상당한 이유가 있는 상황 하에서 이를 수령하는 등 반대의 사정이 있음이 엿보이는 때에는 명시적인 이의를 유보함이 없이 퇴직금을 수령한 경우라고 하여도 일률적으로 해고의 효력을 인정하였다고 보아서는 안 된다. 따라서 근로자들이 4개월분에 해당하는 퇴직위로금을 수령하고 약 2년의 기간 동안 아무런 이의를 제기하지 않았다는 사정만으로는 신의성실의 원칙에 반한다거나 실효의 원칙에 해당한다고 보기 어렵고, 퇴직위로금을 수령하고 2년이 경과되었다는 사실만으로는 묵시적인 추인이 있었다고 보기도 어렵다(대법원 2005다38270, 2005.11.25).

⑦ 일괄사표제출과 선별수리는 해고에 해당하는지?

일괄사표를 제출하였다가 선별수리 하는 형식으로 의원면직되었다고 하더라도 공무원들이 임용권자 앞으로 일괄사표를 제출한 경우 그 사직원의 제출은 제출 당시 임용권자에 의하여 수리 또는 반려 중 어느 하나의 방법으로 처리되리라는 예측이 가능한 상태에서 이루어진 것으로서 그 사직원에 따른 의원면직은 그 의사에 반하지 아니하고, 비록 사직원제출자의 내심의 의사가 사직할 뜻이 아니었다 하더라도 그 의사가 외부에 객관적으로 표시된 이상 그 의사는 표시된 대로 효력을 발하는 것이므로 사직원제출을 받아들여 의원면직 처분한 것을 당연 무효라고 할 수 없다(대법원 92누909, 1992.8.14).

사용자가 근로자로부터 사직서를 제출받고 이를 수리하는 의원면직의 형식을 취하여 근로계약관계를 종료시킨다고 할지라도, 사직의 의사 없는 근로자로 하여금 어쩔 수 없이 사직서를 작성 제출하게 한 경우에는 실질적으로는 사용자의 일방적 의사에 의하여 근로계약관계를 종료시키는 것이어서 해고에 해당하고, 정당한 이유 없는 해고조치는 부당해고에 다름없는 것이다(대법원 90다11554, 1991.7.12).

즉, 사용자가 사직의 의사 없는 근로자로 하여금 어쩔 수 없이 사직서를 작성·제출하게 한 후 이를 수리하는 이른바 의원면직의 형식을 취하여 근로계약관계를 종료시키는 경우처럼 근로자의 사직서 제출이 진의 아닌 의사표시에 해당하는 경우에는 해고에 해당하지만, 진의 아닌 의사표시에 있어서의 진의란 특정한 내용의 의사표시를 하고자 하는 표의자의 생각을 말하는 것이지 표의자가 진정으로 마음속에서 바라는 사항을 뜻하는 것은 아니므로, 표의자가 의사표시의 내용을 진정으로 마음속에서 바라지는 아니하였다고 하더라도 당시의 상황에서는 그것을 최선이라고 판단하여 그 의사표시를 하였을 경우에는 해고에 해당한다고 볼 수 없다(대법원 99다34475, 2000.4.25).

⑧ 정직기간에 급여를 지급해야 하는지?

정직기간은 근로계약은 유지되나 근로제공의무가 면제되는 기간으로 회사는 취업규칙 등에 별도로 정하지 아니하는 이상 급여를 지급하지 않을 수 있다. 다만, 퇴직금 지급 시 계속근로기간에는 포함해야 하고, 연차휴가 산정을 위한 출근율 계산 시 결근한 것으로 본다. 정직기간 동안에는 근로자의 자유로운 활동을 규제할 수 없다.

⑨ 3회 징계 시 해고가 가능한지?

취업규칙 등에 3회 이상 징계 시 해고할 수 있다고 명시하더라도 이러한 규정이 항상 유효한 것은 아니다. 징계해고는 중대한 위반행위를 이유로 근로자를 기업에서 배제하지 않으면 경영 질서를 유지할 수 없다고 판단되는 경우에 근로관계를 단절하는 가장 무서운 제재수단으로 단순히 3회의 징계처분이 있었다고 하여 해고가 가능한 것은 아니다.

⑩ 징계해고 시 반드시 30일 전에 해야 하는지?

징계해고가 정당한지 여부는 해고예고와 무관하고, 해고예고를 하지 아니하는 경우 30일분의 통상임금만 지급하면 된다. 다만, 근로자가 계속 근로한 기간이 3개월 미만인 경우 등 근로기준법 제26조 1호에서 3호까지 정하고 있는 사유에 해당하는 경우 해고예고 의무가 면제된다.

⑪ 징계해고 통보서에 무엇을 작성해야 하는지?

근로기준법 제27조는 사용자가 근로자를 해고하려면 해고사유와 해고시기를 서면으로 통지하여야 효력이 있다고 규정하고 있다. 이는 해고사유 등의 서면통지를 통해 사용자로 하여금 근로자를 해고하는 데 신중을 기하게 함과 아울러 해고의 존부 및 시기와 그 사유를 명확하게 하여 사후에 이를 둘러싼 분쟁이 적정하고 쉽게 해결될 수 있도록 하고, 근로자에게도 해고에 적절히 대응할 수 있게 하기 위한 취지이므로, 사용자가 해고사유 등을 서면으로 통지할 때는 근로자의 처지에서 해고사유가 무엇인지를 구체적으로 알 수 있어야 하고, 특히 징계해고의 경우에는 해고의 실질적 사유가 되는 구체적 사실 또는 비위내용을 기재하여야 하지만, 해고 대상자가 이미 해고사유가 무엇인지 구체적으로 알고 있고 그에 대해 충분히 대응할 수 있는 상황이었다고 하면 해고통지서에 징계사유를 축약해 기재하는 등 징계사유를 상세하게 기재하지 않았더라도 위 조항에 위반한 해고통지라고 할 수는 없다(대법원 2021두50642, 2022.01.14). 다만, 징계대상자가 위반한 단체협약이나 취업규칙의 조문만 나열하는 것으로는 충분하다고 볼 수 없다(서울행법 2013구합18650, 2014.10.23). 또한 '서면'이란 종이로 된 문서를 의미하고, 전자문서는 사용자가 전자결재체계를 완비하여 전자문서로 모든 업무의 기안, 결재, 시행 과정을 관리하는 등 특별한 사정이 있는 경우 이외에는 위 조항의 '서면'에 해당된다고 볼 수 없다(서울행법 2012구합36941, 2013.09.12).

⑫ 해고시기를 제한하는 경우는?

정당한 이유가 있어서 해고를 하더라도 업무상 질병이나 부상이 있는 경우 또는 산전산후 휴가기간 동안에 해고하는 것은 너무 가혹하기 때문에 해당 기간은 절대해고가 금지되는 기간으로 설정하자는 취지로, 사용자는 근로자가 업무상 부상 또는 질병의 요양을 위하여 휴업한 기간과 그 후 30일 동안 또는 산전산후의 여성이 이 법에 따라 휴업한 기간과 그 후 30일 동안은 해고하지 못한다(근로기준법 제23조 제2항). 이 기간 동안 이루어진 해고를 근로자가 승인하였다고 하더라도 근로기준법 위반이다(대법원 84도367, 1984.4.10). 다만, 근로자가 업무상의 부상 등으로 치료 중이라 하더라도 휴업하지 아니하고 정상적으로 출근하고 있는 경우, 또는 업무상의 부상 등으로 휴업하고 있는 경우라도 그 요양을 위하여 휴업할 필요가 있다고 인정되지 아니하는 경우에는 위 법조의 해고가 제한되는 기간에 해당하지 아니한다(대법원 91누3321, 1991.8.27).

⑬ 직권면직과 징계해고의 구별은?

직권면직이란 면직처리기준에 따라 심사절차 없이 근로관계를 해지하는 것을 의미한다. 직권면직은 인사권의 일종으로서 근로기준법의 해고절차를 거치는 것이 아니라 사전에 정한 면직기준에 따라 신분을 종료하는 것이다. 직권면직은 근로자를 배치전환을 할 수 없는 등 합리적이고 객관적인 기준과 근거에 따라 결정하여야 하며, 이에 따르지 아니한 채 자의적으로 면직처분을 하는 것은 임용권을 남용하는 것이 된다. 그러나 면직 사유가 근로자의 비위행위나 경영 질서의 위반 등을 이유로 한 것이라면 명칭을 불문하고 징계처분의 일종으로 보아야 한다.

5
적정한 징계

적정한 징계에 해당하기 위해서는 '징계사유'와 '징계처분' 사이에 비례성이 인정되어야 한다. 어떠한 징계처분을 할 것인지는 원칙적으로 징계권자의 재량에 속한다고 보면서도 이러한 재량이 징계권자의 자의적이고 편의적인 재량을 의미하는 것은 아니므로 징계사유와 징계처분과의 사이에 사회통념상 상당하다고 볼 수 있는 균형이 존재하여야 한다. 따라서 경미한 징계사유에 대하여 가혹한 제재를 과하는 것은 권리의 남용으로 무효에 해당한다.

① 적정한 징계를 하기 위해서 고려해야 하는 것은?

취업규칙 등의 규정, 사용자의 업종 규모 등의 특색, 근로자의 직위·직무, 행위의 동기, 근무이력, 기존 징계처분의 사례, 결과발생여부 및 결과의 경중, 피해회복정도 등을 종합적으로 고려하여 징계처분을 해야 한다. 즉, 해당 징계조치보다 가벼운 징계수단을 선택하여 징계의 목적을 달성할 수 있음에도 불구하고 중한 징계 조치를 취하였다면 이는 사용자가 징계에 관한 재량권을 남용한 경우로 정당한 징계라 할 수 없다.

② 정당한 징계로 인정된 사례는 무엇이 있는지?

ⅰ) 업무책임자임에도 업무소홀로 대외적 신용과 명예가 훼손된 점 등을 이유로 1개월의 감봉 처분한 사건, ⅱ) 과장직급 관리자가 직무상 순찰 나온 하위직원에 대하여 단지 피순찰자인 자신에게 사전에 연락하지 않았다는 이유만으로 폭력을 행사하여 감봉 2월의 징계를 한 사건, ⅲ) 무단으로 메인라인의 가동을 정지시켜 생산계획 등에 중대한 지장을 초래한 행위에 대한 정직 2개월의 징계를 한 사건, ⅳ) 고도의 성실 의무 및 청렴 의무가 요구되는 공기업 직원이 금품을 수수했다면 액수가 적더라도 이를 이유로 한 해고 사건, ⅴ) 공기업 종사자로서 직무관련자 등으로부터 여행경비 등의 편의를 제공받아 해고한 사건, ⅵ) 은행 지점장이 금융브로커로부터 직무에 관하여 500만원 상당의 색소폰을 수수하여 해고한 사건, ⅶ) 휴게시간 문제로 정당한 배차지시에 따르지 않고 지연 출발을 한 버스기사에 대하여 정직처분을 한 사건, ⅷ) 입사한 지 얼마 지나지 않은 시점에 부하 여직원에게 성희롱에 해당하는 행위를 한 부서장을 해고한 사건 등이 있다.

③ 부당한 징계로 인정된 사례는 무엇이 있는지?

ⅰ) 회사가 승인하지 않은 연차휴가 2일 사용에 대하여 정직 24일의 징계처분을 한 사건, ⅱ) 교통사고 발생경위서 지연 제출을 사유로 정직 2개월에 처한 사건, ⅲ) 회사 연수교육 중 훈련거부 및 교육장 무단이탈 등에 대한 정직 6월의 징계처분 사건, ⅳ) 회계자료 유출과 이사장에

대한 욕설을 이유로 징계해고 한 사건, v) 보충교육을 실시하는 상급자를 폭행한 비위행위 등의 이유로 해고한 사건, vi) 대기시간 중에 사업장 내에서 사설 도박을 한 이유로 해고한 사건, vii) 보안근무자들에 대한 직무태만 행위 및 물품반출통제 또는 차량 검문·검색 의무를 해태한 이유로 해고한 사건 등이 있다.

④ 이전에 징계를 받은 자에 대하여 가중 징계할 수 있는지?

판례는 회식 장소에서의 쌍방 폭행이었다 하더라도 동종의 행위로 근신 중이었고, 이외에도 상당한 견책 경력이 있어 이를 이유로 한 해고가 정당하다고 보았으며(서울행정법원 2006구합37660, 2007.9.11), 이전에도 상급자 폭행을 한 적이 있음에도 상사에게 욕설과 폭언뿐 아니라 폭행을 가하여 정직 3개월의 징계처분이 정당하다고 인정하였다(서울행정법원 2012구합41394, 2013.7.19). 즉, 징계기간 중에 또다시 징계처분을 받거나 징계전력이 다수 있는 직원에 대하여 가중징계가 가능하다.

⑤ 부당한 징계절차에 대한 구제방법은?

근로자는 사용자가 징계권을 남용한 경우 법원에 부당징계에 대한 무효확인의 소를 제기하는 사법적 구제를 받을 수 있다. 또한 신속한 구제를 위하여 무효확인소송을 본안으로 한 지위보전의 가처분신청이나 임금 지급의 가처분신청을 할 수도 있다. 다만, 사법적 구제절차는 시간과 비용이 오래 걸리는 단점이 있어 노동위원회에 의한 행정적 구제절차를 진행하는 것이 유리하다. 노동위원회 구제신청은 부당해고 등(징계)이 있었던 날부터 3개월 이내에 하여야 한다.

⑥ 징계사유는 인정되었으나, 징계양정이 과다하다고 인정된 경우는?

노동위원회 등에서 징계사유는 인정되나 징계양정이 과하다고 인정되는 경우 이전의 징계는 무효가 되고, 사업주는 새로운 징계절차를 거쳐 다시 징계를 할 수 있다. 새로운 징계처분을 하더라도 이전의 징계는 무효가 되어 이중징계에 해당하지 아니한다. 다만 징계의 사유가 동일하다면 이전의 징계보다 낮은 수준의 징계를 해야 한다.

III. 임금

1
임금의 성격

　임금이란 사용자가 근로의 대가로 근로자에게 임금, 봉급, 그 밖에 어떠한 명칭으로든지 지급하는 일체의 금품을 말한다(근로기준법 제2조 제1항 5호). 임금은 근로시간과 더불어 가장 기본적인 근로조건이며, 근로자와 사용자 간의 가장 중요한 권리의무 이행에 중심이 되는 개념이다. 또한, 최저임금법이나 사회보험법에서도 근로기준법의 임금을 준용하고 있기 때문에 임금의 범위를 정하는 것은 매우 중요하다.
　임금의 요건으로 첫째, 사용자가 근로자에게 지급하여야 한다는 것이다. 금품을 주고받는 관계가 근로기준법상 사용자와 근로자가 아니라면 '임금'이란 명칭으로 지급하였다 하더라도 근로기준법상이 임금이 될 수 없다. 예를 들어, 도급형식으로 공사를 맡겼는데, 공사의 대가를 임금으로 지급한다고 약정하였다 하더라도 이는 근로기준법상 임금이 될 수 없다.

둘째, 근로의 대가로 지급되어야 한다는 것이다. 사용자가 근로의 대가로 근로자에게 지급하는 일체의 금원으로서, 근로자에게 계속적·정기적으로 지급되고 그 지급에 관하여 단체협약, 취업규칙, 급여규정, 근로계약, 노동관행 등에 의하여 사용자에게 지급의무가 지워져 있다면 그 명칭 여하를 불문하고 모두 그에 포함된다(대법원 2006다48229, 2006.12.8). 여기서 지급의무가 있다는 것은 그 지급 여부를 사용자가 임의적으로 결정할 수 없다는 것을 의미하는 것이고, 그 지급의무의 발생근거는 단체협약이나 취업규칙, 급여규정, 근로계약에 의한 것이든 그 금품의 지급이 사용자의 방침이나 관행에 따라 계속적으로 이루어져 노사 간에 그 지급이 당연한 것으로 여겨질 정도의 관례가 형성된 경우처럼 노동관행에 의한 것이든 무방하다(대법원 2000다18127, 2002.5.31).

경조금, 창립기념일 선물 등 은혜적·호의적으로 지급되는 금품, 출장비·작업복구입비·장비구입비 등 실비변상적 금품 및 현물식사·학자금·휴양소 등의 복리후생적 금품은 임금에 해당하지 않는다. 다만, 복리후생이라 하더라도 매월 정기적·일률적으로 지급하는 식비 또는 교통비 등은 임금으로 볼 수 있다.

① 경영성과급은 임금에 해당하는지?

경영성과급에 대해서는 노동관계법에 따로 규정되어 있지 아니하나,

만일 회사의 단체협약·취업규칙 등에 지급조건, 금액, 지급시기를 미리 정하여 지급하거나 전 근로자에게 관례적으로 지급하여 사회통념상 근로자가 당연히 지급받을 수 있다는 기대를 갖게 되는 경우에는 임금성이 인정된다고 할 수 있다(대법원 2018다231536, 2018.12.13).

그러나 지급조건, 금액, 지급시기가 단체협약·취업규칙 등에 정하여져 있다고 하더라도 그 지급의무가 개별 근로자의 실적과 회사의 경영지표와 연동하여 발생한 경우라면 임금으로 보기 어려울 것이다(대법원 2012다48077, 2013.4.11).

또한, 단체협약·취업규칙 등에 지급조건, 금액, 지급시기 등에 관하여 아무런 규정도 없이 사용자의 재량에 의해 매년 그 지급시기 및 지급액을 달리하거나 지급되지 아니하는 경우이거나 취업규칙 등에 지급기준 등이 명시되어 있지 않고 영업이익의 발생이라는 요건의 충족여부에 따라 비로소 지급기준이나 금액이 확정되는 '성과급'과 사용자의 재량에 의해 그 지급기준이나 금액이 결정되는 '재량보너스'도 근로자의 근로제공 자체의 대가라고 볼 수 없고, 사용자에게 그 지급의무가 확정되는 임금성을 갖는다고 보기 어렵다(근로기준과-426, 2011.1.25.).

다만, 최근 하급심법원은 관행적으로 지급된 경영성과급 및 영업실적을 기준으로 지급하는 성과급에 대하여 임금에 해당한다고 판시한 사례도 있다.

> **사례: 경영성과급은 평균임금 산정의 기초가 되는 임금에 해당한다고 판단 (서울고법 2021나2015527, 2022.01.21)**
>
> 어떤 급부가 근로의 대상으로 지급된 것이냐를 판단함에 있어서 그 지급의무의 발생이 근로제공과 직접적으로 관련되거나 그것과 밀접하게 관련된 것으로 볼 수 있어야 하는데, 불확정적·일시적으로 지급되는 것이 아니라 계속적·정기적으로 지급되었고 지급원인이 임의적·은혜적 성질의 것이 아니라면 그 급여는 일응 근로자에 대한 근로의 대상으로 지급되는 임금의 성질을 갖는다고 보아야 할 것이다.
>
> 임금으로 인정되기 위하여는 사용자에게 그 금품의 지급의무가 있어야 하는데 이는 단체협약, 취업규칙, 급여규정, 근로계약, 노동관행 등에 의하여 인정될 수 있다. 노동관행이란 객관적으로 반복된 관행에 규범력을 부여하는 것인 점, 노사가 서로 대립되는 근로관계의 영역에서 노사간에 내심의 의사가 전적으로 일치하는 경우란 찾기 어려운 점 등에 비추어 법적 확신이란 '관행의 계속이 당연하다고 여겨지는 것'을 의미하는 것이지 규범의 적용을 적극적으로 의도하는 것까지 요구되는 것은 아니라고 보아야 한다. 한편 관행에 의하여 형성되는 법률관계의 내용에 따라 법적 확신의 정도가 달라질 수 있는바, 당사자의 의사에 따라 구체적인 권리·의무의 내용을 형성할 수 있는 영역에서 발생한 관행의 경우라면 실정법과 다른 권리·의무를 형성하거나 특정한 예외적 사례가 반복된 관행의 경우보다 완화된 정도의 법적 확신이 요구된다고 봄이 상당하다.

② 경영성과급을 분할하여 다음 연도에 지급한다면 임금성이 인정되는지?

기존 연도 말에 일시적·불확정적으로 지급하던 경영성과급을 다음년도에 매월 분할하여 지급하는 등 지급방식을 달리하더라도 동 금품은 근로기준법상 임금으로 볼 수 없다(근로기준과-1539, 2010.6.28).

③ 실비변상 성격으로 지급되는 직급보조비는 임금에 해당하는지?

직급보조비의 성격이 기관의 운영을 위하여 직제에 의한 특정직급에 해당하는 자에게 정책으로 매월 지급하는 경비로서, 특정직급을 담당함에 따라 소요되는 내부직원의 격려, 기관 간 섭외, 기타 직무관련 소규모 지출 등 업무 수행에 따른 비용을 충당하기 위해 사용되는 경비라면 실비변상으로 지급되는 금품 또는 이에 준하는 성격의 금품으로 보아 근로의 대가인 임금으로 보기는 어려울 것이다. 다만, 직급보조비의 지급의무 발생이 근로제공과 직접적으로 관련되거나 근로제공과 밀접하게 관련된 것으로 볼 수 있는 등 업무수행에 따른 비용을 충당하기 위해 사용되는 경비가 아닌 경우라면 근로의 대상인 임금으로 볼 수 있다(근로기준과-517, 2011.1.31).

④ 매달 지급되는 식대 및 유류대가 임금에 해당하는지?

근로자에게 직군별·직급별로 식대 및 유류대를 각각 정기적으로 지급한 경우라면 이는 복리후생비라 할지라도 전체 근로자에게 정기적·일률적으로 지급한 경우에 해당되므로 근로기준법상의 임금으로 봄이 상당하다(임금근로시간정책팀-261, 2008.01.25).

⑤ 노조전임자에게 지급하는 금원은 임금에 해당하는지?

노동조합 전임자의 근로제공의무가 면제되고 원칙적으로 사용자의 임금지급의무도 면제된다는 점에서 휴직 상태에 있는 근로자와 유사하고, 따라서 사용자가 단체협약 등에 따라 노동조합 전임자에게 일정한 금원을 지급한다고 하더라도 이를 근로의 대가인 임금이라고는 할 수 없다(대법원 97다54727, 1998.4.24).

2
평균임금

평균임금이란 이를 산정하여야 할 사유가 발생한 날 이전 3개월 동안에 그 근로자에게 지급된 임금의 총액을 그 기간의 총 일 수로 나눈 금액을 말한다. 근로자가 취업한 후 3개월 미만인 경우도 이에 준한다(근로기준법 제2조 제1항 6호). 평균임금은 근로자의 통상의 생활임금을 사실대로 산정하는 것을 그 기본원리로 하는 것으로서(대법원 97다5015, 1999.5.12), 실제로 사용자가 근로자에게 지급하는 임금이 아니라 근로자의 평균적인 임금을 계산하기 위하여 근로기준법에서 설정한 도구라고 할 수 있다.

평균임금의 산정 단위는 사유가 발생한 날 이전 3개월이므로 일수는 사유가 발생한 날마다 다를 수 있다. 예를 들어 6월 30일에 퇴사한 경우 퇴사일은 마지막 근무일 다음 날이므로 7월 1일이 되고, 7월 1일을 기준으로 이전 3개월이 평균임금 산정 단위이므로 91일(4월 1일부터 6월 30일까지)이 평균임금 산정 기간이 된다. 그런데 퇴사일이 6월 1일인 경우 동일한 방식으로 평균임금 산정 기간을 계산하면 92일(3월 1일부터 5월 31일)이 된다.

① 평균임금 계산에서 제외되는 기간과 임금은?

평균임금 산정기간 중에 다음 각 호의 어느 하나에 해당하는 기간이 있는 경우에는 그 기간과 그 기간 중에 지급된 임금은 평균임금 산정기준이 되는 기간과 임금의 총액에서 각각 뺀다.

> 근로기준법 시행령 제2조(평균임금의 계산에서 제외되는 기간과 임금) 제1항
> 1. 근로계약을 체결하고 수습 중에 있는 근로자가 수습을 시작한 날부터 3개월 이내의 기간
> 2. 사용자의 귀책사유로 휴업한 기간
> 3. 출산전후휴가 기간
> 4. 업무상 부상 또는 질병으로 요양하기 위하여 휴업한 기간
> 5. 육아휴직 기간
> 6. 쟁의행위 기간
> 7. 「병역법」, 「예비군법」 또는 「민방위기본법」에 따른 의무를 이행하기 위하여 휴직하거나 근로하지 못한 기간. 다만, 그 기간 중 임금을 지급받은 경우에는 그러하지 아니하다.
> 8. 업무 외 부상이나 질병, 그 밖의 사유로 사용자의 승인을 받아 휴업한 기간

상기의 사유에 해당하는 기간이 평균임금 산정기간에 있는 경우 그 일수와 그 기간 중에 지급된 임금은 평균임금 산정기간 및 임금에서 공제된다. 다만, 이 기간의 앞에 기간을 포함하여 3개월간의 일수와 임금으로 계산하는 것이 아니고, 산정기간에서 상기의 사유에 해당하는 기간 및 임금을 제외하고 계산하는 것이다.

② 근로기준법 시행령 제2조 제1항의 평균임금 제외기간이 있을 경우 평균임금 계산방법은?

육아휴직 복직 후 1개월 후에 퇴직하는 경우 퇴직금 산정을 위한 평균임금 계산은 최근 3개월 중에서 육아휴직 기간 2개월을 제외한 복직 후 1개월의 기간만으로 계산한다. 즉, 정상 지급된 1개월간의 임금을 정상근무 1개월의 달력상의 일수로 나누어서 1일분의 평균임금을 계산한다. 만약 직전 3개월 내에 정당한 쟁의행위가 1개월에 1주일씩 있었다면, 정당한 쟁의행위 3주를 뺀 나머지 기간 중에 지급받은 임금을 나머지 기간의 달력상의 일수로 나누어서 1일분의 평균임금을 구한다.

만약 직전 3개월 전부 평균임금 제외 기간이라면 어떻게 할까? 예를 들어, 육아휴직 중에 퇴사한 경우 직전 3개월간의 정상근무일은 0일이 된다. 그렇다고 평균임금을 0원으로 계산해서는 안 되며, 휴직 전 3개월간의 임금을 기준으로 평균임금을 산정한다(대법원 98다49357, 1999.11.12). 다만, 직전 3개월 전부 결근 또는 위법한 쟁의행위 기간으로 평균임금이 0으로 계산되는 경우에는 통상임금을 평균임금으로 한다.

③ 근로자 귀책사유로 인한 기간은 평균임금 계산에서 어떻게 적용하는지?

근로자 귀책사유로 인하여 임금을 일부 또는 전부 받지 못한 기간은 크게 정당한 징계 기간과 위법한 쟁의행위 기간을 둘 수 있다.

개인적인 범죄로 구속 기소되어 직위 해제되었던 기간은 근로기준법 시행령 제2조에서 열거하는 소정의 어느 기간에도 해당하지 않으므로 그 기간의 일수와 그 기간 중에 지급받은 임금액은 근로기준법 제19조 제1항 본문에 따른 평균임금 산정기초에서 제외될 수 없다(대법원 92다20309, 1994.4.12).

평균임금 산정에서 불이익을 입지 않도록 특별히 배려한 취지 및 성격을 고려할 때, '평균임금 계산에서 제외되는 쟁의행위 기간'이란 헌법과 노동조합 및 노동관계조정법에 의하여 보장되는 적법한 쟁의행위로서의 주체, 목적, 절차, 수단과 방법에 관한 요건을 충족한 쟁의행위 기간만을 의미한다(대법원 2006다17287, 2009.5.28). 따라서 위법한 쟁의행위 기간은 평균임금 산정 시 제외할 수 없다.

④ 입사 첫날 평균임금을 산정할 사유가 발생 시 계산은 어떻게 해야 하는지?

입사 첫날 산재가 발생하여 평균임금을 계산할 사유가 생기는 경우 직전 3개월간의 임금을 파악할 수 없으므로, 지급하기로 약정한 임금(근로자의 통상의 생활임금을 사실대로 산정할 수 있는 방법)의 1일 분을 평균임금으로 계산하고, 그와 같은 방법이 없을 때에는 당해 근로자가 근로하고 있는 지역을 중심으로 한 일대에 있어서 동종의 작업에 종사하고 있는 상용근로자의 평균임금의 액을 표준으로 삼아야 한다(대법원 97누14798, 1997.11.28).

⑤ 평균임금의 산정이 현저하게 부적당한 경우는?

근로기준법 시행령 제4조에서는 평균임금을 산정할 수 없는 경우에는 고용노동부 장관이 정하는 바에 따른다고 규정하고 있는바, 여기서 평균임금을 산정할 수 없다는 것에는 문자 그대로 그 산정이 기술상 불가능한 경우에만 한정할 것이 아니라 근로기준법의 관계 규정에 의하여 그 평균임금을 산정하는 것이 현저하게 부적당한 경우까지도 포함하는 것이라고 보아야 한다(대법원 98다49357, 1999.11.12).

기술상 불가능한 경우는 상기 ④와 같이 입사 첫날 산재가 발생하였는데, 임금을 산정할 방법이 없는 것을 의미한다.

현저하게 부적당한 경우는 일정 기간 특수하고 우연한 사정으로 인하여 임금액 변동이 있었고, 그 때문에 위와 같이 산정된 평균임금이 근로자의 전체 근로기간, 임금액이 변동된 일정 기간의 장단, 임금액 변동의 정도 등을 비롯한 제반 사정을 종합적으로 평가해 볼 때 통상의 경우보다 현저하게 적거나 많게 산정된 것으로 인정되는 예외적인 상황을 의미한다. 따라서 현저하게 적거나 많게 산정된 것으로 인정되는 예외적인 경우는 통상적인 생활임금을 기준으로 평균임금을 산출하고

자 하는 근로기준법의 정신에 비추어 허용될 수 없는 것이므로, 특수하고 우연한 사정 등으로 현저하게 적거나 많게 산정되는 기간을 제외하고 평균임금을 산정하여야 한다(대법원 2006다17287, 2009.5.28).

사례: 현저하게 적은 경우(대법원 98다49357, 1999.11.12)

근로자가 구속되어 3개월 이상 휴직하였다가 퇴직함으로써 퇴직 전 3개월간 지급된 임금을 기초로 산정한 평균임금이 통상의 경우보다 현저하게 적은 경우, 휴직 기간을 제외하고 휴직 전 3개월간의 임금을 기준으로 평균임금을 산정하여야 한다.

사례: 현저하게 많은 경우(대법원 2007다72519, 2009.10.15.)

택시기사인 근로자가 퇴직금을 더 많이 받기 위하여 의도적으로 퇴직 직전 5개월 동안 평소보다 많은 사납금 초과 수입금을 납부한 사안에서, 근로자가 지급받은 임금의 항목들 중 평균임금을 높이기 위한 행위로 통상의 경우보다 현저하게 많아진 것은 사납금 초과 수입금 부분에 그치므로, 그 부분에 대하여는 의도적인 행위를 하기 직전 3개월 동안의 임금을 기준으로 평균임금을 산정하되 '의도적인 행위를 한 기간 동안의 동종 근로자들의 평균적인 사납금 초과 수입금의 증가율'을 곱하여 산출하고, 이를 제외한 나머지 임금 항목들에 대하여는 퇴직 전 3개월 동안 지급받은 임금총액을 기준으로 평균임금을 산정함이 적절하다.

⑥ 미사용연차휴가보상금의 평균임금 산입은 어떻게 되는지?

평균임금 산정 기준임금에 포함되는 미사용연차휴가보상금은 전전년도 출근율에 의하여 전년도에 발생한 연차휴가 중 미사용하고 근로한 일수에 대한 미사용연차휴가보상금으로 이미 발생한 미사용연차휴가보상금의 3/12에 해당하는 금액을 산입하면 된다. 전년도 출근율에 의하여 당해 연도에 발생한 연차휴가에 대해서, 비록 당해 연도 중에 퇴직하여 해당 연차휴가의 미사용보상금을 퇴직 시 받았다고 하더라도, 퇴직 시 기준으로 이미 지급한 임금이 아니므로 이는 평균임금에 포함되지 않는다(근로개선정책과-4298, 2013.7.23).

⑦ 평균임금은 어떤 경우에 사용되는지?

평균임금은 퇴직금, 미사용연차휴가보상금, 휴업수당, 감급의 제한의 계산에 사용된다. 여기에서 미사용연차휴가보상금은 통상임금 기준으로도 지급할 수 있으므로, 대부분의 사용자는 통상임금을 기준으로 미사용연차휴가보상금을 산정하고 있으며, 휴업수당과 감급액은 실무상 자주 발생하는 경우도 아닐 뿐만 아니라 그 계산방법이 퇴직금계산과 동일하다. 따라서 평균임금은 대부분 퇴직금 계산의 용도로 사용되고 있다.

⑧ 평균임금에 포함되는 임금은 어떤 것이 있는지?

근로기준법 시행령 제2조 제2항에는 "임시로 지급된 임금 및 수당과 통화 외의 것으로 지급된 임금을 포함하지 아니한다"라고 하여 임시적·은혜적으로 지급된 임금과 실비변상적으로 지급된 임금을 제외하여야 한다. 임시적이거나 은혜적인 금품이나 실비변상적인 금품은 어차피 근로기준법 제2조 제1항 5호에서 설명한 임금에 해당하지 않는 것들이므로 당연히 평균임금에도 포함되지 않는다.

즉, 평균임금은 임시적이거나 실비변상적인 금품을 제외한 근로의 대가로 지급 받은 모든 금품을 포함하여 산정한다.

> 근로기준법 시행령 제2조 제2항의 '임시로 지급된 임금이나 통화 이외의 것으로 지급된 임금'이란 말은 모순된 문구라고 판단된다. 왜냐하면 '임시로 지급된'은 임금의 성질이 아니기 때문에 임시로 지급된 '임금'이란 문구는 앞뒤가 맞지 않는 것이다.
> 또한, '통화 외의 것으로 지급된 임금'이란 문구도 모호하다. 왜냐하면 통화가 아니더라도 평균임금에 포함될 수 있는 것은 얼마든지 있기 때문이다. 물론 출장비나 업무추진비와 같은 실비변상적인 금품을 의미하는 취지로 이해될 수 있지만 그렇다 하더라도 문장자체가 정확하지 못하다. 더욱이 실비변상적이어서 임금에 포함되지 않는다면 통화 외의 것으로 지급된 '임금'이라는 단어를 쓰면 안 될 것이라고 판단된다.

⑨ 평균임금 포함 또는 불포함되는 사례는?

금품의 성격에 따라 평균임금 포함 여부를 판단할 수 있다.

⑨-1 실비변상적인 해외파견직원의 해외근무수당은 평균임금에 산입되는지?

취업규칙 등에 명시된 바가 없이 해외파견근무 기간 동안 추가로 소요되는 비용을 보전하기 위하여 지급되는 실비변상적인 금품이라면 근로의 대가가 아닌 해외근무라는 특수한 근무조건에 따라 임시로 지급된 금품에 해당되어 평균임금 산정에서 제외하여야 할 것으로 판단된다(근로기준과-437, 2010.3.26).

⑨-2 회사가 건강보험료의 근로자 부담분을 납부하는 경우 평균임금에 산입되는지?

취업규칙에 의해 법령상 근로자가 부담하여야 하는 건강보험료를 회사가 납부하고 그에 해당하는 금액을 계속적·정기적으로 근로자에게 지급해 온 경우라면 이는 근로의 대가로서 임금에 해당할 것으로 판단된다(근로기준정책과-3623, 2015.8.10).

⑨-3 재직자에게만 명절휴가비를 지급하는 경우 평균임금에 산입되는지?

명절휴가비가 단체협약·취업규칙 등에 그 지급근거가 정하여져 있거나 또는 관행에 따라 전체 근로자에게 정기적·일률적으로 지급되는 경우라면 이는 법상의 임금으로 평균임금에 해당할 것이다(근로개선정책과-2185, 2014.4.9).

⑨-4 일정한 요건에 따라 수당(가족 수에 따라 지급하는 가족수당)을 지급하는 경우 평균임금에 산입되는지?

가족수당이 취업규칙 또는 단체협약에 따라 가족 당 매월 일정금액이 지급되는 경우라면, 단체협약 또는 취업규칙에 의해 지급의무가 지워져 있고 일정한 요건에 해당하는 근로자에게 일률적으로 지급되는 금품으로 근로기준법상 임금에 해당하므로 평균임금 산정 시 포함하여야 할 것이다(근로기준정책과-2806, 2015.6.29).

⑨-5 식대보조비는 평균임금에 산입되는지?

출근일에 한하여 현물로 제공되거나 구매권으로 지급되는 식대보조비 등을 지급한 경우에도 이는 근로제공과 밀접하게 관련된 것이라 할 것이고 그것이 정기적·일률적으로 지급되는 한 그것을 근로제공과 무관한 단순한 복지후생적이거나 은혜적인 급부라 할 수 없으므로 근로의 대가로서의 임금의 성질을 지닌 것으로 보아야 할 것이다(대법원 2001도1186, 2001.5.15).

다만, 완전하게 실비변상적인 성격을 가지고 있는 경우에는 식대보조비를 평균임금으로 인정하지 않은 사례도 있다. 단체협약에 급식비 지급에 관한 규정을 둔 것이 아니고 급식의 제공에 관한 규정만을 교육 및 복지에 관한 장에 두고, 구내식당이 협소한 일부의 사업장에 근무하는 직원에 한정하여 '식대지원'이라는 항목으로 일정 금액을 지급하되, 구내식당에서 식사를 한 횟수만큼의 금액을 식대 항목으로 공제하였다는 사정을 비추어보면 근로자의 후생복지를 위하여 제공되는 것으로서 근로의 대가인 임금이라고 볼 수 없다(울산지법 2013가합4223, 2015.5.21).

⑨-6 명절선물, 생일선물을 상품권 등으로 지급하는 경우 평균임금에 산입되는지?

사용자가 근로의 대상으로 근로자에게 지급하는 일체의 금품으로서, 근로자에게 계속적·정기적으로 지급되며 그 지급에 관하여 단체협약, 취업규칙, 급여규정, 근로계약, 노동관행 등에 의하여 사용자에게 그 지급의무가 지워져 있고, 또한 일정 요건에 해당하는 근로자에게 일률적으로 지급하는 것이라면 그 명칭 여하를 불문하고 평균임금의 산정 대상이 되는 임금이라고 보아야 한다. 따라서 사용자가 근로의 대상으로 근로자에게 지급한 금품이 비록 현물로 지급되었다 하더라도 근로의 대가로 지급하여 온 금품이라면 평균임금의 산정에 있어 포함되는 임금으로 봄이 상당하다(대법원 2010두19461, 2011.6.10). 그러므로 상품권으로 지급하든 선물로 지급하든 또한 지급단가가 일정하지 않다고 하더라도 사용자에게 규정이나 관행으로 지급의무가 있다면 명절선물, 생일선물의 경우에도 평균임금에 산입된다.

사이버머니를 지급하는 경우도 규정이나 관행으로 지급의무가 있다면 마찬가지이다. 단체협약에 따라 추석과 설에 직원선물로 온라인 쇼핑몰에 직원 전용 창구를 마련하고, 사이버머니로 일정금액을 충전해 주어 직원들이 직접 물건을 구매토록 운영하고 있고, 미사용 사이버머니는 별도 현금으로 환급하지는 않고 있는 경우에도 평균임금에 산입된다(근로기준과-4188, 2009.10.22).

⑨-7 개인연금보조비, 단체보험료는 평균임금에 산입되는지?

개인연금지원금이 단체협약 및 노사협의에 의하여 사용자에 지급의무가 지워져 있고, 근로의 대가로서의 성질을 가지는 것이라면 평균임금에 해당된다고 할 것이다(대전지법 2010가합4045, 2011.9.23). 다만, 실비변상적인 복리후생이거나 은혜적인 금품의 성격이 있다면 평균임금에 산입하지 않는다.

사례: 개인연금보조금 지급이 평균임금으로 인정된 경우
(대법원 2003다54322, 54339, 2006.5.26)

회사는 1996.10.7. 노동조합과 사이에 매월 개인연금 1만원씩을 퇴직 시까지 불입하기로 노사합의를 하고, 그 무렵부터 전 근로자들에게 매월 '기타수당'이라는 항목으로 1만원씩을 지급하였으며, 그 후 1998.10.30. 노사합의로 개인연금보조금을 1만 5,000원으로 인상하기로 함에 따라, 1998.11.부터 전 근로자들에게 매월 1만 5,000원을 지급하였다.

이러한 사실관계에다 회사는 위 개인연금보조금을 지급함에 있어서 이를 월급여의 총액에 포함시켜 소득세까지 공제하여 왔다는 것이므로, 위 개인연금보조금은 정기적·계속적으로 지급되어 온 것으로서 단체협약에 의하여 회사에 그 지급 의무가 지워져 있는 것이지, 사용자가 은혜적으로 지급하는 것으로 보기는 어렵다 할 것이므로 이는 근로기준법상 평균임금 산정의 기초가 되는 임금에 해당한다 할 것이다.

사례: 개인연금보조금 지급이 평균임금으로 인정되지 못한 경우
(서울중앙지법 2014가합22487, 2014.9.19)

개인연금보험 가입 및 유지 여부, 개인연금보험료 지원 종료 횟수, 연금지원 등록 신청일자, 보험료 선납 및 자동이체 여부 등 개별 근로자의 특수하고 우연적인 사정에 의해 그 지급 여부가 정해져 온 개인연금지원금은 근로제공과 직접적으로 관련된 것으로 볼 수 없고, 위 금원의 지급근거는 단체협약 중 복리후생 편에 기재되어 있는 점, 그 지급 취지도 안정된 노후생활을 보장해 주기 위한 것이라고 되어 있는 점, 지급 기준과 관련하여 기준을 충족하는 사원이라도 사용자가 정한 시스템에 정해진 시기와 방법에 따라 신청을 하여야만 지급받을 수 있는 점 등에 비추어 보면, 사용자의 지급의무가 있는 금원이라기보다는 근로자들의 복리후생을 위해 은혜적으로 지급하는 것으로 보이므로, 이 사건 개인연금지원금은 임금에 해당한다고 할 수 없다.

또한, 단체보험료의 경우에도 단체보험료를 사용자가 단체협약에 의하여 전 근로자를 위하여 단체보험에 가입하고, 매달 일정액의 보험료 전부를 대납하였다면, 그것이 비록 직접 근로자들에게 현실적으로 지급되는 것이 아니고 그 지급의 효과가 즉시 발생하는 것은 아니라고 할지라도 근로의 대상인 임금이 아니라고 할 수는 없는 것이고, 이 사건 단체보험료는 실제의 근무성적과 상관없이 대납되었으므로 정기적, 일률적으로 지급되는 고정적인 임금에 해당하여 법령상 통상임금에 해당되고, 평균임금 산정의 기초가 되는 임금총액에 포함된다고 봄이 상당하다(대전지법 2010가합4045, 2011.9.23).

사례: 단체상해보험료 지원이 평균임금으로 인정된 경우
(인천지법 2014가합7151, 2018.10.25)

회사가 2005년 노동조합과 근로자들을 피보험자로 하는 단체상해보험료를 지원한다는 내용의 협약을 체결하고, 이에 따라 소속 근로자들 전부를 피보험자로 하는 단체상해보험에 가입시키고 보험료를 납부하여 온 사실, 회사는 2009년 노동조합과 단체상해보험료를 1인당 18,000원으로 증액하기로 합의한 사실은 앞서 본 바와 같고, 신규 입사자의 입사일부터 단체상해보험에 의한 보장이 시작되어 퇴사일에 그 보장이 종료되는 사실이 인정된다. 위 인정사실을 종합하면, 비록 단체상해보험료가 근로자들에게 현실적으로 지급되거나 그 지급의 효과가 즉시 발생하는 것은 아니라고 할지라도, 모든 근로자들에게 계속적·정기적으로 지급되어 왔고, 노동조합과의 단체협약에 의하여 회사에게 그 지급의무가 지워져 있으며, 회사에게 근로를 제공하는지 여부에 따라 보장 여부가 결정되는 점에 비추어 근로의 대가로서 임금에 해당한다고 판단된다.

> 이에 대하여 회사는 단체상해보험료는 근로자들의 복지를 위하여 회사가 보험회사에 지출하는 비용으로 임금에 해당하지 아니하고, 이에 대하여 근로소득세가 부과된 적도 없다는 취지로 주장한다. 그러나 사용자가 근로자에게 지급한 금품이 근로 제공 여부와 밀접하게 관련되어 있고, 사용자에게 지급의무가 지워져 있는 이상, 사용자가 근로자에게 지급한 금품이 복리후생에 기여하는 측면이 일부 있다고 하더라도 이러한 사정만으로는 근로 대가성을 쉽게 부인할 수는 없다. 또한 임금의 일정 부분에 과세가 되지 않았다고 하여 당해 부분의 임금성이 부인되는 것도 아니다.

⑨-8 회의식대, 부서단합대회비는 평균임금에 산입되는지?

회의식대 및 부서단합대회비를 근로자의 인원수에 따라 법인카드를 통하여 사용하는 형태로 지급이 되는 경우라면 회의식대 및 부서단합대회비는 근로의 대가로 근로자들에게 지급되었다기보다는 사용자가 근로자들의 복리후생차원 내지 실비변상 차원에서 지급한 것이라고 봄이 상당하므로 회의식대, 부서단합대회비 모두 근로의 대가로서 평균임금 산정의 기초가 되는 임금총액에 포함되어야 한다고 볼 수 없다(대전지법 2010가합4045, 2011.9.23).

⑨-9 공공기관의 경영성과급이 평균임금에 산입되는지?

최근 대법원은 공공기관의 경영성과급은 평균임금에 포함된다고 판시하였으며, 그 논거는 다음과 같다. ⅰ) 기획재정부 장관이 매년 발표하는 공기업·준정부기관 예산편성지침에는 경영실적 평가결과의 후속조치로 확정된 기준에 따라 공공기관 경영평가성과급을 산정·지급하는 구체적인 방법이 포함되어 있어 대부분의 공기업과 준정부기관은 단체협약이나 취업규칙 등에 경영실적 평가결과에 따라 경영평가성과급을 지급하는 시기, 산정방법, 지급조건 등을 구체적으로 정하고 있다. ii) 평균임금 산정의 기초가 되는 임금은 사용자가 근로의 대가로 근로자에게 지급하는 금품으로서, 근로자에게 계속적·정기적으로 지급되고 지급대상, 지급조건 등이 확정되어 있어 사용자에게 지급의무가 있다면, 이는 근로의 대가로 지급되는 임금의 성질을 가지므로 평균임금 산정의 기초가 되는 임금에 포함된다고 보아야 한다. iii) 경영실적 평가결과에 따라서는 경영평가성과급을 지급받지 못할 수도 있다 하더라도 성과급이 전체 급여에서 차지하는 비중, 그 지급실태와 평균임금 제도의 취지 등에 비추어 볼 때 근로의 대가로 지급된 임금으로 보아야 한다(대법원 2018다231536, 2018.12.13).

⑨-10 지급된 임금 중 일부 자진 반납 시 평균임금에 포함되는지?

고통분담 차원에서 노사합의에 따라 급여 일부를 회사에 반납하더라도 그 급여는 평균임금에 포함된다(대법원 99다39531, 2001.4.10). 다만, 회사의 어려운 상황을 감안하여 임금삭감에 동의하는 경우 삭감된 임금은 근로자의 임금 채권으로 볼 수 없어 평균임금 산정 시 임금총액에 포함되지 않는 것이 원칙이다.

⑩ **평균임금에 산입되지 않는 금품은 어떤 것이 있는지?**

지급조건 등이 확정되어 있지 않고 개별근로자 또는 회사 전체의 실적에 따라 지급 여부가 결정되는 경영성과급, 경조금, 본인 및 자녀에 대한 학자금, 출장에 따라 지급하는 여비·교통비·일당, 의료비에 대한 실비지원금, 포상금 등은 평균임금에 산입하지 않는다. 다만, 명칭은 학자금이라고 하더라도 학자금 실비를 지급하는 것이 아니라, 규정 또는 관행상 정기적·계속적으로 일정 금액을 지급하여 왔다면 평균임금에 포함될 수 있다.

3
통상임금

통상임금이란 근로자에게 정기적이고 일률적으로 소정근로 또는 총근로에 대하여 지급하기로 정한 시간급 금액, 일급 금액, 주급 금액, 월급 금액 또는 도급 금액을 말한다(근로기준법 시행령 제6조 제1항). 어떠한 임금이 통상임금에 속하는지 여부는 그 임금이 소정근로의 대가로 근로자에게 지급되는 금품으로서 정기적·일률적·고정적으로 지급되는 것인지를 기준으로 그 객관적인 성질에 따라 판단하여야 하고, 임금의 명칭이나 그 지급주기의 장단 등 형식적 기준에 의해 정할 것이 아니다(대법원

2012다89399, 2013.12.18).

평균임금은 퇴직금 등을 계산하기 위해 계산되는 사후적인 임금의 개념인 데 반해, 통상임금은 가산임금 등을 지급하기 위해 사전적으로 확정된 임금이다.

① 임금이 소정근로의 대가로 지급된다는 의미는?

소정근로의 대가라 함은 근로자가 소정근로시간에 통상적으로 제공하기로 정한 근로에 관하여 사용자와 근로자가 지급하기로 약정한 금품을 말한다. 근로자가 소정근로시간을 초과하여 근로를 제공하거나 근로계약에서 제공하기로 정한 근로 외의 근로를 특별히 제공함으로써 사용자로부터 추가로 지급받는 임금이나 소정근로시간의 근로와는 관련 없이 지급받는 임금은 소정근로의 대가라 할 수 없으므로 통상임금에 속하지 아니한다(대법원 2012다89399, 2013.12.18).

② 통상임금의 요건인 임금의 정기적·일률적·고정적 지급이란?

사용자가 근로자에게 지급하는 금품 중에서 정기적·일률적·고정적으로 지급되어야 통상임금으로 인정된다. 그러면 정기적·일률적·고정적 지급의 의미는 무엇인가?

②-1 임금의 정기적 지급이란?

정기적 지급이란 임금이 일정한 간격을 두고 계속적으로 지급된다는 의미이다. 일정한 간격으로 지급된다는 의미는 반드시 '1임금산정기간' 내에 지급되어야만 한다는 것은 아니다. 통상임금의 다른 성질을 갖춘 임금이 1개월을 넘는 기간마다 정기적으로 지급되는 경우, 이는 노사 간의 합의 등에 따라 근로자가 소정근로시간에 통상적으로 제공하는 근로의 대가가 1개월을 넘는 기간마다 분할 지급되고 있는 것일 뿐, 그러한 사정 때문에 갑자기 그 임금이 소정근로의 대가로서의 성질을 상실하거나 정기성을 상실하게 되는 것이 아님은 분명하다. 따라서 정기상여금과 같이 일정한 주기로 지급되는 임금의 경우 단지 그 지급주기가 1개월을 넘는다는 사정만으로 그 임금이 통상임금에서 제외된다고 할 수는 없다(대법원 2012다89399, 2013.12.18). 즉, 분기, 반기 또는 연 단위로 지급되더라도 정기적으로 지급된다면 정기성 요건은 충족된다.

②-2 임금의 일률적 지급이란?

일률적으로 지급되는 것에는 '모든 근로자'에게 지급되는 것뿐만 아니라 '일정한 조건 또는 기준에 달한 모든 근로자에게 지급되는 것도 포함된다. 여기서 '일정한 조건'이란 고정적이고 평균적인 임금을 산출하려는 통상임금의 개념에 비추어 볼 때 고정적인 조건이어야 한다. 일정 범위의 모든 근로자에게 지급된 임금이 일률성을 갖추고 있는지 판단하는 잣대인 '일정한 조건 또는 기준'은 통상임금이 소정근로의 가치를 평가한 개념이라는 점을 고려할 때, 작업 내용이나 기술, 경력 등과 같이 소정근로의 가치 평가와 관련된 조건이라야 한다(대법원 2012다89399, 2013.12.18).

예를 들어, 박사학위 취득자에게 자격수당을 매월 15만원씩 지급하는 경우, 전 직원이 자격수당을 지급받지는 못하지만 박사학위라는 자격이 있으면 시시때때로 변동 없이 지급되므로 일률성 요건을 충족한다는 것이고, 박사학위 취득자에게 지급하는 자격수당은 통상임금이 된다.

②-3 임금의 고정적 지급이란?

통상임금을 다른 일반적인 임금이나 평균임금과 확연히 구분 짓는 요소로서 통상임금이 연장·야간·휴일 근로에 대한 가산임금을 산정하는 기준임금으로 기능하기 위하여서는 그것이 미리 확정되어 있어야 한다는 요청에서 도출되는 본질적인 성질이다. 따라서 고정성이라 함은 '근로자가 제공한 근로에 대하여 그 업적, 성과 기타의 추가적인 조건과 관계없이 당연히 지급될 것이 확정되어 있는 성질'을 말하고, '고정적인 임금'은 '임금의 명칭 여하를 불문하고 임의의 날에 소정근로시간을 근무한 근로자가 그 다음 날 퇴직한다 하더라도 그 하루의 근로에 대한 대가로 당연하고도 확정적으로 지급받게 되는 최소한의 임금'이라고 정의할 수 있다.

고정성을 갖춘 임금은 근로자가 임의의 날에 소정근로를 제공하면 추가적인 조건의 충족 여부와 관계없이 당연히 지급될 것이 예정된 임금이므로, 그 지급 여부나 지급액이 사전에 확정된 것이라 할 수 있다. 이와 달리 근로자가 소정근로를 제공하더라도 추가적인 조건을 충족하여야 지급되는 임금이나 그 조건 충족 여부에 따라 지급액이 변동되는 임금 부분은 고정성을 갖춘 것이라고 할 수 없다(대법원 2012다89399, 2013.12.18).

실제 근무성적에 따라 지급 여부 및 지급액이 달라지는 항목의 임금은 고정성을 갖추지 못하였기(사전적으로 산정할 수 없기) 때문에 통상임금에 포함되지 못한다. 또한 '재직조건'이나, '근무일수 충족 조건'등을 충족해야 하는 임금은 고정성을 갖추지 못한 것으로 본다.

③ 통상임금은 어떤 경우에 사용되는지?

통상임금은 연장·야간·휴일근로수당, 해고예고수당, 출산전후휴가급여, 육아기근로시간단축급여, 미사용연차휴가보상금 지급을 위한 기초임금으로 사용된다.

이러한 수당 지급은 미리 확정되어 있어야, 실제 지급사유가 발생할 때 사전적으로 정해진 통상임금을 기초로 곧바로 산정할 수 있다.

④ 다양한 임금 지급방법에 따른 통상임금성 판단?

통상임금 판단 요건 중에서 평균임금과 구별되는 가장 중요한 특징이 고정성이라고 설명하였다. 판례에 따르면, 소정근로 제공과 더불어 추가적인 조건을 충족하여야 지급하는 임금은 고정성을 갖추지 못한다고 하였으므로, 임금 지급방법이 추가적인 조건으로 작용하느냐의 여부는 통상임금 판단에 중요한 요소가 된다. 이하에는 임금 지급방법에 따른 통상임금 해당 여부를 살펴본다.

④-1 근속기간에 연동하는 임금은 통상임금에 해당되는지?

　근속기간은 근로자의 숙련도와 밀접한 관계가 있으므로 소정근로의 가치 평가와 관련이 있는 '일정한 조건 또는 기준'으로 볼 수 있고, 일정한 근속기간 이상을 재직한 모든 근로자에게 그에 대응하는 임금을 지급한다는 점에서 일률성을 갖추고 있다고 할 수 있다. 또한 근속기간은 근로자가 임의의 날에 연장·야간·휴일 근로를 제공하는 시점에서는 그 성취 여부가 불확실한 조건이 아니라 그 근속기간이 얼마인지가 확정되어 있는 기왕의 사실이므로, 일정 근속기간에 이른 근로자는 임의의 날에 근로를 제공하면 다른 추가적인 조건의 성취 여부와 관계없이 근속기간에 연동하는 임금을 확정적으로 지급받을 수 있어 고정성이 인정된다. 따라서 임금의 지급 여부나 지급액이 근속기간에 연동한다는 사정은 그 임금이 통상임금에 속한다고 볼 수 있다(대법원 2012다89399, 2013.12.18).

④-2 근무일수에 연동하는 임금은 통상임금에 해당되는지?

　매 근무일마다 일정액의 임금을 지급하기로 정함으로써 근무일수에 따라 일할 계산하여 임금이 지급되는 경우에는 실제 근무일수에 따라 그 지급액이 달라지기는 하지만, 근로자가 임의의 날에 소정근로를 제공하기만 하면 그에 대하여 일정액을 지급받을 것이 확정되어 있으므로, 이러한 임금은 통상임금에 해당한다.

그러나 일정 근무일수(예를 들어, 해당 월에 20일 이상 근무)를 충족하여야만 지급되는 임금은 소정근로를 제공하는 외에 일정 근무일수의 충족이라는 추가적인 조건을 성취하여야 비로소 지급되는 것이고, 이러한 조건의 성취 여부는 임의의 날에 연장·야간·휴일근로를 제공하는 시점에서 확정할 수 없는 불확실한 조건이므로 고정성을 갖춘 것이라 할 수 없어 통상임금에 해당하지 못한다.

한편, 일정 근무일수를 기준으로 계산방법 또는 지급액이 달라지는 경우에도 소정근로를 제공하면 적어도 일정액 이상의 임금이 지급될 것이 확정되어 있다면 그와 같이 최소한도로 확정되어 있는 범위에서는 고정성이 인정되어 통상임금에 해당한다.

예를 들어 근무일수가 15일 이상이면 특정 명목의 급여를 전액 지급하고, 15일 미만이면 근무일수에 따라 그 급여를 일할 계산하여 지급하는 경우, 소정근로를 제공하기만 하면 최소한 일할계산 되는 금액의 지급은 확정적이므로, 그 한도에서 통상임금으로 인정된다(대법원 2012다89399, 2013.12.18).

> **사례: 직급수당의 통상임금 여부**
>
> 직급수당 지급방법: 월 30만원. 다만, 근무일수가 20일 미만인 경우 일할 계산하여 지급
> - 15일 근무 시 15만원 지급
> - 20일 미만으로 근무하더라도 일 1만원은 확정적이므로, 일 1만원은 통상임금에 해당

④-3 특정 시점에 재직 중인 근로자에게만 지급하는 임금은 통상임금에 해당되는지?

근로자가 소정근로를 했는지 여부와는 관계없이 지급일 기타 특정 시점에 재직 중인 근로자에게만 지급하기로 정해져 있는 임금은 그 특정 시점에 재직 중일 것이 임금을 지급받을 수 있는 자격요건이 된다. 그러한 임금은 기왕에 근로를 제공했던 사람이라도 특정 시점에 재직하지 않는 사람에게는 지급하지 아니하는 반면, 그 특정 시점에 재직하는 사람에게는 기왕의 근로 제공 내용을 묻지 아니하고 모두 이를 지급하는 것이 일반적이다. 그와 같은 조건으로 지급되는 임금이라면, 그 임금은 이른바 '소정근로'에 대한 대가의 성질을 가지는 것이라고 보기 어려울 뿐 아니라 근로자가 임의의 날에 근로를 제공하더라도 그 특정 시점이 도래하기 전에 퇴직하면 당해 임금을 전혀 지급받지 못하여 근로자가 임의의 날에 연장·야간·휴일 근로를 제공하는 시점에서 그 지급조건이 성취될지 여부는 불확실하므로, 고정성도 결여한 것으로 보아 통상임금에 해당하지 않는다.

그러나 근로자가 특정 시점 전에 퇴직하더라도 그 근무일수에 비례한 만큼의 임금이 지급되는 경우에는 앞서 본 매 근무일마다 지급되는 임금과 실질적인 차이가 없으므로, 근무일수에 비례하여 지급되는 한도에서는 고정성이 부정되지 않는다(대법원 2012다89399, 2013.12.18).

④-4 특수한 기술, 경력 등을 조건으로 하는 임금은 통상임금에 해당되는지?

특수한 기술의 보유나 특정한 경력의 구비 등이 임금 지급의 조건으로 부가되어 있는 경우, 근로자가 임의의 날에 연장·야간·휴일 근로를 제공하는 시점에서 특수한 기술의 보유나 특정한 경력의 구비 여부는 그 성취 여부가 불확실한 조건이 아니라 기왕에 확정된 사실이므로, 그와 같은 지급조건은 고정성 인정에 장애가 되지 않는다(대법원 2012다89399, 2013.12.18).

④-5 근무실적에 연동하는 임금은 통상임금에 해당되는지?

지급 대상기간에 이루어진 근로자의 근무실적을 평가하여 이를 토대로 지급 여부나 지급액이 정해지는 임금은 일반적으로 고정성이 부정된다고 볼 수 있다. 그러나 근무실적에 관하여 최하 등급을 받더라도 일정액을 지급하는 경우와 같이 최소한도의 지급이 확정되어 있다면, 그 최소한도의 임금은 고정적 임금이라고 할 수 있다.

근로자의 전년도 근무실적에 따라 당해 연도에 특정 임금의 지급 여부나 지급액을 정하는 경우, 당해 연도에는 그 임금의 지급 여부나 지급액이 확정적이므로 당해 연도에 있어 그 임금은 고정적인 임금에 해당하는 것으로 보아야 한다. 그러나 보통 전년도에 지급할 것을 그 지급 시기만 늦춘 것에 불과하다고 볼 만한 특별한 사정이 있는 경우에는 고정성을 인정할 수 없다. 다만 이러한 경우에도 근무실적에 관하여 최하 등급을 받더라도 일정액을 최소한도로 보장하여 지급하기로 한 경우에는 그 한도 내에서 고정적인 임금으로 볼 수 있다(대법원 2012다89399, 2013.12.18).

사례: 근무실적에 연동하는 성과급의 통상임금 여부 판단

ⅰ) 연말성과급의 지급

평가등급	S	A	B	C	D
지급률	500%	400%	300%	200%	100%

상기와 같이 근무실적에 의해 지급되는 임금은 통상임금이 될 수 없다. 다만, 최하등급(D등급)인 경우에도 지급받는 금액(100%)은 고정성이 인정되어 통상임금에 해당한다.

ⅱ) 전년도 실적으로 상여금을 결정

전년도평가등급	S	A	B	C	D
지급률	500%	400%	300%	200%	100%

취업규칙에 전년도의 근무실적 평가를 기준으로 당해 연도에 상여금을 결정하는 규정이 있어서 전년도의 평가등급으로 당해 연도의 상여금을 지급하는 경우에는 통상임금이 인정된다. 왜냐하면 지급액이 확정되기 때문이다. 따라서 상기의 500%~100% 지급률은 통상임금에 해당한다. 또한, 전년도의 근무실적 평가를 기준으로 임금인상률을 결정하는 경우(예를 들어, S등급은 5% 인상, A등급은 4% 인상, B등급은 3% 인상, C등급은 2% 인상, D등급은 1% 인상)에도 당해 연도의 임금인상액은 통상임금에 해당한다.

다만, 전년도에 지급할 것을 단순히 지급만을 당해 연도에 하는 경우에는 통상임금이 될 수 없으나, ⅰ)의 사례와 같이 최하등급이라도 지급받는 금액은 통상임금에 해당한다.

⑤ 통상임금 산정 단위는?

통상임금은 시간급으로 산정하는 것이 원칙이다. 왜냐하면 통상임금을 기초로 산정하는 연장·야간·휴일근로수당을 시간단위로 계산하기 때문이다.

그러나 일반적인 임금 지급형태는 월급이 일반적이므로, 월급(주급, 일급)을 시간급으로 환산하는 것이 필요하다. 근로기준법 시행령 제6조 제2항에는 일급, 주급, 월급 액의 시간급 환산에 대하여 다음과 같이 설명하고 있다.

> 근로기준법 시행령 제6조(통상임금) 제2항 통상임금을 시간급 금액으로 산정할 경우에는 다음 각 호의 방법에 따라 산정된 금액으로 한다.
> 1. 시간급 금액으로 정한 임금은 그 금액
> 2. 일급 금액으로 정한 임금은 그 금액을 1일의 소정근로시간 수로 나눈 금액
> 3. 주급 금액으로 정한 임금은 그 금액을 1주의 통상임금 산정 기준시간 수(1주의 소정근로시간과 소정근로시간 외에 유급으로 처리되는 시간을 합산한 시간)로 나눈 금액
> 4. 월급 금액으로 정한 임금은 그 금액을 월의 통상임금 산정 기준시간 수(1주의 통상임금 산정기준시간 수에 1년 동안의 평균 주의 수를 곱한 시간을 12로 나눈 시간)로 나눈 금액
> 5. 일·주·월 외의 일정한 기간으로 정한 임금은 제2호부터 제4호까지의 규정에 준하여 산정된 금액

⑥ 통상임금 포함 또는 불포함되는 사례는?

금품의 성격에 따라 통상임금 포함 여부를 판단할 수 있다.

⑥-1 상여금은 통상임금에 포함되는지?

일반적으로 상여금은 분기별로 지급하거나, 여름휴가 또는 명절 등 취업규칙 또는 단체협약에서 정한 시기에 지급한다.

매월 지급하지 않더라도, 정기적으로 지급되고 취업규칙 또는 단체협약에서 정한 모든 직원에게 지급되며 지급일 전에 퇴직하더라도 퇴직일까지 일할 계산하여 지급된다면 지급받을 금액이 사전에 확정되는 것이므로 통상임금에 해당된다. 그러나 "지급일 현재 재직 중인 자에 한하여 지급한다"거나 분기별 실적에 따라 차등지급한다면 통상임금에 포함되지 않는다.

또한, 입사 시에는 조건부(입사 1개월 이후)로 지급하나 퇴사 시에는 일할 계산하여 지급하는 경우에도 일정 기간 이상만 근무하면 상여금 지급이 확정되므로 고정성이 있다고 볼 수 있다(서울고법 2016나2083847, 2017.4.19).

다만, 최근 하급심법원은 재직자 조건이 붙은 정기상여금도 통상임금에 해당한다고 판시한 사례도 있다.

> **사례: 재직자 조건이 붙은 정기상여금도 통상임금에 해당한다고 판단**
> **(서울고법 2020나2012736, 2021.06.30)**
>
> 피고는 단체협약에 따라 기능직 근로자 중 지급일 현재 재직 중인 자에 한하여 정기상여금을 지급하였고, 정기상여금 지급일 이전에 퇴직한 근로자들에 대하여 정기상여금을 일할 계산하여 지급하지 않은 사실은 인정된다.

그러나 아래와 같은 사실 또는 사정들을 종합하면, 단체협약 및 취업규칙에 근거하여 연 800%의 지급률에 따라 정기적·계속적으로 지급되는 이 사건 정기상여금은 소정근로를 제공하기만 하면 그 지급이 확정된 것이라고 볼 수 있어 정기적·일률적으로 지급되는 고정적인 임금인 통상임금에 해당한다고 봄이 타당하다.

① 이 사건 정기상여금은 1년에 월 기본급의 800%에 해당하는 금액을 8회로 나누어 정기적으로 지급하도록 되어 있을 뿐, 이와 같은 연간 상여금을 지급함에 있어 별도로 업적, 성과 등을 요구하고 있지 않고 있다. 즉 근로를 제공하기만 하면 업적, 성과 등과는 관계없이 사전에 확정된 금액이 특정 지급일자에 정기적으로 분할 지급되는 것이다.

② 연봉제 이외의 직원들에 대한 상여금 지급방법을 보면, 피고는 특정 일수 이상 휴직하거나 결근하는 근로자에 대하여 특정 비율 또는 일수에 비례하는 비율에 해당하는 정기상여금을 감액하여 지급하고 있고, 쟁의행위 기간 동안의 임금 항목별 공제방법을 살펴보더라도, 정기상여금은 연간 총 지급률을 연간일수로 나누어 쟁의행위 기간만큼의 금액을 공제하여 지급하도록 되어 있다. 이러한 점들을 보면 이 사건 정기상여금이 지급일에 재직하는 사람에게는 기왕의 근로제공 내용을 묻지 아니하고 모두 이를 지급하는 임금에 해당한다고 할 수 없다.

③ 이와 같은 정기상여금의 금액, 지급방법, 지급실태 등에 전체 임금에서 정기상여금이 차지하는 비중이 매우 높고 월 단위로 계산한 정기상여금의 액수가 기존통상월액의 60%를 상회하는 수준이라는 점을 더하여 보면, 이 사건 정기상여금은 단순히 복리후생적·실비변상적·은혜적 성격의 금원이라거나 특정 시점(상여금 지급일)의 재직에 대한 대가로 지급되는 금원으로 볼 수는 없고, 오히려 근로자의 입장에서는 기본급과 마찬가지로 소정근로를 제공하기만 하면 그에 대한 기본적이고 확정적인 대가로서 당연히 수령을 기대하는 임금에 해당한다고 볼 수 있다.

④ 한편 피고의 급여규정은 피고가 근로자들에게 지급하는 기본급, 수당, 상여금 등 임금 전반에 대하여 이미 근무한 기간에 비례하여 일할 정산한다는 취지를 규정한 것으로 이해된다. 그렇다면 정기상여금 역시 소정근로의 대가인 임금으로 인정되는 이상 위와 같은 급여규정에 따라 퇴직일까지의 근로일수에 비례하여 일할계산하여 지급되어야 하는 임금이라고 봄이 타당하고, 이와 달리 앞서 본 재직자조건이 기왕에 근로를 제공했던 사람이라도 특정 지급일자에 재직하지 않는 사람에게는 이미 제공한 근로에 상응하는 부분까지도 지급하지 아니한다는 취지로 해석되는 한 이는 무효라고 봄이 타당하다.

⑥-2 가족수당은 통상임금에 포함되는지?

부양가족이 있는 근로자에게만 지급되는 가족수당과 같이 소정근로의 가치 평가와 무관한 사항을 조건으로 하여 지급되는 임금은 '일률성'을 인정할 수 없으므로, 통상임금에 속한다고 볼 수 없다. 통상임금의 일률성이 충족되기 위해서는 '일정한 조건 또는 기준'은 작업 내용이나 경력 등과 같이 소정근로의 가치 평가와 관련된 조건이어야 한다.

그러나 명칭이 가족수당이라 하더라도 모든 근로자에게 동일한 금액을 지급한다면 통상임금에 포함되며, 가족수당의 기본금액을 가족수당 명목으로 지급하면서 실제 부양가족이 있는 근로자에게는 일정액을 추가적으로 지급하는 경우 그 기본금액은 통상임금에 속한다(대법원 2012다89399, 2013.12.18).

⑥-3 중식대는 통상임금에 포함되는지?

근로자 전원에게 매월 일정금액의 중식대를 지급하면 통상임금에 해당된다(근로기준정책과-655, 2015.3.5). 사업장에 따라 현물로 식사를 제공받지 못하는 근로자들에게 그에 상응하는 중식대를 매월 지급하는 경우에도 통상임금에 해당된다(서울중앙지법 2011가합105381, 2017.8.31). 또한, 현물이 아닌 식대를 매월 지급하면서 해당 근로자의 구내식당 이용 횟수에 따른 이용금액을 공제한 나머지 금액을 지급한 경우, 그 후에 식사를 현물로만 제공하였더라도 이전 식대는 소정근로의 대가로서 정기적·일률적·고정적으로 근로자들에게 지급되는 금원으로 통상임금에 해당한다(서울중앙지법 2013가합546054, 2015.6.5).

다만, 사용자가 근로자에게 매일 식권을 지급하고 현물식사를 제공한 경우에는 실비변상적 성격을 가져 소정근로의 대가로 볼 수 없으므로 통상임금에 포함되지 아니한다(대법원 2012다118655, 2015.6.24).

⑥-4 차량유지비는 통상임금에 포함되는지?

근로자 전원에게 매월 일정금액의 차량유지비를 지급하면 통상임금에 해당된다. 또한, 전용차량을 제공받는 근로자에게는 차량유지비가 지급되지 않았다고, 전용차량을 제공받지 않는 근로자에게 지급하는 매월 일정금액의 차량유지비가 실비변상적 차원의 금품으로 볼 것은 아니다(서울고법 2016나2036339, 2017.8.18).

다만, 근로의 제공과 직접적으로 관련 없이 직무수행에 소요되는 비용을 변상하기 위하여 일정 한도의 유류(예를 들어, 팀장 70리터, 대리 120리터)를 실비 지원하는 경우라면 통상임금에 해당하지 않는다(근로기준정책과-655, 2015.3.5).

⑥-5 통신비는 통상임금에 포함되는지?

근로자에게 실비와 관계없이 일정금액을 지급하는 경우 통상임금에 해당한다. 다만, 일부의 직무에 종사하는 근로자(예를 들어, 영업직군)를 대상으로 일정금액을 한도도 실비지원을 하는 경우 근로의 제공과 직접적으로 관련 없이 직무수행에 소요되는 비용을 변상하기 위하여 지급되는 실비변상적인 금원으로 보아 통상임금에 해당하지 않는다(근로기준정책과-655, 2015.3.5).

⑥-6 복지포인트는 통상임금에 포함되는지?

복리후생제도를 단순화하여 근로자의 편의를 제공하고, 전 직원에게 일률적으로 적용하기 위하여 복지포인트제도를 시행하는 회사가 늘고 있다.

복지포인트제도는 사업장마다 자신들의 상황과 선호에 따라 설계할 수 있기 때문에 복지포인트의 임금으로서의 성격을 한 가지로 정의하기는 어렵다. 다만, 임금이란 반드시 통화의 형태로 제공되어야 하는 것은 아니고, 근로의 대가로 지급되는 일체의 금품을 의미하는 것이므로 복지포인트가 통상임금으로 인정될 여지도 충분하며, 실제로 많은 판례와 행정해석에서 복지포인트를 통상임금으로 인정하고 있다.

판례를 참고로 하여 볼 때, 복지포인트가 통상임금에서 제외되는 조건으로는 다음과 같다.

> ⅰ) 정해진 사용기간 내에 사용해야 하며, 이월하여 사용할 수 없으며 퇴직 시 사용이 불가
> ⅱ) 사용용도에 제한(자기계발, 여가생활 등)이 있으며, 사용이 불가능한 업종(유흥업소 등)을 설정
> ⅲ) 회사의 상황에 따라 복지포인트의 배정금액이 달라질 수 있어, 사용할 수 있는 복지포인트를 사전에 확정하기가 곤란
> ⅳ) 취업규칙 또는 단체협약에 임금으로 명시하지 않고, 복리후생으로 취급
> ⅴ) 재직조건을 설정
> ⅵ) 부양가족수 등 근로의 가치 평가와 무관한 사항을 조건으로 지급

⑥-7 직무 또는 근속연수와 관련된 각종 수당은 통상임금에 포함되는지?

직무와 관련된 수당으로는 직급보조비, 직책수행경비, 직책수당, 보직수당, 출납수당, 연구수당, 직무수당, 자격수당 등 다양한 명칭의 수당들이 있다. 정기적으로 지급되고 소정근로의 대가와 관련한 조건에 맞는 직원에게 모두 지급되며, 근로를 제공하면 지급이 보장된다면 명칭에 관계없이 모두 통상임금으로 인정된다.

근속연수와 관련해서는 장기근속수당, 근속가산금 등의 명칭의 수당

이 있다. 실제의 근무성적과는 상관없이 일정 기간의 근속연수 조건 또는 기준에 해당하는 모든 근로자들에게 지급되고, 미리 정해 놓은 지급기준 및 지급액에 따라 일정한 근속연수 중 어느 하나에 해당하는 근로자들에게 일률적으로 각 단계별로 정하여진 같은 액수의 근속수당 또는 근속가산금을 지급한다면 이는 소정 근로의 대가로 근로자에게 지급되는 금품으로서 통상임금에 해당한다(부산지법 2015가합50166, 2017.10.19).

다만, 일정한 근속연수마다(예를 들어, 매 10년마다) 지급하는 장기근속 축하금 또는 선물(상품권)은 임시적·은혜적 성격의 복리후생으로 통상임금에 해당하지 않는다.

4
최저임금

사용자와 근로자 간에 가장 기본적인 권리와 의무는 근로제공의무와 임금지급의무이다. 근로계약상의 주된 의무임과 더불어 임금은 기업과 근로자의 생존과도 직결되므로 매우 중요하지만 임금 결정방법과 수준 등을 근로기준법에서 규율하고 있지는 않다. 단체교섭·취업규칙·근로계약을 통하여 노사 간 자율적으로 정하게 하고 있다.

다만, 근로자의 최저 생활을 보장하고, 노동력의 질적 저하를 방지하고자 최저임금 수준을 설정하여 사용자로 하여금 그 이상의 임금을 근로자에게 지급하도록 법적으로 강제하는 최저임금제도를 시행하고 있다.

최저임금은 동거하는 친족만을 사용하는 사업과 가사 사용인을 제외한 모든 근로자에게 적용되며(최저임금법 제3조), 근로자의 생계비, 유사 근로자의 임금, 노동생산성 및 소득분배율 등을 고려하여 정한다(최저임금법 제4조 제1항). 최저임금은 임금의 최소수준을 법으로 강제하는 것이므로 근로자와 사용자 사이의 근로계약 중 최저임금액에 미치지 못하는 금액을 임금으로 정한 부분은 무효로 하며, 이 경우 무효로 된 부분은 이 법으로 정한 최저임금액과 동일한 임금을 지급하기로 한 것으로 본다(최저임금법 제6조 제3항).

① 최근 3년간의 최저임금의 변동은?

	2020년	인상률	2021년	인상률	2022년
시급	8,590원	1.5%	8,720원	5.0%	9,160원
월급 (209시간)	1,795,310원		1,822,480원		1,914,440원

최저임금은 매년 8월 5일까지 결정하여(최저임금법 제8조), 다음 연도 1월 1일부터 효력이 발생한다(최저임금법 제10조 제2항).

② 최저임금에 산입하지 않는 임금은?

매월 1회 정기적으로 지급하는 임금을 산입한다(최저임금법 제6조 제4항). 다만, 소정의 근로일에 대하여 지급하는 임금 외의 임금, 상여금 또는 이에 준하는 것으로서 최저임금의 월 환산액의 100분의 10에 해당(2022년 기준)하는 부분, 식비·교통비·숙박비 등 근로자의 생활보조 또는 복리후생을 위한 것으로써 현물로 지급되는 임금과 최저임금의 월 환산액의 100분의 2에 해당(2022년 기준)하는 부분은 최저임금에 산입하지 않는다.

③ 매월 지급하지 않아 최저임금에 포함되지 않는 임금은 어떤 것이 있는지?

분기별 또는 명절에만 지급하는 상여금과 임시적이거나 돌발적인 사유에 따라 지급하는 임금(김장수당, 휴가보너스 등), 지급조건이 사전에 정해져 있지만 그 사유의 발생일이 확정되지 않거나 불규칙적인 수당(출산축하금, 결혼수당 등)도 최저임금에 산입되지 않는다.

④ 소정의 근로일에 대하여 지급하는 임금 외의 임금이란?

연장·야간·휴일근로 가산임금, 일직·숙직 수당, 미사용연차휴가보상금 등이 이에 해당된다(최저임금법 시행규칙 제2조 제1항).

⑤ 정기상여금과 같이 월 1회 이상 지급하지만 산정단위가 1개월을 초과하는 임금은 최저임금에 산입되는지?

1개월을 초과하는 임금은 최저임금에 산입되는지?

1개월을 초과하는 기간에 걸친 사유에 따라 산정하는 상여금·장려가급·능률수당·근속수당, 1개월을 초과하는 기간의 출근성적에 따라 지급하는 정근수당의 월 지급액 중에서 해당연도 최저임금 월 환산액의 10%(2022년 기준)에 해당하는 부분은 최저임금에 산입하지 않는다(최저임금법 제6조 제4항 2호 및 시행규칙 제2조 제2항). 다만, 최저임금에 산입하지 않는 비율은 2019년부터 2023년까지 점차로 축소되다가 2024년에는 전액 최저임금에 산입된다. 즉, 최저임금에 산입되지 않는 비율이 0%가 된다는 것이다.

최저임금에 산입되지 않는 비율과 금액은 다음과 같다.

	2019년	2020년	2021년	2022년	2023년	2024년~
최저임금 미산입비율	25%	20%	15%	10%	5%	0%
최저임금 미산입금액	436,287원	359,062원	273,372원	191,444원	?	0원

예를 들어, 2022년 기준으로 매월 정기상여금을 500,000원 받는 근로자의 경우에는 최저임금에 산입되는 부분은 308,556원(500,000원-191,444원) 이라는 것이다.

⑥ 지급 기간이 1개월을 초과하는 상여금을 최저임금에 산입하려면?

최저임금법 개정(2018.6) 시 특례 조항을 신설하여 1개월을 초과하는 주기로 지급하는 임금을 총액의 변동 없이 매월 지급하는 것으로 취업규칙을 변경하려는 경우에는 근로기준법 제94조 제1항에도 불구하고 해당 사업 또는 사업장에 근로자의 과반수로 조직된 노동조합이 있는 경우에는 그 노동조합, 근로자의 과반수로 조직된 노동조합이 없는 경우에는 근로자의 과반수의 의견청취 절차만 거치면 된다(최저임금법 제6조의2)고 하여 동의절차를 거치지 않고 의견청취 절차를 거친 뒤 취업규칙을 개정하면 된다.

⑦ 복리후생도 최저임금에 산입되는지?

기본적으로 통화 이외의 것으로 지급하는 복리후생(예를 들어, 식사제공)은 최저임금에 산입되지 않는다. 또한 통화로 지급되는 복리후생 중에서 해당연도 최저임금 월 환산액의 2%(2022년 기준)에 해당하는 부분은 최저임금에 산입하지 않는다(최저임금법 제6조 제4항 3호). 다만, 상여금과 마찬가지로 최저임금에 산입하지 않는 비율은 2019년부터 2023년까지 점차로 축소되다가 2024년에는 전액 최저임금에 산입된다. 즉, 2024년에는 최저임금에 산입되지 않는 비율이 0%가 된다는 것이다.

최저임금에 산입되지 않는 비율과 금액은 다음과 같다.

	2019년	2020년	2021년	2022년	2023년	2024년~
최저임금 미산입비율	7%	5%	3%	2%	1%	0%
최저임금 미산입금액	122,161원	89,766원	54,674원	38,288원	?	0원

예를 들어, 2022년 기준으로 매월 식대를 100,000원, 교통비를 200,000원 지급받는 근로자의 경우에는 최저임금에 산입되는 부분은 261,712원(300,000원-38,288원)이라는 것이다.

사례: 최저임금 계산(2022년 기준)

	주5일 40시간	주6일 44시간	24시간 격일근무 (주간2시간, 야간6시간 휴게)
기본급 209만원	209만원÷209시간 = 10,000원	209만원÷235.07시간* = 8,890원 (최저임금 위반)	209만원÷258.51시간** = 8,084원 (최저임금 위반)
기본급 170만원 직책수당 20만원 상여금 20만원 식대 10만원	1,970,268원***÷209시간 = 9,427원	1,970,268원÷235.07시간 = 8,381원 (최저임금 위반)	1,970,268원÷258.51시간 = 7,621원 (최저임금 위반)

* 209시간+4시간×4.345주×1.5=235.07시간
** 전체근로시간: [(16시간/2)×365일÷12월=243.3시간] + [야간근로가산: (2시간/2)×365일÷12월×0.5=15.21시간]=258.51시간
*** 1,700,000원+200,000원+(200,000원-191,444원)+(100,000원-38,288원)=1,970,268원

⑧ 계약기간 중 최저임금에 미달되는 경우는?

연중에 근로계약을 체결하고 다음 연도까지 근로계약이 이어지는 경우에 당해 연도에는 임금이 최저임금을 상회하였으나 다음 연도에 최저임금에 미달되는 경우에는 총기간의 평균이 2년간의 최저임금의 평균을 상회한다고 하더라도 다음 연도 1월 1일부터는 최저임금 위반이 된다.

이러한 경우 다음 연도 1월 1일 자로 임금을 최저임금 이상 지급하는 것으로 근로계약을 갱신하여야 한다.

5
임금 지급의 원칙

근로기준법 제43조에는 통화로 근로자에게 직접 지급해야 하며, 매월 1회 이상 일정한 날짜에 지급하여야 한다고 규정하고 있다. 임금은 근로계약에서 사용자의 주된 의무임과 동시에 근로자의 생활을 영위하는 수단이므로 근로기준법은 임금의 지급방법에 대하여 원칙을 설정한 것이다.

이를 임금지급의 4원칙이라고 하는데, 전액지급의 원칙, 통화지급의 원칙, 직접지급의 원칙, 정기지급의 원칙이다. 이러한 지급원칙을 통하여 근로의 대가인 임금을 확실하고 신속하게 그리고 예측가능하게 지급 받음으로써 근로자의 경제생활을 위협하는 일이 없도록 보호를 하는 데 그 목적이 있다.

① 전액지급의 원칙은 어떤 것을 의미하는지?

사용자가 일방적으로 임금을 공제하지 못하고 임금을 전액지급해야 한다는 것이다. 이는 사용자가 일방적으로 임금을 공제하는 것을 금지하여 근로자에게 임금 전액을 확실하게 지급받게 함으로써 근로자의 경제생활을 위협하는 일이 없도록 그 보호를 도모하려는 데 그 취지가 있다(대법원 2001다25184, 2001.10.23).

전액지급의 원칙과 관련하여서는 임금과 채권과의 상계가 가능한지 여부가 주로 살펴볼 이슈이다.

①-1 임금과 채권의 상계가 가능한지?

사용자가 자기 직원으로 근무하다가 사망한 근로자의 퇴직금에 대하여 사용자의 동인에 대한 대출금 채권으로 상계충당 할 수 없다(대법원 88다카26413, 1990.5.8)고 하는 등, 사용자가 근로자에 대하여 가지는 대출금이나 불법행위를 원인으로 한 채권(손해배상채권)으로써 근로자의 임금채권과 상계를 하지 못한다고 함이 대법원의 확립된 입장이다(대법원 99도2168, 1999.7.13). 다만, 예외적으로 임금과 상계가 가능한 경우가 있다.

①-2 근로자가 자유의사로 동의한다면 상계가 가능한지?

사용자가 근로자에 대하여 가지는 채권을 가지고 일방적으로 근로자의 임금채권을 상계하는 것은 금지된다고 할 것이지만, 사용자가 근로자의 동의를 얻어 근로자의 임금채권에 대하여 상계하는 경우에 그 동의가 근로자의 자유로운 의사에 의해 이루어진 것이라고 인정할 만한 합리적인 이유가 객관적으로 존재하는 때에는 근로기준법에 위반하지 아니한다고 보아야 할 것이고, 다만 그 동의가 근로자의 자유로운 의사에 기한 것이라는 판단은 엄격하고 신중하게 이루어져야 한다(대법원 2001다25184, 2001.10.23).

①-3 임금을 초과 지급했다면 초과 지급분은 상계가 가능한지?

계산의 착오 등으로 임금이 초과 지급되었을 때 그 행사의 시기가 초과 지급된 시기와 임금의 정산, 조정의 실질을 잃지 않을 만큼 밀접하고 금액과 방법이 미리 예고되는 등 근로자의 경제생활의 안정을 해할 염려가 없는 경우나, 근로자가 퇴직한 후에 그 재직 중 지급되지 아니한 임금이나 퇴직금을 청구하는 경우에는 초과 지급된 임금의 반환청구권과 상계하는 것은 무방하다. 따라서 근로자가 일정 기간 동안의 미지급 법정수당을 청구하는 경우에 사용자가 같은 기간 동안 법정수당의 초과 지급 부분이 있음을 이유로 상계나 그 충당을 주장하는 것도 허용된다(대법원 94다26721, 1995.12.21).

①-4 재직 시 퇴직금 명목으로 지급한 금원이 퇴직금으로 인정받지 못한 경우 해당 금원은 상계가 가능한지?

사용자와 근로자가 매월 지급하는 임금과 함께 퇴직금으로 일정한 금원을 미리 지급하기로 약정하였다면, 그 약정은 퇴직금 중간정산으로 인정되는 경우가 아닌 한 최종 퇴직 시 발생하는 퇴직금청구권을 근로자가 사전에 포기하는 것으로서 무효이고, 그 결과 퇴직금 분할 약정에 따라 사용자가 근로자에게 퇴직금 명목의 금원을 지급하였다 하더라도 퇴직금 지급으로서의 효력이 없다. 그렇다면 사용자는 본래 퇴직금 명목에 해당하는 금원을 지급할 의무가 있었던 것이 아니므로, 위 약정에 의하여 이미 지급한 퇴직금 명목의 금원은 '근로의 대가로 지급하는 임금'에도 해당하지 않는다. 이처럼 사용자가 근로자에게 퇴직금 명목의 금원을 실질적으로 지급하였음에도 불구하고 정작 퇴직금 지급으로서의 효력이 인정되지 못하고 임금으로서의 효력도 인정되지 않는다면, 근로자는 수령한 퇴직금 명목의 금원을 부당이득으로 사용자에게 반환하여야 한다.

따라서 사용자가 근로자에게 이미 퇴직금 명목의 금원을 지급하였으나 그것이 퇴직금 지급으로서의 효력이 없어 사용자가 퇴직금 명목의 금원 상당의 부당이득반환채권을 갖게 된 경우에 근로자의 퇴직금과 상계하는 것은 가능하다. 한편 사용자가 근로자에게 퇴직금 명목으로 지급한 금원 상당의 부당이득반환채권을 근로자의 퇴직금채권을 상계하는 것은 퇴직금채권의 2분의 1을 초과하는 부분에 해당하는 금액에 관하여만 허용된다(대법원 2007다90760, 2010.5.20).

①-5 법령 및 취업규칙·단체협약에 의해 공제가 가능한 경우는?

법령에 따라 세금 및 사회보험료의 공제가 가능하며, 단체협약에 의해 노동조합비의 공제가 가능하다.

또한, 사업장 내의 임의로 조직된 취미단체에서 동 단체 소속 개별 근로자의 실질적이고 구체적인 동의를 얻어 급여 공제를 요청한 경우, 개별 근로자의 경제생활의 안정을 해치지 않는 취미 활동에 소요되는 최소한의 금품에 한하여 그 공제가 가능하다. 다만, 추후 개별 근로자의 반대 의사표시가 있을 경우에는 그 전액을 지급하여야 한다(임금 68207-405, 2003.5.26).

② 통화지급의 원칙은 어떤 것을 의미하는지?

임금은 통화로 직접 근로자에게 그 전액을 지급하여야 하며, 법령 또는 단체협약에 특별한 규정이 있는 경우에는 임금의 일부를 공제하거나 통화 외의 것으로 지급할 수 있도록 하고 있다(근로기준법 제43조 제2항). 여기서 직접·통화불의 원칙은 국내에서 강제 통용력이 있는 화폐로 지급되는 것을 말하는 것이며, 금융제도가 매우 발달되어 있는 현대에서는 은행에 의해 그 지급이 보증되는 보증수표로 임금을 지급하여도 직접·통화불 원칙에 위배되지 않는 것으로 본다(임금 68207-552, 2002.7.29).

②-1 임금을 외국통화(USD, EUR 등)로 지급하는 것이 가능한지?

노사당사자 간에 근로자의 임금을 유로(EURO)화로 지급하기로 정한 경우에는 동 유로화는 은행 등을 통하여 별도로 환전절차를 거쳐야 하는 등 국내에서 강제통용력이 있는 화폐로 보기 어려울 것이므로 근로기준법의 규정에 의한 임금의 직접·통화불 원칙에 위배되는 것으로 보아야 한다.

반면에 유로화를 기준으로 임금을 책정하고 이를 임금지급 시점의 환율에 의하여 원화로 환가·지급하기로 정한 경우에는 근로기준법 위반의 문제는 발생되지 않는 것으로 보아야 할 것이나, 이 경우 임금 지급 시점마다 환율 변동에 따른 환가금액이 달라지게 되어 매월의 임금액에 변동이 생기는 결과가 초래될 수 있어 바람직한 것으로는 볼 수 없을 것으로 사료되며, 한편으로는 근로자의 임금을 기준으로 산정되는 근로소득세 및 각종 사회보험료 등의 납부금액이 달라지게 되는 문제가 발생될 것으로 예상된다(임금 68207-552, 2002.7.29).

②-2 임금 지급에 갈음하여 사용자가 근로자에게 채권을 양도하는 것은 가능한지?

사용자가 근로자의 임금 지급에 갈음하여 사용자가 제3자에 대하여 가지는 채권을 근로자에게 양도하기로 하는 약정은 그 전부가 무효임이 원칙이다. 다만, 당사자 쌍방이 위와 같은 약정이 무효임을 알았더라면 임금의 지급에 갈음하는 것이 아니라 그 지급을 위하여 채권을 양도하는 것으로 합의할 것이라고 인정될 때에는 그 채권양도 약정은 임금의 지급을 위하여 한 것으로서 효력을 가질 수 있다(대법원 2011다101308, 2012.3.29).

> **'지급에 갈음하다'와 '지급을 위하여'의 의미 비교**
>
> 지급에 갈음하여: 본래의 급부를 해야 할 의무는 소멸하고, 대물급부만이 남는다.
> (즉, 임금 지급에 갈음하여 채권을 양도하면 임금청구권은 소멸하고 채권에 대한 권리만이 남는다.)
>
> 지급을 위하여: 본래의 급부의무와 새로운 급부의무가 공존하여, 새로운 급부의 실현이 있을 때 비로소 본래의 급부의무가 소멸한다.
> (즉, 임금 지급을 위하여 채권을 양도하면 임금청구권과 채권에 대한 권리가 공존하며, 채권에 대한 권리의 실현이 있을 때 비로소 임금청구권이 소멸한다.)

③ 직접 지급의 원칙은 어떤 것을 의미하는지?

임금은 근로자 본인에게 직접 지급하여야 한다. 이는 임금이 확실하게 근로자 본인의 수중에 들어가게 하여 그의 자유로운 처분에 맡기고 나아가 근로자의 생활을 보호하고자 하는 데 그 취지가 있다(대법원 87다카2803, 1988.12.13).

③-1 임금채권도 양도가 가능한지?

근로자의 임금채권은 그 양도를 금지하는 법률의 규정이 없으므로 이를 양도할 수 있다. 다만, 근로자가 그 임금채권을 양도한 경우라 할지라도 그 임금의 지급에 관하여는 직접지급의 원칙이 적용되어 사용자는 직접 근로자에게 임금을 지급하여야 하고, 그 결과 비록 임금채권의 양수인이라고 할지라도 스스로 사용자에 대하여 임금의 지급을 청구할 수는 없다(대법원 87다카2803, 1988.12.13).

④ 정기지급의 원칙은 어떤 것을 의미하는지?

임금은 매월 1회 이상 일정한 날짜를 정하여 지급하여야 한다. 이는 사용자로 하여금 적어도 매월 한 번은 일정한 날짜를 미리 정하여 근로의 대가를 지급하게 함으로써 근로자의 생활안정을 도모하는 데 그 취지가 있다.

④-1 근로형태별 임금지급의 원칙은?

상용근로자의 경우 임금청구권은 사용자와 근로자가 정한 임금 정기지급일에 발생하므로 일정 기간 동안의 임금을 산정한 후 도래하는 다음 임금 정기지급일에 지급하여야 한다. 다만, 임금을 1개월 단위로 산정하여 다음 달 일정한 날짜에 정기적으로 지급하는 경우에는 입사일로부터 다음 달 임금 정기지급일까지의 기간이 1개월을 넘는 근로자에게는 입사 당월의 임금 정기지급일에 기왕의 근로에 대한 임금의 전부 또는 일부가 지급되어야 한다. 왜냐하면 월의 도중 임금 정기지급일 이전에 입사한 근로자에게 기왕의 근로에 대한 임금을 익월 임금 정기지급일에 지급하면 근로자는 입사일로부터 1개월이 지나 임금을 받게 되기 때문이다.

일용근로자의 경우 매일매일 근로관계가 단절되므로 임금산정은 시간급 또는 일급 단위가 원칙으로 근로관계가 종료한 시점에 임금을 지급해야 한다. 다만, 일용 형태의 근로자라 하더라도 공사 진행기간, 일정

업무 수행기간에 상시적으로 출근하거나 출근이 예정되어 매일 계산된 임금을 월급형태로 지급하는 경우 상용근로자와 동일하게 해석한다(근로개선정책과-836, 2011.4.14).

④-2 정기지급의 예외에 해당하는 것은?

임시로 지급하는 임금, 수당, 그 밖에 이에 준하는 것 또는 대통령령으로 정하는 임금에 대하여는 그러하지 아니하다(근로기준법 제43조 제2항). 이에 해당하는 것으로는 ⅰ) 1개월을 초과하는 기간의 출근 성적에 따라 지급하는 정근수당 ⅱ) 1개월을 초과하는 일정 기간을 계속하여 근무한 경우에 지급되는 근속수당 ⅲ) 1개월을 초과하는 기간에 걸친 사유에 따라 산정되는 장려금, 능률수당 또는 상여금 ⅳ) 그 밖에 부정기적으로 지급되는 모든 수당이 있다(근로기준법 시행령 제23조).

6
휴업수당

사용자의 귀책사유로 휴업하는 경우에 사용자는 휴업기간 동안 그 근로자에게 평균임금의 100분의 70 이상의 수당을 지급하여야 하는데 이를 휴업수당이라 한다(근로기준법 제46조 제1항). 휴업수당제도는 사용자의 귀책사유로 인하여 근로자가 근로를 제공하지 못함으로써 임금을 받지 못하는 경우, 휴업으로 인한 위험을 사용자가 일부 부담토록 하여 임금상실의 위험으로부터 근로자를 보호하기 위하는 데에 그 취지가 있다.

① 사용자의 귀책사유에는 어떤 것이 있는지?

사용자의 귀책사유란 민법상의 귀책사유와는 달리 사용자의 고의·과실을 요하지 않으며, 불가항력적이 아닌 경우로서 사용자의 세력범위 내에서 발생한 경영 장애로 인하여 근로자로부터 근로의 제공을 받을 수 없게 된 경우까지를 포함한다(중노위 중앙2018휴업1, 2018.8.10).

② 사용자의 귀책사유의 사례는?

ⅰ) 경기불황: 경기불황과 계절적 불황기를 맞아(물량감소 등) 하절기에 교대제로 7일씩 휴업(근기 1455-26862, 1982.9.28)
ⅱ) 공장이전: 도시계획사업에 따라 공장이 이전되어 그 이전기간 동안 휴업하는 기간(기준 1455.9-2528, 1970.2.1)
ⅲ) 갱내붕괴사고: 갱내 붕락사고 등으로 인하여 구조작업을 하는 기간(근기 1455-28040, 1982.10.13)
ⅳ) 작업량감소: 공사시공을 함에 상당한 하도급을 받았으나 그 후의 사정변경으로 하도급 받은 작업량 감소(대법원 68다1972, 1969.3.4)
ⅴ) 원도급업체의 공사 중단에 따른 하도급업체의 조업중단(대법원 68다1972, 1969.3.4)
ⅵ) 부당징계: 사용자의 근로자에 대한 차량승무정지(배차중단)조치가

부당한 것으로 판명된 경우 이때의 승무정지기간(임금근로시간정책팀-711, 2006.3.29)

ⅶ) 고용승계를 거부한 근로자에게 부여한 대기발령: 사용자가 호텔의 식음업장에 대해 사용자의 경영상 판단에 의한 영업 양도·양수 계약을 체결하고, 식음업장 소속 근로자들에게 회사를 퇴사하고 양수회사 소속 근로자로 근무하라는 요구를 하였고, 이를 거부하는 근로자들을 자택대기발령(중노위 중앙2018휴업1, 2018.8.10)

ⅷ) 감염병 예방법 등에 따른 강제조치(사업장폐쇄, 휴업조치 등)가 아닌, 코로나19로 인한 경기 위축, 매출감소, 예약취소, 부품업체 휴업 등에 따른 사업장 휴업은 사용자의 귀책사유에 해당(2020.4.3. 고용노동부 보도자료 / 근로기준정책과-1893, 2020.5.7)

③ 사용자의 귀책사유로 인정하지 않은 사례는?

ⅰ) 징계로서의 정직 및 출근정지: 근로자에게 귀책사유가 있는 징계
(근기 68207-1977, 2002.5.21)

ⅱ) 휴직: 근로자의 귀책사유로 인하여 휴업한 기간
(근기 01254-6309, 1987.4.17)

ⅲ) 천재지변: 천재지변·전쟁 등과 같은 불가항력적인 사유
(근기 68207-598, 2000.2.28)

④ 휴업이란 무엇을 의미하는지?

휴업이란 개개의 근로자가 근로계약에 따라 근로를 제공할 의사가 있음에도 불구하고 그 의사에 반하여 취업이 거부되거나 또는 불가능하게 된 경우를 의미한다(대법원 90다18999, 1991.12.13). 휴업은 사업 전부의 휴업은 물론 일부의 휴업도 가능하며, 특정한 근로자에게 한정하여 적용이 가능하다.

⑤ 휴업수당의 지급수준은?

사용자는 휴업기간 동안 그 근로자에게 평균임금의 100분의 70 이상의 수당을 지급하여야 한다. 다만, 평균임금의 100분의 70에 해당하는 금액이 통상임금을 초과하는 경우에는 통상임금을 휴업수당으로 지급할 수 있다(근로기준법 제46조 제1항).

⑥ 임금의 일부를 지급받은 경우 휴업수당은 어떻게 계산되는지?

평균임금에서 지급받은 임금을 뺀 금액을 계산하여 그 금액의 100분의 70 이상을 지급하면 된다. 만일 통상임금을 휴업수당으로 지급하는 경우에는 통상임금에서 휴업한 기간 중에 지급받은 임금을 뺀 금액을 지급하여야 한다(근로기준법 시행령 제26조).

> **사례: 임금일부를 지급받은 경우의 휴업수당 계산**
>
> ⅰ) 평균임금: 500만원, 통상임금 400만원, 임금 100만원을 지급받은 경우
> - 평균임금의 70%는 350만원이므로, 평균임금의 70%를 휴업수당으로 지급
> - 임금의 100만원을 지급받았으므로, 휴업수당은 (500만원-100만원)× 70%=280만원
>
> ⅱ) 평균임금: 500만원, 통상임금 300만원, 임금 100만원을 지급받은 경우
> - 평균임금의 70%는 350만원이므로, 통상임금을 휴업수당으로 지급
> - 임금의 100만원을 지급받았으므로, 휴업수당은 (300만원-100만원)× 100%=200만원

⑦ 휴업기간 중 중간수입(다른 회사에서의 소득)이 있는 경우 휴업수당을 공제할 수 있는지?

근로기준법에서는 근로자의 최저생활을 보장하려는 취지에서 사용자의 귀책사유로 인하여 휴업하는 경우에는 사용자는 휴업기간 중 당해 근로자에게 그 평균임금의 100분의 70 이상의 수당을 지급하여야 한다고 규정하고 있고, 여기서의 휴업에는 개개의 근로자가 근로계약에 따라 근로를 제공할 의사가 있음에도 불구하고 그 의사에 반하여 취업이 거부되거나 또는 불가능하게 된 경우도 포함되므로 휴업기간 중의 임금액 중 위 휴업수당의 한도에서는 중간수입공제의 대상으로 삼을 수 없고, 그 휴업수당을 초과하는 금액범위에서만 공제하여야 할 것이다(대법원 90다18999, 1991.12.13).

> **사례: 중간수입이 있는 경우의 휴업수당 계산**
>
> ⅰ) 평균임금: 100만원, 중간수입 60만원인 경우
> - 휴업수당은 70만원
> - 휴업수당을 초과하는 중간수입만을 공제할 수 있으므로 중간수입공제 없음.
>
> ⅱ) 평균임금: 100만원, 중간수입 80만원인 경우
> - 휴업수당은 70만원
> - 휴업수당을 초과하는 중간수입만을 공제할 수 있으므로 10만원(80만원-70만원) 중간수입공제 가능

⑧ 휴업기간 중 쟁의행위가 개시되었다면 휴업수당을 지급하여야 하는지?

근로자가 노동조합의 조합원으로서 쟁의행위에 참가한 경우에는 사용자에 대하여 근로의 제공을 거부하는 것으로써 근로를 제공할 의사가 있는 것으로 볼 수 없으므로, 휴업 중이라고 하더라도 쟁의행위 기간은 사용자의 귀책사유로 인한 휴업기간으로 볼 수 없다. 따라서 사용자의 귀책사유로 인한 휴업기간 중 쟁의행위가 개시되었다면 쟁의행위 개시 이후 기간에 대해서는 사용자는 휴업수당을 지급할 의무가 없다(근기 68207-109, 2001.1.11).

⑨ 일용직근로자에게도 휴업수당을 지급하여야 하는지?

근무일의 출퇴근과 동시에 근로계약관계가 당일로서 종료되는 순수 일용직근로자의 경우 휴업수당을 지급할 여지가 없지만, 근무형태가 사

실상 반복되어 동일 사업장에서 일정 기간을 계속근로 하는 경우라면 이는 기간의 정함이 없는 근로계약관계로 취급되어야 할 것이므로 이러한 계속근로기간 중 휴업수당이 지급되어야 한다(기준 1422.9-4513, 1968.6.5).

⑩ 휴업수당을 감액하여 지급하는 것이 가능한지?

부득이한 사유로 사업을 계속하는 것이 불가능하여 노동위원회의 승인을 받은 경우에는 평균임금의 100분의 70에 못 미치는 휴업수당을 지급할 수 있다(근로기준법 제46조 제2항).

부득이한 사유라 함은 원칙적으로 경영악화 등이 당해 사업의 외부 사정에 기인한 사유로서 사용자의 지배세력 범위에 있는 경우이나, 경영악화 등을 초래한 원인이 순수하게 외부의 요인에 의해서만 발생하는 것은 아니므로 i) 내·외부 사정을 종합적으로 살펴 ii) 사용자가 경영정상화를 위해 선량한 관리자로서 최선을 다하고 iii) 그것이 사회통념상 인정될 수 있는 경우에는 부득이한 사유가 있다고 볼 수 있다.

또한, 사업계속이 불가능하다는 것은 사용자로서 노력을 다하여도 조업을 일시 중지할 수밖에 없는 경우로서 기업도산이나 폐업 등에 이르는 상황을 요하는 것은 아니다. 따라서 '부득이한 사유로 사업계속이 불가능한 경우'란 경기침체 등에 따라 지속적인 손실누적, 재무구조 악화, 부도발생 등으로 구조조정이 불가피한 사업장에서 경영상 해고회피 노력의 일환으로 조업을 중단할 수밖에 없는 정도라고 봄이 상당하며, 사용자의 지배세력을 벗어나거나 불가항력적인 사유를 의미하는 것은 아니다(근로기준과-387, 2009.2.13).

감액의 정도는 근로기준법에서는 사용자의 휴업지불의무의 예외를 정한 것이고, 그러한 예외의 경우에 휴업지불의 하한이 별도로 정해져 있지 않은 이상 사정에 따라서는 사용자가 휴업지불을 전혀 하지 않는 것도 가능하다(대법원 99두4280, 2000.11.24)고 하여 전액 감액도 가능하다.

⑪ **부당해고에 따라 임금상당액을 지급하는 경우 근로자가 다른 회사에 취업하여 받은 수입이 있는 경우 계산은?**

사용자의 귀책사유로 인하여 해고된 근로자가 해고기간 중에 다른 직장에서 근무하여 지급받은 임금은 민법 제538조 제2항에 규정된 자기의 채무를 면함으로써 얻은 이익에 해당하므로, 사용자는 근로자에게 해고기간 중의 임금을 지급함에 있어 위와 같은 이익(중간수입)을 공제할 수 있는 것이기는 하지만, 근로자가 지급받을 수 있는 임금액 중 휴업수당의 범위 내의 금액은 중간수입으로 공제할 수 없고, 휴업수당을 초과하는 금액만을 중간수입으로 공제하여야 한다(대법원 93다37915, 1993.11.9). 노무제공과 상관없는 금품은 공제 대상에서 제외해야 한다(대법원 91다2656, 1991.5.14).

사례: 중간수입공제 방법(근로자가 부당해고 기간 중 타 직장 근무로 중간수입이 있다면, 아래 조건에 따라 중간수입을 차감하고 임금상당액을 지급할 수 있음.)

ⅰ) 조건 1: A(임금상당액 - 중간수입) ≤ B(임금상당액의 70%)
   → B(임금상당액의 70%) 지급

ⅱ) 조건 2: A(임금상당액 - 중간수입) > B(임금상당액의 70%)
   → A(임금상당액 - 중간수입) 지급

⑫ 휴업기간 중 무급휴무일이 포함된 경우 휴업수당 지급 여부는?

휴업이라 함은 근로자가 근로계약에 따라 근로를 제공할 의사가 있음에도 불구하고 그 의사에 반하여 근로를 제공하지 못한 경우를 말하는 것이므로 토요일이 무급휴무일로서 근로제공의무가 없는 날인 경우라면 휴업에 해당하지 않으므로 달리 정한 바가 없다면 휴업수당 지급의무는 발생하지 않는다(근로기준정책과-1448, 2015.04.10).

7
주휴수당

사용자는 근로자에게 1주에 평균 1회 이상의 유급휴일을 보장하여야 한다(근로기준법 제55조 제1항). 따라서 1주의 소정근로일을 개근한 근로자에게는 주휴수당을 지급하여야 한다. 주휴일 부여에 관하여는 아래의 주휴일에서 보다 자세하게 설명한다.

① 1주간의 소정근로일수 중에 지각이나 조퇴가 있는 경우 주휴수당의 계산은?

근로자가 1주간의 소정근로일수에 '개근'을 하면 유급휴일인 주휴일을 부여하도록 되어 있어, 개근을 한다면 주휴수당을 지급하여야 한다. 여기서의 개근이란 소정근로일에 결근하지 않는 것을 의미하는 것이지 지각이나 조퇴까지 없어야 하는 것은 아니다.

> **개근과 만근의 의미**
>
> 개근은 전 소정근로일에 출근하여 결근하지 않는 것을 의미하며, 만근은 출근 뿐 아니라 전 소정근로시간에 실근로를 하여 지각 또는 조퇴가 없는 것을 의미한다.

소정근로시간이 주 40시간 일 8시간인 경우 지각 및 조퇴로 인하여 4시간을 근무하지 못하였다면, 주휴수당의 90%(36시간/40시간)를 지급하는 것이 아니라 그 주의 실근로시간에 관계없이 소정근로시간(8시간)에 대한 주휴수당이 지급되어야 한다(근로기준과-5560, 2009.12.23.).

② 근로시간에 따라 시간당 주휴수당이 달라지는지?

주휴수당은 모든 근로자에게 일률적으로 지급하는 것이 아니라 근로자 개개인별 소정근로시간에 따라 지급한다. 따라서 근로시간이 각각 다르고 시급이 같다면 근로시간에 비례하여 지급하므로 근로시간이 긴 근로자가 주휴수당을 더 받게 되지만, 시간당 주휴수당은 동일하게 지급받는다.

> **사례: 시급이 1만원인 경우 근무시간별 주휴수당**
>
> 월~금 매일 8시간 근무자: 8시간×1만원=8만원
> 월~금 매일 6시간 근무자: 6시간×1만원=6만원

③ 근로시간이 일정하지 않은 경우 주휴수당의 산정방법은?

주휴수당은 1주간 소정근로일을 개근한 근로자에게 하루의 유급휴가를 부여하는 제도이므로 주휴수당은 소정근로시간만큼의 수당을 지급한다.

그런데 매주 소정근로시간이 다른 경우에는 각각의 주마다 주휴수당을 별도로 계산할 수 있다. 만일 시급 1만원이고 소정근로일이 주당 5일인 사업장에서, 첫째 주의 소정근로시간은 20시간, 둘째 주는 25시간, 셋째 주는 25시간, 넷째 주는 30시간이라면 첫째 주는 20시간÷5일이므로 주휴수당은 4시간×1만 원으로 4만원을 지급하면 된다. 같은 방식으로 계산하면 둘째 주와 셋째 주는 5만원, 넷째 주는 6만원으로 계산된다.

다른 경우로는 매주 근무시간은 일정하나 매일의 근무시간이 다른 경우이다. 예를 들어 월요일에서 금요일까지는 7시간을 근무하고 토요일만 5

시간을 근무할 때, 1주 소정근로시간은 근무일 6일의 평균으로 계산하는 것이 아니라 1주당 소정근로시간 대비 법정근로시간으로 나눈 비율만큼 지급하면 된다. 월요일에서 금요일까지 35시간을 근무하고 토요일에 5시간을 근무하여 1주당 총 근로시간은 40시간이 되므로, 1주당 법정근로시간인 40시간으로 나누면 주휴수당은 8시간 분의 시간급으로 계산된다.

④ **퇴직하는 주의 주휴수당 지급은?**

예를 들어, 근로자의 소정근로일이 월~금까지이며, 개근했고 주휴일은 일요일인 경우 i) 월요일 ~ 금요일까지 근로관계 유지(토요일에 퇴직)하는 경우 주휴수당이 발생하지 않으며, ii) 월요일 ~ 일요일까지 근로관계 유지(그 다음 월요일에 퇴직)하는 경우 주휴수당이 발생한다. 또한 iii) 월요일 ~ 그다음 월요일까지 근로관계 유지(그 다음 화요일에 퇴직)된다면 주휴수당이 발생한다.

8
포괄임금제

포괄임금제란 근로계약 체결 시 연장근로수당, 야간근로수당, 휴일근로수당 등 근로기준법 제56조에 따른 가산임금을 미리 정하는 방식을 의미한다. 근로기준법의 일반적인 임금 계산 원칙은 임금을 정하고(시급결정→근무시간확정→기본급산출) 연장근로, 야간근로, 휴일근로가 발생할 때마다 그에 해당하는 수당을 지급하게 되므로 매월 임금 총액이 달라질 수 있다는 점에서 포괄임금제와 차이가 있다.

또한, 포괄임금제는 기본급을 미리 정하지 않은 채 연장·야간·휴일근무수당을 합한 금액을 월급여액 또는 일당으로 지급하는 정액급제와 기본급은 정하지만 근로시간 수에 상관없이 연장·야간·휴일근무수당을 일정액으로 지급하는 정액수당제로 구분된다(고용노동부 포괄임금제 사업장 지도지침).

> 정액급제 근로계약 문구 예시:
> "월~금 9시간, 토요일은 4시간 근무하기로 하고 월급을 250만원으로 함."
>
> 정액수당제 근로계약 문구 예시:
> "매월 연장·야간·휴일근무수당을 20만원으로 함."

판례에서도 통상임금과 이에 가산할 각종 수당의 산출이 사실상 불가능할 경우, 제수당을 미리 합산한 일정급여를 월급여로 지급하는 것도 허용된다(대법원 73다1258, 1974.5.28)고 하여 제한적으로 인정하는 입장이다.

다만, 포괄임금제는 제한적으로 적용이 가능하므로 아래와 같은 유효요건을 충족하여야 한다.

ⅰ) 근로시간의 산출이 어려울 것: 근무시간과 휴게시간의 구분이 어

려워 실근무시간의 산정이 곤란한 경우*이며, 근로시간 산정이 어렵지 않으면 명시적 합의가 있어도 무효이다. 여기에서 법정근로시간을 초과하는 연장·야간·휴일근로가 당연히 예상된다는 이유만으로는 근로시간 산정이 어려운 경우에 해당되지 않는다.

* 근무형태가 도급의 성격이 강한 경우, 근로시간이 자연조건에 좌우되는 경우, 주로 사업장 밖에서 근로가 이루어지며 상황에 따라 근로시간의 장단이 결정되는 경우, 감시단속적 업무인 경우 등(고용노동부 "포괄임금제 사업장 지도지침 2017.10")

> 감시·단속적 근로 등과 같이 근로시간의 산정이 어려운 경우가 아니라면 달리 근로기준법상의 근로시간에 관한 규정을 그대로 적용할 수 없다고 볼 만한 특별한 사정이 없는 한 근로기준법상의 근로시간에 따른 임금지급의 원칙이 적용되어야 할 것이므로, 이러한 경우에도 근로시간 수에 상관없이 일정액을 법정수당으로 지급하는 내용의 포괄임금제 방식의 임금 지급계약을 체결하는 것은 그것이 근로기준법이 정한 근로시간에 관한 규제를 위반하는 이상 허용될 수 없다(대법원 2008다6052, 2010.5.13).

ii) 예상되는 근무시간을 기초로 작성한 임금계산 방식이 근로기준법상의 임금계산 방식보다 불리하지 않을 것.

> 근로시간의 산정이 어려운 등의 사정이 없음에도 포괄임금제 방식으로 약정된 경우 그 포괄임금에 포함된 정액의 법정수당이 근로기준법이 정한 기준에 따라 산정된 법정수당에 미달하는 때에는 그에 해당하는 포괄임금제에 의한 임금 지급계약 부분은 근로자에게 불이익하여 무효라 할 것이고, 사용자는 근로자에게 그 미달되는 법정수당을 지급할 의무가 있다. (대법원 2008다6052, 2010.5.13)

iii) 포괄임금제에 대한 명시적인 합의가 있을 것: 근로계약서에 포괄임금제의 적용이 명시되어 있어야 하며, 단체협약과 취업규칙에 기재하였다는 사실만으로는 유효성이 충족되지 않는다.

① 포괄임금제 약정이 성립하였는지 판단 기준은?

포괄임금제의 합의가 근로계약서에 명시적이고 객관적으로 존재해야 한다.

다만, 단체협약이나 취업규칙 및 근로계약서에 포괄임금이라는 취지를 명시하지 않았을 경우에 포괄임금약정이 성립하였다고 인정하기 위해서는 근로형태의 특수성으로 인하여 실제 근로시간을 정확하게 산정하는 것이 곤란하거나 일정한 연장·야간·휴일근로가 예상되는 경우 등 실질적인 필요성이 인정될 뿐 아니라, 근로시간, 정하여진 임금의 형태나 수준 등 제반 사정에 비추어 사용자와 근로자 사이에 그 정액의 월 급여액이나 일당임금 외에 추가로 어떠한 수당도 지급하지 않기로 하거나 특정한 수당을 지급하지 않기로 하는 합의가 있었다고 객관적으로 인정되는 경우이어야 한다(대법원 2016도1060, 2016.10.13).

② 실무상의 포괄임금제(포괄역산임금제)란?

실무상 포괄역산임금제는 고정 연장·야간·휴일근로수당을 활용하여, 월급을 기본급과 연장·야간·휴일근로수당으로 구분하는 임금산정 방식을 의미한다.

사례: 병원의 포괄임금계약

▲ 현황
종업원 수: 7명
근무시간: 월~금 09시에서 19시(휴게시간 1시간 포함), 토요일 09시에서 14시(휴게시간 1시간 포함), 일요일 휴무
임금: 250만원

▲ 임금산정내역
주당근무시간: 9시간×5일+4시간×1일=49시간
월연장근무시간: (49시간-40시간)×4.345주=39.1시간
임금계산기준 월근무시간: 209시간+39.1시간×1.5배=267.7시간
시급: 250만원÷267.7=9,339원

▲ 임금구분
기본급: 1,951,812원
연장근무수당: 548,188원
합계: 2,500,000원

이 방식은 상기의 사례와 같이 임금확정→월근무시간 산정→시급산정→기본급과 연장근무수당 산정과 같은 방식으로 계산되어 연장근무수당을 역산하여 확정한다.

그렇다면, 포괄임금제(포괄역산임금제)에서 근로계약으로 약정한 근로시간과 실제근로시간과 차이가 있다면 어떻게 해야 할까? 주당 49시간을 근무하는 것으로 임금을 지급하고 있는데, 특정 주의 근무시간이 46시간이라고 하더라도 3시간을 감액할 수는 없다. 포괄임금제는 사전에 연장·야간·휴일수당을 지급하기로 사전에 약정한 계약이기 때문이다. 반

대로, 특정 주의 근무시간이 52시간이라면 약정한 근로시간보다 초과한 3시간은 연장·야간·휴일근로수당 등을 지급하여야 한다.

③ 주휴수당을 포괄임금에 포함할 수 있는지?

포괄임금제가 유효하다면, 연장·야간·휴일근로수당뿐 아니라 주휴수당도 포괄임금에 포함된 것으로 설계할 수 있다. 다만, 1일 단위로 근로계약을 체결하는 순수 일용근로자의 일당에는 주휴수당을 포함할 수 없을 것이나, 일정기간 사용이 예정된 경우라면 주휴수당을 미리 임금에 포함하여 지급하는 것도 가능하다(근로개선정책-2617, 2012.5.14).

④ 포괄임금에 연차유급휴가미사용수당 및 퇴직금을 포함할 수 있는지?

연·월차유급휴가에 대하여 미사용 연·월차유급휴가보상금을 월급여액 속에 포함하여 미리 지급하는 근로계약을 체결하는 것은, 그 수당을 지급한 이후에도 해당 근로자가 연·월차휴가를 사용할 수 있도록 허용하는 경우에만 인정될 수 있을 것이며, 휴가 사용을 허용하지 아니하는 경우에는 근로기준법상 근로자에게 인정된 연·월차휴가를 청구·사용할 권리를 제한하는 것이 되어 인정될 수 없다(근로기준과-7485, 2004.10.19). 또한, 퇴직금은 근로관계의 종료를 요건으로 그 지급사유가 발생하므로 포괄임금에 포함할 수 없다. 포괄임금에 포함되었다는 이유로 연차휴가미사용수당 및 퇴직금을 별도로 지급하지 않으면 임금체불로 법위반에 해당된다(고용노동부 포괄임금제 사업장 지도지침 2017.10).

⑤ 연장·야간·휴일근로시간 및 고정급 연장·야간·휴일근로수당을 명시하지 않고 지급한 경우는?

고정급 연장·야간·휴일근로수당을 월 임금에 포함시켜 지급한다 하더라도, 노사 당사자 간에 월 임금에 포함된 고정급 연장·야간·휴일근로수당 금액을 명시하거나 연장·야간·휴일근로시간을 약정하여 시간급 임금의 산정(포괄역산) 및 연장·야간·휴일근로수당의 계산이 가능하여야 한다.

그러나 고정급 연장·야간·휴일근로수당 금액이 명시되지 않거나, 연장·야간·휴일근로 시간이 명시되지 아니하여 고정급 연장·야간·휴일근로수당을 알 수 없는 경우에는 달리 볼 사정이 없는 한 근로기준법에 따른 가산임금이 적법하게 지급된 것으로 보기 어렵다고 판단된다(근로기준과-285, 2011.1.14).

9
임금의 설계

사업장의 규모, 업종의 특성, 종업원의 구성 등을 기초로 임금을 결정하게 되는데, 임금의 수준만큼 중요한 것이 임금의 구성을 결정하는 것이다. 일반적으로 임금의 수준에는 많은 관심을 갖지만 임금의 구성에는 크게 신경 쓰지 않는 경향이 있는데, 임금의 구성은 앞서 살펴본 통상임금 및 최저임금 이슈와 소득세, 4대보험 등 임금과 관련된 제도에 큰 영향이 있다.

① 임금구성에 대하여 법적인 제한이 있는지?

노동법에서 임금구성에 대하여 규정한 바는 없다. 다만, 임금 항목의 명칭과는 상관없이 그 실질에 따라 임금의 성격을 구분하고 있으므로 임금 구성 항목의 성질을 잘 파악해야 한다.

예를 들어, 기본급을 200만원 주는 경우와 기본급 150만원 직무수당 50만원을 주는 경우에 직무수당이 기본급과 동일하게 지급된다면 두 항목의 차이는 없게 된다.

따라서 과거의 임금구성은 단체협약 등의 이유뿐 아니라 통상임금에 산입되지 않기 위하여 다양한 항목으로 임금을 지급하였으나, 실질적인 차이가 없다면 임금관리만 복잡할 뿐 실익이 하나도 없게 된다. 특히 고정적, 일률적, 정기적 성질의 항목은 모두 통상임금이기 때문에 기본급 등으로 통합하여 관리하는 것이 바람직하다.

② 비과세되는 항목은 무엇이며 어떤 이점이 있는지?

일반적으로 가장 간단한 임금설계는 기본급+교통비+식대의 형태이다. 그 지급총액이 동일하다 하더라도 기본급으로만 지급하는 것과 기본급+교통비+식대 형태로 구분하여 지급하는 것은 차이가 있는데, 이유는 일정한 조건의 교통비와 식대는 비과세 항목이기 때문이다.

교통비는 자가운전보조금이라고 하는데 본인 소유의 차량을 직접 운전하여 업무를 수행하는 경우 월 20만원까지 비과세 된다. 또한 식대의 경우 현물 식사를 제공받지 않는다면 월 10만원까지 비과세 된다. 추가로 만 6세 이하 자녀에 대한 보육수당 월 10만원, 연구소에서 연구업무를 전담하는 근로자에게 지급하는 연구활동비는 월 20만원까지 비과세 된다. 그 이외에도 다양한 비과세 항목들이 있다.

그중에서 교통비와 식대를 임금 구성의 기본항목으로 설정하는 이유는 보육수당 등 타 비과세 항목의 경우 특정한 조건이 충족되어야 하나 교통비와 식대는 그렇지 않기 때문이다.

그렇다면 비과세 항목이 유리한 점은 무엇일까? 무엇보다 해당 금액은 소득세 과세에서 제외된다는 것이다. 추가적으로 미세한 차이는 있지만 4대보험의 경우에도 비과세 소득에는 보험료를 부과하지 않는다. 4대보험의 보험료는 대략 사용자와 근로자가 반반씩 부담하게 되므로 비과세 소득은 근로자뿐 아니라 사용자에게도 비용을 절감할 수 있는 방법이다.

비과세 소득의 연간 절감 효과: 2022년 기준

- 기본급 270만원, 교통비 20만원, 식대 10만원, 주 5일 주 40시간 근무, 150인 미만 식료품제조기업의 근로자
- 연간 비과세 소득=월30만원×12월=360만원

	소득세	국민연금**	건강보험	고용보험	산재보험	합계
근로자	360만원× 6.6%* =237,600원	360만원× 4.5% =162,000원	360만원× 3.495% =125,820원 (장기요양보험) 125,820원× 12.27% =15,430원	(실업급여) 360만원× 0.8% =28,800원		569,650원
사용자		360만원× 4.5% =162,000원	360만원× 3.495% =125,820원 (장기요양보험) 125,820원× 12.27% =15,430원	(실업급여) 360만원× 0.8% =28,800원 (고용안정) 360만원× 0.25% =9,000원	360만원× 1.6%*** =57,600원	398,650원

* 지방소득세 포함. 근로소득세 최저세율 적용
** 단, 월 503만원 이상 소득자는 절감효과 없음.
*** 사업종류와 산재발생 유무에 따라 보험요율은 달라질 수 있음.

IV

근로시간

　근로시간이라 함은 근로자가 사용자의 지휘·감독 아래 근로계약상의 근로를 제공하는 시간을 의미한다. 또한, 근로자가 작업시간의 중도에 작업에 종사하지 않은 대기시간이나 휴식·수면시간 등이라 하더라도 그것이 휴게시간으로서 근로자에게 자유로운 이용이 보장된 것이 아니고 실질적으로 사용자의 지휘·감독 하에 놓여 있는 시간이라면 이를 당연히 근로시간에 포함시켜야 한다(대법원 92다24509, 1993.5.27).

1
법정근로시간과 소정근로시간

　근로기준법은 1일 또는 1주 단위로 근로시간의 상한을 정하고 있는

데 이를 법정근로시간이라 한다. 근로자의 법정근로시간은 다음과 같다.

	1일	1주	비고	근거
일반근로자	8시간	40시간		근로기준법 제50조
연소근로자	7시간	35시간	15세 이상 18세 미만	근로기준법 제69조
유해작업 종사자	6시간	34시간	잠함, 잠수작업 등 고기압 아래에서 하는 작업	산업안전보건법 제139조 및 시행령 99조

소정근로시간이란 법정근로시간의 범위에서 근로자와 사용자 사이에 정한 근로시간을 의미한다(근로기준법 제2조 제1항 8호). 따라서 법정근로시간 한도 내에서 노사가 근로시간을 개별적으로 정할 수 있다.

① **초과근로와 연장근로의 차이점은?**

초과근로란 소정근로시간을 초과하는 근로를 의미하고, 연장근로란 법정근로시간을 초과하는 근로를 의미한다. 따라서 소정근로시간과 법정근로시간이 동일하다면 초과근로와 연장근로가 같지만, 소정근로시간이 법정근로시간보다 짧은 경우 초과근로지만 연장근로가 아닌 시간이 발생할 수 있다.

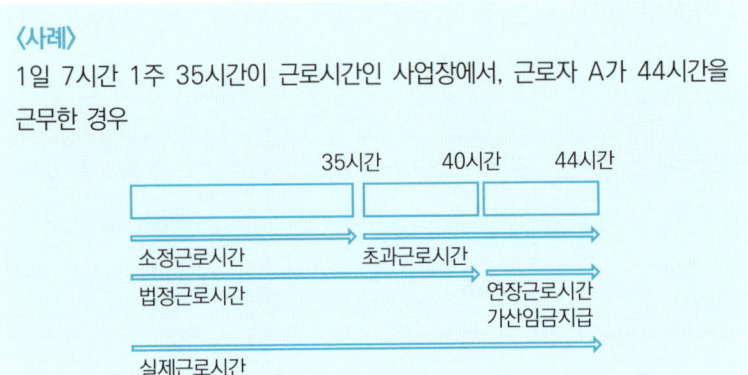

② 정규근로시간 이후에 행하여지는 교육시간이 근로시간에 해당되는지? 또한 합숙전체훈련의 경우에는 근로시간에 해당되는지?

교육시간이 사용자의 지시에 의해 이루어지고 이에 참가하지 않았을 경우 일정한 불이익이 가해지는 경우에는 근로시간으로 볼 수 있다. 또한 동 교육이 근로시간으로 인정되고 법정근로시간을 초과한 경우에는 연장근로수당을 지급하여야 한다(근로개선정책과-4354, 2012.8.28).

근로시간 종료 후 또는 휴일에 사용자 책임 하에 작업안전, 작업능률 등 생산성 향상을 위하여 근로자에게 의무적으로 소집, 실시하는 교육은 근로시간으로 인정되나, 1박 2일 또는 2박 3일의 합숙전체연수교육은 정상근무 시의 근로와는 달리 생산성 향상에만 목적이 있는 것이 아니고 자기개발 목적 등 복합적인 목적에서 시행하는 것으로서, 취업규칙이나 단체협약 등 노사 간에 별도의 특약이 없는 한 연장근로수당 및 야간근로수당은 해당되지 않는다(근기 01254-554, 1989.1.10).

③ 공민권 행사에 필요한 시간은 근로시간으로 인정해야 하는 것인지?

근로기준법 제10조에서는 사용자는 근로자가 근로시간 중에 선거권, 그 밖의 공민권 행사 또는 공의 직무를 집행하기 위하여 필요한 시간을 청구하면 거부하지 못하도록 규정하고 있으며, 공직선거법 제6조 제3항에서는 공무원·학생 또는 다른 사람에게 고용된 자가 선거인명부를 열람하거나 투표하기 위하여 필요한 시간은 보장되어야 하며, 이를 휴무 또는 휴업으로 보지 아니한다고 규정하고 있다.

따라서 근로자가 근로시간 중에 공민권 행사에 필요한 시간을 청구하면 부여해야 하고 동 시간은 유급으로 처리하는 것이 타당할 것이나, 당초 근로를 제공하지 않는 날의 경우에는 근로시간 중이 아니므로 별도 공민권 행사에 필요한 시간을 부여할 필요가 없다(근로개선정책과-2571, 2012.5.9).

④ 자발적인 조기출근은 근로시간으로 인정되는지?

사용자가 업무를 지시하거나 상호 간에 합의에 의한 조기출근은 당연히 근무시간으로 인정된다. 지시나 합의가 없었더라도 실근무시간 이전에 출근하기를 요구한다든지, 실근무시간 이전부터 업무가 부여된다면 이런 경우에도 근무시간으로 인정된다. 그러나 사용자의 지시나 강요 없이 순수하게 자발적으로 조기 출근한 경우에는 근무시간으로 인정될 수 없다.

⑤ 지각 또는 조퇴의 경우 근로시간은 어떻게 판단하는지?

지각이나 조퇴로 인하여 소정근로일의 근로시간 전부에 대해서 근로하지 못하였다고 하더라도 이를 결근으로 처리할 수는 없다. 따라서 "지각 또는 조퇴 4회 시 결근으로 취급한다"와 같은 규정은 근로기준법의 취지에 비추어 보면 타당하지 않다.

다만, 단체협약 또는 취업규칙 등에서 "질병이나 부상 외의 사유로 인한 지각·조퇴 및 외출은 누계 8시간을 연가 1일로 계산한다"는 규정을 두는 것은 노사 간 특약으로 볼 수 있으며, 해당자가 부여받을 수 있는 연차휴가에서 공제하는 것이므로 근로기준법에 위반된다고 볼 수 없다(근기 68207-157, 2000.1.22).

또한, 시업시간이 정해져 있음에도 근로자가 이를 준수하지 않고 지각을 하는 경우, 당사자 간 당일의 시업 및 종업시간을 변경하지 않았다면 회사의 입장에서는 지각으로 인해 근로를 제공하지 못한 시간에 대한 임금을 공제할 수 있다. 한편, 사용자의 승인을 받지 않은 지각 및 조퇴 등에 대해서는 연차휴가 사용처리, 임금공제와는 별개로 취업 규칙 등에서 정한 바에 따라 제재조치도 가능하다(근기 68207-3181, 2000.10.13).

2
유연근로시간제 종류와 도입방법

앞서 살펴본 바와 같이, 법정근로시간은 1일 8시간, 1주 40시간을 초과할 수 없다. 이러한 법정근로시간 체계는 '9시 출근 18시 퇴근'이라는 규칙적이고 전체적인 근로시간을 전제로 하고 있다. 그러나 기술개발 등 산업 환경과 노동법·노동정책 등 노동제도의 변화, 사용자와 근로자의 필요에 따라 다양한 근로형태가 요구되고 있다. 이에 이러한 수요를 충족하기 위하여 유연근로시간제가 도입되었다.

유연근로시간제란 근로시간의 결정 및 배치 등을 탄력적으로 운영할 수 있도록 하는 제도로서 업무량이 많고 적음에 따라 근로시간을 적절하게 배분하거나 근로자의 선택에 맡김으로써 근로시간을 유연하고 효율적으로 운영할 수 있으며, 근로시간의 산정이 어려운 경우에 있어서도 별도로 정한 근로시간을 근로시간으로 인정하는 것도 가능한 제도이다(고용노동부 유연근로시간제 가이드, 2019.8).

① 유연근로시간제의 종류로는 어떤 것이 있는지?

유연근로시간제는 법정 용어는 아니다. 사업, 인적구성, 업무 등의 특성에 따라 근로시간을 유연하게 운영하는 제도를 통칭하는 개념이다. 근로기준법상 유연근로시간제는 탄력적 근로시간제(근로기준법 제51조,

제51조의2), 선택적 근로시간제(근로기준법 제52조), 보상휴가제(근로기준법 제57조), 간주근로시간제(근로기준법 제58조 제1항 및 제2항), 재량근로시간제(근로기준법 제58조 제3항) 등이 있다. 근로기준법에 명시된 것과 유사한 유연근로시간제로는 시차출퇴근제, 재택근무제 등이 있다.

② 유연근로시간제 도입요건은?

각 제도별로 취업규칙 변경 또는 근로자대표와의 서면합의 등의 요건이 있다. 제도별로 요건은 조금씩 다르다.

제도의 원활한 운영을 위하여 취업규칙 및 서면합의서 등에 세부 운영규정을 마련하여 노사 간 다툼의 여지를 최소화하는 것이 바람직하다(고용노동부 유연근로시간제 가이드, 2019.8).

③ 유연근로시간제 도입과 관련한 취업규칙 변경이 필요한지?

2주 단위의 탄력적 근로시간제와 선택적 근로시간제 도입을 위해서는 취업규칙의 작성·변경이 필요하다. 제도의 도입으로 근로자에게 불이익이 발생하는 경우에는 근로자 과반수로 조직된 노동조합이 있는 경우에는 그 노동조합, 근로자 과반수로 조직된 노동조합이 없는 경우에는 근로자 과반수의 동의를 받아야 한다.

작성·변경된 취업규칙은 근로자가 자유롭게 열람할 수 있도록 하여야 하고, 노동부장관에게 신고하여야 한다. 취업규칙 작성의무가 없는 근로자 9인 이하 사업장에서는 취업규칙이나 취업규칙에 준하는 것으로 규정하여 제도 도입을 해당 근로자에게 주지시켜야 한다(고용노동부 유연근로시간제 가이드, 2019.8).

④ 유연근로시간제 도입과 관련한 근로자대표와의 서면합의가 필요한지?

2주 초과 3개월 이내의 탄력적근로시간제, 3개월을 초과하는 탄력적 근로시간제, 선택적 근로시간제, 보상휴가제, 재량근로시간제, 간주근로시간제 도입을 위해서는 근로자대표와의 서면합의가 필요하다. 서면합의의 당사자는 사용자와 근로자인데, 사용자의 경우 원칙적으로는 사업주이나 법인인 경우(법인의 사업주는 법인 그 자체)에는 사업경영담당자이다. 근로자대표는 근로자 과반수로 조직된 노동조합이 있는 경우에는 그 노동조합, 근로자 과반수로 조직된 노동조합이 없는 경우에는 근로자 과반수를 대표하는 자이다. 여기서 근로자 과반수의 판단 기준은 유연근로시간제 도입 당시의 근로자를 기준으로 한다.

합의는 서면으로 작성하여 서명 또는 날인하여야 하며, 서면합의가 유효하게 성립되면 개별근로자의 동의는 필요하지 않다. 취업규칙과 달리 서면합의 내용은 고용노동부 장관에게 신고할 의무는 없다(고용노동부 유연근로시간제 가이드, 2019.8).

⑤ 근로자대표를 선출함에 있어 근로자의 범위는?

근로자대표를 선정하는 근로자 범위와 관련하여, 노동조합이 근로자 과반수를 조직하고 있는지 여부를 판단함에 있어 근로자의 범위와 근로자대표 선출에 참여하는 근로자의 범위는 당해 사업 또는 사업장의 전체 근로자에서 근로기준법에 의한 사용자(근로자에 관한 사항에 대하여 사업주를 위하여 행위하는 자 포함)는 제외한 인원을 기준으로 한다. 또한, 과반수를 조직하고 있는지 여부의 판단시점은 근로시간제도 도입 당시 근로자수를 기준으로 판단하여야 할 것인 바, 종전 근로자 과반수로 조직된 노동조합이 있더라도 유연근로시간제를 도입할 당시에 근로자 과반수에 미달하게 되었다면 근로자대표의 지위가 유지되는 것으로 보기는 어렵다(근로기준정책과-2872, 2015.7.1).

⑥ 근로자대표의 선출방법은?

사업 또는 사업장의 근로자 과반수로 조직된 노동조합이 없는 경우 근로자의 과반수를 대표하는 자를 선정하여야 하며 그 선정방법에 대하여는 특별한 제한을 정하고 있지 아니하나, 근로자대표 선출 과정에서 사용자의 간섭이 배제되어야 하고, 근로자들에게 자유로운 의사표현이 보장되어야 한다. 특히, 근로자대표에게 주어지는 유연근로시간제 도입과 관련한 대표권 행사의 내용을 주지시킨 상태에서 근로자 과반수의 의사를 모으는 방법으로 선출하여야 한다.

이러한 조건이 충족된다면 해당 근로자가 모두 모인 가운데 투표로 결정하든지, 회람을 돌려 개별적인 서명을 받아 후보자를 선출하든지 그 방법에 특별한 제약은 없으며, 근로자대표의 수는 1명이어도 되고 그 이상의 복수로 선출하여도 무방하다(고용노동부 유연근로시간제 가이드, 2019.8). 근로자대표가 복수인 경우 근로자대표 간에 대표권을 행사하는 방법이 별도로 마련되어 있지 않다면 근로자대표 전원이 서면 합의에 참여하여야 한다(근기 68207-630, 1997.5.13).

⑦ 근로자대표의 선출 범위는 어떻게 되는지?

근로자대표는 사업 또는 사업장 단위로 선정되어야 한다. 서로 다른 단체협약 또는 취업규칙을 적용받거나 노무관리, 회계 등이 독립적으로 운영되는 경우에는 별개의 사업장으로 볼 수 있으나, 이와 달리 사업 운영의 독립성 등이 인정되지 않는 경우라면 당해 사업 단위로 선정하여야 한다(근로기준정책과-2872, 2015.7.1). 하나의 사업이 수개의 사업장(독립적인 별개의 사업장)으로 구성되어 있는 경우, 유연근로시간제를 사업단위로 도입하고자 하면 근로자대표는 사업단위로 선정하고, 일부 사업장에만 도입하고자 하면 사업장 단위로 선정해야 한다(근로기준팀-8048, 2007.11.29).

동일한 사업 또는 사업장 내의 일부 부서·직급·직종에만 적용하고자 하더라도 근로자대표는 사업 또는 사업장 단위로 선정하여야 하며, 반드시 노동조합의 조직범위, 노사협의회의 구성단위와 일치할 필요는 없다(근로기준팀-8048, 2007.11.29).

⑧ 노사협의회 근로자위원이 근로자대표로 선출되었다면 노사협의회 의결로 유연근로시간제를 도입할 수 있는지?

유연근로시간제의 도입과 관련한 사항 등 근로기준법상 사용자가 근로자 대표와의 서면합의를 하도록 한 규정은 동 제도의 도입을 위한 기본적인 법적 요건이므로 노사협의회의 의결만으로는 도입이 불가하므로, 유연근로시간제 도입 등에 관한 사항을 노사협의회에서 의결하더라도 별도로 서면합의서를 작성하여야 한다(근로기준팀-8048, 2007.11.29).

3
탄력적 근로시간제

어떤 근로일, 어떤 주의 근로시간을 연장시키는 대신에 다른 근로일, 다른 주의 근로시간을 단축시킴으로써, 일정한 기간의 평균 근로시간을 법정근로시간(1일 8시간, 1주 40시간) 내로 맞추는 유연근로시간제이다. 일정한 기간을 '단위기간'이라고 하는데, 현행 근로기준법에 의하여 가능한 단위기간은 '2주 이내'와 '2주 초과 3개월 이내', '3개월 초과 6개월 이내' 세 가지가 있다.

탄력적 근로시간제의 도입 요건은 단위기간에 따라 다르다. '2주 이내'

단위의 경우 취업규칙 또는 그에 준하는 것에 정하여 도입하여야 하고, 2주 이내의 단위기간을 평균하여 1주간의 평균근로시간이 40시간을 넘지 않아야 한다. 또한, 어느 주라도 1주의 근로시간이 48시간을 넘어서는 안 된다(근로기준법 제51조 제1항). 따라서 특정일에 8시간, 특정주에 40시간을 초과하더라도 법정근로시간을 지킨 것으로 인정되고 연장근로 가산수당이 적용되지 않는다.

'3개월 이내' 및 '3개월 초과 6개월 이내' 단위의 경우 근로자 대표와의 서면합의를 통하여 도입하여야 하며, 서면합의의 내용은 대상근로자의 범위, 단위기간, 단위기간의 근로일과 그 근로일별 근로시간 등이 포함되어 있어야 한다. 단위기간을 평균하여 1주 간의 평균근로시간이 40시간을 넘지 않아야 하며, 1일의 근로시간은 12시간, 1주의 근로시간은 52시간을 넘어서는 안 된다(근로기준법 제51조 제2항, 제52조의2 제1항). 따라서 '2주 이내'와 마찬가지로 특정일에 8시간, 특정주에 40시간을 초과하더라도 법정근로시간을 지킨 것으로 인정되고 연장근로 가산수당이 적용되지 않는다.

탄력적 근로시간제는 반드시 전체근로자를 대상으로 적용해야 하는 것은 아니며 일정 사업부문, 업종, 직종별로 적용하는 것도 가능하다.

다만, 3개월을 초과하는 탄력적근로시간제를 시행하는 경우 근로일 종료 후 다음 근로일 개시 전까지 근로자에게 연속하여 11시간 이상의 휴식시간을 주어야 한다(근로기준법 제52조의2 제2항).

사례: 2주 이내 탄력적 근로시간제
    (고용노동부 유연근로시간제 가이드 일부 수정, 2019.8)

ⅰ) 단위기간을 평균하여 1주간의 근로시간이 40시간을 초과한 경우

주	구분	월	화	수	목	금	토	일	합계
1주	일정	7	7	7	7	7	-	-	35
	실제근로	7	7	8	8	7	-	-	37
2주	일정	9	9	9	9	9	-	-	45
	실제근로	9	9	9	9	9	-	-	45

→ 2주간 총근로시간이 82시간으로 단위기간을 평균하여 1주간 40시간을 초과한 2시간이 연장근로에 해당

ⅱ) 단위기간을 평균하여 1주간의 근로시간이 40시간을 초과하고, 특정주의 근로시간이 48시간을 초과한 경우

주	구분	월	화	수	목	금	토	일	합계
1주	일정	7	7	7	7	7	-	-	35
	실제근로	7	7	7	8	7	-	-	36
2주	일정	9	9	9	9	9	-	-	45
	실제근로	9	9	9	9	9	4	-	49

→ 2주간 총근로시간이 85시간으로 단위기간을 평균하여 1주간 40시간을 초과한 5시간이 연장근로에 해당. 1주의 소정근로시간은 35시간이고, 2주의 소정근로시간은 45시간이므로 각 주마다 소정근로시간을 초과하는 근로시간을 연장근로로 계산하는 방법(1시간+4시간)도 가능

사례: 3개월 이내 탄력적 근로시간제
    (고용노동부 유연근로시간제 가이드 일부 수정, 2019.8)

ⅰ) 단기간에 집중근로가 가능하도록 설계한 경우

구분	월	화	수	목	금	토	일	합계
1주~3주	8(+2)	8(+2)	8(+2)	8(+2)	8	휴무	주휴	40(+8)
4주~6주	10(+2)	10(+2)	10(+2)	10(+2)	10(+2)	2(+2)	주휴	52(+12)
7주~8주	8(+2)	8(+2)	8(+2)	8(+3)	8(+3)	휴무	주휴	40(+12)
9주	6	6	6	6	휴무	휴무	주휴	24
10주	8	8	4	휴무	휴무	휴무	주휴	20

→ 업무가 몰리는 1주~8주에 근로시간을 늘리는 대신 9주~10주에는 근로시간을 감축하여, 10주 평균 40시간, 최대 근로시간 52시간(연장+12시간) 근로가 가능

① 2주 이내 탄력적 근로시간제를 위한 취업규칙 변경은 불이익 변경인지?

2주 이내 탄력적 근로시간제 도입의 취지와 경위, 근로자의 실근로시간 및 근로시간대의 변동 정도, 임금보전 수준, 기타 복리후생 등 근로조건의 변화 등을 종합적으로 판단하여 불이익한 변동 여부를 판단한다. 다만, 탄력적 근로시간제가 사전에 약정한 일정 시간에 대하여 가산임금을 주지 않는 제도임을 고려하면, 탄력적 근로시간제만 도입하고 다른 조치들이 없을 경우는 불이익한 변동이라고 할 수 있다.

② 2주 이내 탄력적 근로시간제를 근로자대표와의 서면합의를 통하여 도입한 경우 취업규칙 변경이 필수적인지?

사용자가 근로자대표와의 서면합의에 의하여 '3개월 이내' 탄력적 근

로시간제는 단위기간의 상한을 3개월로 제한할 뿐 반드시 2주를 초과하는 단위기간을 정하도록 하고 있지는 않으므로 사용자는 근로자대표와의 서면합의가 있을 경우 취업규칙의 규정이 없더라도 2주를 단위기간으로 하여 탄력적 근로시간제를 실시할 수 있다(근기 68207-1584, 2003.12.9).

③ 탄력적 근로시간제 도입에 있어서 근로조건을 명시한 경우 개별근로자의 동의가 필요한지?

2주 이내 탄력적 근로시간제는 취업규칙 변경, 3개월 이내 탄력적 근로시간제는 근로자 대표와의 서면합의 등의 요건을 확인하여 적법한 절차에 따라 제도를 도입하여야 할 것이며, 적법한 절차에 따라 제도가 도입되었다면 개별근로자의 동의가 반드시 필요한 것은 아니다(임금근로시간과-1497, 2019.10.18).

④ 2주 이내 탄력적 근로시간제 도입을 위하여 취업규칙을 변경하였으나, 도입과 관련하여 구체적인 내용이 없는 경우는?

2주 이내 탄력적 근로시간제의 경우 취업규칙에 반드시 단위기간의 근로일과 그 근로일별 근로시간 등을 정해야 한다는 명시적인 규정은 없으나, 취업규칙에 단순히 2주 이내의 탄력적 근로시간제를 도입한다는 선언적 규정만을 명시하여 놓고 사용자가 필요한 시기에 임의로 제도를 도입한 경우, 근로기준법 제51조 제1항의 '취업규칙 등에서 정하는 바에 따라 적법하게 도입된 것으로 볼 수 없다. 그러므로 향후 노사 간 다툼의 소지가 발생하지 않도록 대상 근로자의 범위, 유효기간 등을 취업규칙에 명시하는 것이 바람직할 것이며, 또한 근로자가 자신의 근로를 미리 예상할 수 있도록 적절한 조치를 취해야 한다(임금근로시간과-1497, 2019.10.18).

⑤ 3개월 이내 탄력적 근로시간제 시행 중에 임의로 근로일 및 근로시간을 변경할 수 있는지?

3개월 이내 탄력적 근로시간제는 반드시 그 단위기간과 일별·주별 근로시간을 사전에 미리 정하여야 하며, 사용자는 업무의 사정에 따라 임의로 근로시간을 변경할 수 없다. 따라서 탄력적 근로시간제를 운영하는 과정에서 잔여기간의 근로일과 근로일별 근로시간을 변경할 필요가 발생한 경우에는 근로자대표와 서면합의를 거쳐야 한다.

이 경우 근로일 및 근로일별 근로시간 변경은 최초 서면합의한 단위기간 내에서만 가능하며, 단위기간을 통틀어 평균 1주간의 근로시간은 최초에 서면합의한 시간으로 해야 한다(고용노동부 유연근로시간제 가이드, 2019.8).

⑥ 연장근로수당은 탄력적 근로시간제 단위기간이 끝나는 시점을 기준으로 정산하여야 하는지?

단위기간과 관계없이 실제로 발생하는 특정한 날과 특정한 주에 대한 연장근로수당은 임금지급일에 지급하여야 한다(고용노동부 유연근로시간제 가이드, 2019.8).

⑦ 야간근로를 탄력적 근로시간제의 소정근로시간 내에 했다면 가산수당을 지급하여야 하는지?

야간근로에 대한 가산수당은 탄력적 근로시간제 도입 여부와 관계없이 지급되므로, 탄력적 근로시간 중 일부 또는 전부가 야간근로(22시~익일 06시)에 해당한다면 야간근로에 대한 가산수당을 지급하여야 한다(근기 68207-1039, 2000.5.29).

⑧ 탄력적 근로시간제 적용 중에 특정일에 결근(또는 불법파업 등) 한 경우 임금 및 주휴수당 계산은?

결근한 날에 근로하기로 정한 시간만큼 무급으로 처리하면 된다. 또한 소정근로일 중에 결근일이 포함된 경우 주휴수당을 지급하지 않아도 된다(다만, 무급으로 주휴일을 부여할 수 있다.). 주휴수당은 일급 통상임금으로 지급하는 것이 원칙이므로 탄력적 근로시간제를 적용받는 근로자라 하더라도 일급 통상임금을 무급으로 처리하면 된다(고용노동부 유연근로시간제 가이드, 2019.8).

⑨ 탄력적 근로시간제를 적용하지 않는 근로자가 탄력적 근로시간제를 실시하는 사업장(또는 부서)으로 이동하는 경우는?

사업장에서 근로조건(특히 근로시간)을 통일적으로 정할 필요성 등을 감안할 때, 탄력적 근로시간제 실시 '대상근로자'를 반드시 개별 근로자로 정하여야 하는 것은 아니라고 할 것이며, 사용자는 기업의 필요나 업무의 특성에 따라 동 규정의 적용 대상 근로자의 범위를 직종, 근로형태 등을 기준으로 집단적으로 정할 수 있다. 또한, 특정 직종이나 근로형태에 속하는 자를 탄력적 근로시간제 실시 대상으로 정하였다면, 달리 볼 사정이 없는 한 해당 직종 또는 근로형태에 속하는 근로자는 본인의 동의 여부에 관계없이 탄력적 근로시간제의 적용 대상자가 된다고 할 것이며, 아울러, 배치전환이나 근무명령으로 같은 직종 또는 근로형태에 속하게 된 자도 함께 적용된다고 보아야 한다.

따라서 근로자에 대한 근무지시 등은 사용자의 고유한 인사권에 속하는 사항으로서 사용자의 권리남용 등 특별한 사정이 없는 한 정당하다 할 것이므로, 사용자가 통상근무자를 정당하게 탄력적 근로시간제를 실시하는 부서로 일시적으로 근무지시하였다면, 취업규칙 등에 근무지정자의 근로조건 등에 대하여 별도의 규정이 없는 한, 해당 근로자는 본인의 동의 여부와 관계없이 탄력적 근로시간제의 적용 대상에 포함된 것으로 봄이 타당하다(근로기준팀-1418, 2006.3.29).

⑩ 기간제근로자도 탄력적 근로시간제를 적용할 수 있는지?

　기간제근로자의 잔여 계약기간보다 탄력적 근로시간제의 단위기간이 길게 설정될 경우 계약기간 종료 전에 업무량이 집중되어 근로시간이 길어진다면, 해당 근로에 대하여 가산임금으로 보상도 받지 못하면서 근로시간이 짧은 기간을 누리지도 못하게 되는 불합리가 발생한다.

　그러므로 단위기간의 시작일과 종료일이 모두 기간제근로자의 근로계약기간 이내인 경우에 한해 운영이 가능하고, 단위기간의 시작일과 종료일 중 어느 하나라도 기간제근로자의 근로계약기간을 벗어나는 경우에는 운영할 수 없다(고용노동부 유연근로시간제 가이드, 2019.8).

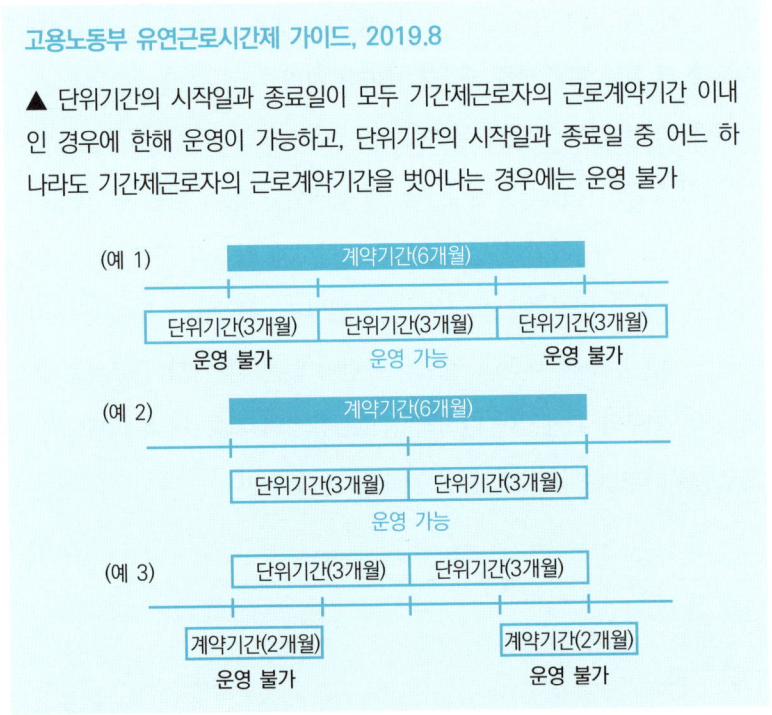

⑪ 탄력적 근로시간제를 활용 가능한 업종·직무 예시는?

근로시간을 연속하여 근로하는 것이 효율적이거나 고객의 편리를 도모할 수 있는 업종(운수, 통신, 의료서비스업 등), 계절적 업종(빙과류 가공, 냉난방장비 제조 등), 업무량이 주기적으로 많은 업종(음식서비스업, 숙박업 등), 기계를 가동시키기 위하여 근로가 연속하여 필요한 업종(철강, 석유, 화학 등)이 있다(고용노동부 유연근로기간제 가이드, 2019.8).

⑫ 탄력적 근로시간제를 적용할 수 없는 근로자는?

15세 이상 18세 미만의 근로자와 임신 중인 여성 근로자에 대하여는 적용하지 아니한다(근로기준법 제51조 제3항).

⑬ 탄력적 근로시간제 도입을 위한 취업규칙 변경 및 근로자대표와의 서면합의 예시는?

고용노동부 유연근로시간제 가이드, 2019.8

주식회사 ○○ 대표이사 _____ 와 근로자대표 _____ 는 3월 단위 근로시간제에 관하여 다음과 같이 합의한다.

제1조(목적) 이 합의서는 근로기준법 제51조 제2항에 따라 3월 단위 탄력적 근로시간제를 실시하는 데 필요한 사항을 정하는 것을 목적으로 한다.

제2조(적용대상자) 이 합의서의 내용은 전체 생산직 근로자에 적용한다.

제3조(단위기간) 이 합의서의 단위기간은 매분기 초일부터 매분기 말일까지로 한다.

제4조(근로시간) 3월 단위 탄력적 근로시간제 단위기간에 있어서 1일의 근로시간, 시업시간, 종업시간 및 휴게시간은 다음과 같다.

구분		1일 근로시간	시업시간	종업시간	휴게시간
O월	1일-말일	7시간 (월-금)	09:00	17:00	12:00-13:00
O월	1일-말일	8시간 (월-금)	09:00	18:00	12:00-13:00
O월	1일-말일	9시간 (월-금)	09:00	19:00	12:00-13:00

제5조(휴일) 단위기간 중 주 2일(토요일 및 일요일)은 휴무하되, 휴일은 일요일로 한다.

제6조(적용제외) 연소근로자(15세 이상 18세 미만)와 임신 중인 여성근로자에게는 본 합의를 적용하지 아니한다.

제7조(연장근로 가산임금) 근로일별 근로하기로 정한 시간을 초과한 경우 통상임금의 50%를 가산임금으로 지급한다.

제8조(연장·야간·휴일근로) 연장·야간·휴일근로에 대해서는 근로기준법 제56조 및 취업규칙 제O조에 따라 가산하여 지급한다.

제9조(유효기간) 이 합의서의 유효기간은 20OO년 O월 O일부터 1년간으로 한다.

20OO. . .

주식회사 OO 대표이사   (인)   근로자대표   (인)

⑭ 3개월 초과 6개월 이내 탄력적 근로시간제 시행방법 및 주의사항은?

ⓐ 단위기간이 3개월을 초과하고 6개월 이내인 별도의 탄력적 근로시간제도를 도입하기 위해서는 근로자대표와의 서면 합의가 필요하다. 3개월 초과 탄력근로제 도입 시 단위기간의 근로시간은 서면 합의로 주별 근로시간을 사전에 확정하되, 근로일별 근로시간은 각 주의 개시 2주 전까지 근로자에게 통보해야 한다. 또한 서면 합의 당시 예측하지 못한 천재지변, 기계고장, 업무량 급증 등의 불가피한 사유 발생 시, 근로자대표 협의를 거쳐 주별 근로시간 변경이 가능하며, 변경된 근로일별 근로시간은 변경된 근로일 개시 전에 해당 근로자에게 통보해야 한다.

ⓑ 3개월 초과 탄력근로제 도입 시, 근로일 간 11시간 이상의 연속 휴식을 의무적으로 부여하여야 한다. 다만, 천재지변 등 대통령령으로 정하는 불가피한 경우 근로자대표와의 서면 합의가 있으면 합의에 따라 시행한다.

ⓒ 3개월 초과 탄력근로제 도입 시, 사용자는 임금보전 방안을 마련하여 고용노동부장관에게 신고하여야 하며, 미신고 시 과태료 부과 될 수 있다. 다만, 근로자대표와의 서면 합의로 임금보전 방안을 마련한 경우에는 신고의무가 면제된다.

ⓓ 탄력적 근로시간제 단위기간보다 실제 근로한 기간이 짧은 경우 단위기간 중 실제 근로한 기간을 평균하여 1주 40시간을 초과하여 근로한 시간 전부에 대해 가산임금을 지급해야 한다.

4
선택적 근로시간제

선택적 근로시간제란 1개월(신상품 또는 신기술의 연구개발 업무의 경우에는 3개월) 이내의 정산기간 동안의 총 근로시간을 설정한 다음 정해진 총 근로시간 범위 내에서 업무의 시작·종료시각, 1일의 근로시간을 자유로이 선택할 수 있는 제도로써, 1개월 이내의 정산기간을 평균하여 1주간의 근로시간이 40시간을 초과하지 않는 범위에서 1일 8시간 1주 40시간을 초과하여 근로할 수 있다. 다만, 1개월을 초과하는 정산기간을 정하는 경우에는 근로일 종료 후 다음 근로일 시작 전까지 근로자에게 연속하여 11시간 이상의 휴식 시간을 부여하고, 매 1개월마다 평균하여 1주간의 근로시간이 제50조제1항의 근로시간을 초과한 시간에 대해서는 통상임금의 100분의 50 이상을 가산하여 근로자에게 지급하여야 한다(근로기준법 제52조).

선택적 근로시간제는 정산기간 중 업무의 시작 및 종료시각이 근로자의 자유로운 결정에 맡겨져 있고 사용자가 관여하지 않는 '완전선택적 근로시간제'와 일정한 시간대를 정하여 그 시간은 반드시 근무하도록 하고 나머지 시간만 근로자가 자유롭게 결정하는 '부분선택적 근로시간제'로 나누어진다(고용노동부 유연근로시간제 가이드, 2019.8). 선택적 근로시간제와 유사한 제도로는 자유출퇴근제와 시차출퇴근제 등이 있는

데, 이는 실무상 유연근로시간제에서 다루어 보도록 한다.

사례: 부분선택적 근로시간제

10시~12시(2시간) 및 13시~15시(2시간) 총 4시간은 반드시 근무(사용자의 지휘감독을 받는)해야 하는 시간(의무근로시간)이다.

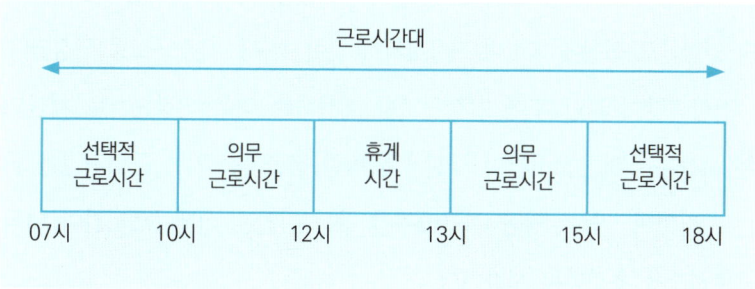

선택적 근로시간제를 도입하기 위해서는 취업규칙 및 이에 준하는 것에 업무의 시작·종료시각을 근로자 결정에 맡긴다는 내용과 맡기기로 한 근로자를 기재하여야 한다. 또한, 근로자대표와 서면합의를 하여야 하는데, 서면합의 내용은 ⅰ) 대상 근로자의 범위, ⅱ) 정산기간(1개월 이내의 일정한 기간, 신상품 또는 신기술의 연구개발 업무의 경우에는 3개월 이내의 일정한 기간), ⅲ) 정산기간의 총 근로시간, ⅳ) 반드시 근로하여야 할 시간대를 정하는 경우에는 그 시작 및 종료 시각, ⅴ) 근로자가 그의 결정에 따라 근로할 수 있는 시간대를 정하는 경우에는 그 시작 및 종료 시각 ⅵ) 표준근로시간 등을 규정하여야 하며, 개별근로자의 동의는 필요하지 않다.

① **선택적 근로시간제 적용 시 연장근로는 어떻게 산정할 수 있는지?**

선택적 근로시간제하에서는 정산기간의 총 근로시간을 사전에 정하므로 정산기간 중의 일·주 단위로 연장근로를 계산할 수가 없고, 정산기간이 끝난 후에 사전에 합의한 근로시간과 실제근로시간을 비교해서 연장근로를 산정할 수 있다. 다만, 사용자가 연장근로를 지시하였거나 근로자의 연장근로 신청에 대하여 사용자가 승인한 경우는 연장근로로 인정된다.

정산기간이 끝난 후에 연장근로를 계산하는 경우 연장근로로 계산되는 시간은 실제근로시간이 사전에 합의한 정산기간의 총 근로시간을 넘는 시간이며, 가산수당을 지급하여야 하는 시간은 실제근로시간이 법정근로시간을 초과하는 시간이다.

사례: 선택적 근로시간제 시행 사업장의 연장근로시간 산정
(고용노동부 유연근로시간제 가이드 일부 수정, 2019.8)

서면합의 총근로시간	실제 근로시간	법정 근로시간	연장근로시간 산정	연장근로시간 한도
161시간 (1일 7시간×23일)	180시간	184시간	서면합의 근로시간인 161시간을 초과한 근로시간 19시간은 법정근로시간 내 근로(초과근로)에 해당하여 가산수당이 발생하지 않는다. 월급여+19시간×1×통상임금	(31÷7)×12 =53시간
184시간 (1일 8시간×23일)	190시간	184시간	서면합의 근로시간인 184시간을 초과한 근로시간 6시간은 연장근로에 해당하여 가산수당이 발생한다. 월급여+6시간×1.5×통상임금	

* 역일수가 31일이고, 소정근로일이 23일인 월을 가정(역일수에 따라 연장근로시간 한도가 변동, 소정근로일수에 따라 총근로시간 및 법정근로시간은 변동)
** 법정근로시간 = 소정근로일(주중 휴일도 포함)×8시간
*** 연장근로시간 한도 = (정산기간 역일수÷7)×12

② 선택적 근로시간제 적용 시 휴일·야간근로는 어떻게 산정할 수 있는지?

의무적 근로시간대가 휴일 또는 야간근로시간대에 걸쳐 있는 경우에는 그 시간에 대한 가산수당을 지급하여야 한다. 또한 선택적 근로시간대가 휴일 또는 야간근로시간대에 걸쳐 있는 경우에는 그 시간대에 이루어진 근로에 대해서도 가산수당을 지급하여야 한다.

또한, 선택적 근로시간대에 휴일 또는 야간근로시간이 포함되어 있지 않은 경우에는 사용자의 지 또는 근로자의 신청에 대하여 승인이 있는 경우 가산수당을 지급하여야 하나, 근로자가 사용자의 승인 없이 자발적으로 근로한 경우에는 가산수당을 지급하지 않아도 된다(고용노동부 유연근로시간제 가이드, 2019.8).

③ 근무시간×시급 형태로 임금을 계산하는 경우 선택적 근로시간제 적용 시 휴일·야간근로는 어떻게 산정할 수 있는지?

정산기간 중 근로의무가 있는 날의 근로시간을 합산하여 산정하되, 근로의무가 없는 날(휴일 및 휴무)은 제외하고, 정산기간 중 총 근로시간과 정산기간 중 유급휴일 및 유급휴무일을 합한 시간을 기준으로 임금을 산정한다.

> **사례: 정산기간 중 근로시간 산정 및 임금지급(시급×근로시간)**
>
> 1일 8시간, 주 40시간을 근로하고 토요일은 무급휴무일, 일요일은 주휴일로 정한 사업장이 정산기간을 1개월로 하여 선택적 근로시간제를 도입한 경우 2020년 4월의 총 근로시간과 임금은?

〈2020년 5월〉

일	월	화	수	목	금	토
					1 근로자의 날	2
3	4	5 어린이날 휴일	6	7	8	9
10	11	12	13	14	15	16
17	18	19	20	21	22	23
24	25	26	27	28	29	30
31						

ⅰ) 관공서 공휴일이 유급휴일인 경우
- 총 근로시간: 19일×8시간=152시간
- 법정근로시간: 21일×8시간=168시간
- 임금지급시간: (19일+2일*+5일**)×8시간=208시간
 * 근로자의날과 어린이날
** 주휴일

ⅱ) 관공서의 공휴일이 무급휴일인 경우
- 총 근로시간: 19일×8시간=152시간
- 법정근로시간: 21일×8시간=168시간
- 임금지급시간: (19일+1일*+5일)×8시간=200시간
 * 근로자의날(관공서의 공휴일이 아니고, 근로기준법상 유급휴일)

ⅲ) 관공서의 공휴일이 휴(무)일이 아닌 근로일인 경우
- 총 근로시간: 20일×8시간=160시간
- 법정근로시간: 21일×8시간=168시간
- 임금지급시간: (20일+1일+5일)×8시간=208시간

④ **표준근로시간을 근로자 개인별 또는 부서별로 달리 설정할 수 있는지?**

표준근로시간을 정하도록 규정한 취지는 선택적 근로시간제를 실시할

경우 각 근로일별 근로시간이나 각 주별 근로시간이 근로자별로 달라질 수 있으므로 표준이 되는 1일 근로시간을 정하여 유급휴일수당이나 연차유급수당 계산의 기준을 삼기 위한 것이다.

만약, 사전에 근로자가 근로하기로 신청한 시간을 표준근로시간으로 정할 수 있게 할 경우 휴가 사용일에 따라 표준근로시간이 달라질 수 있어 1일의 근로시간을 표준근로시간을 정하여 유급휴가 등의 계산 기준으로 삼도록 한 법 취지에 부합하지 않는바, 대상 근로자 전체에 일률적으로 적용되는 특정의 근로시간을 표준근로시간으로 정하는 것이 타당하다(근로개선정책과-703, 2011.4.8).

⑤ 선택적 근로시간제로 요일별 근로시간을 특정할 수 없는 경우 연차휴가 산정은 어떻게 하는지?

연차휴가는 표준근로시간을 기준으로 계산한다. 표준근로시간이 8시간이라면 그 시간을 기준으로 연차휴가를 부여하면 되고, 미사용연차휴가보상금도 마찬가지로 표준근로시간을 기준으로 지급하면 된다.

⑥ 소정근로일이 정해진 경우 소정근로일에 반드시 출근을 해야 하는지?

선택적 근로시간제는 일정 기간 단위로 정해진 총 근로시간 범위 내에서 업무의 시작·종료시간, 1일의 근로시간을 근로자가 자율적으로 결정하는 제도로서 출근 여부까지 자율에 맡기는 것은 아니다. 특히, 의무적 근로시간대를 설정하는 부분선택적 근로시간제의 경우에는 출근하지 않으면 결근으로 처리된다.

다만, 완전선택적 근로시간제하에서 근로자대표와의 서면합의 시 소정근로일의 출근 여부까지 근로자의 자율적 결정에 맡기는 내용을 규정한 경우에는 소정근로일에 출근하지 않았다고 해서 결근으로 처리할 수는 없다(고용노동부 유연근로시간제 가이드, 2019.8).

⑦ 서면합의로 약정한 총근로시간보다 실제 근로시간이 부족하면 어떻게 처리하는지?

실제근로시간이 약정한 총근로시간보다 초과하면 앞서 설명한 바와 같이 통상임금으로 보상해 주면 되고, 그것이 연장·휴일·야간근로에 해당된다면 가산임금을 지급하면 된다.

반면, 실제 근로한 시간이 약정한 시간보다 부족하다면, 부족한 시간만큼 임금을 감액하여 지급할 수 있다(고용노동부 유연근로시간제 가이드, 2019.8).

⑧ 선택적 근로시간제를 활용할 수 있는 업종·직무 예시는?

근로일 및 근로시간대에 따라 업무량 편차가 발생하여 업무조율이 가능한 소프트웨어 개발, 연구, 디자인, 설계, 전문직 종사자들이 가능할 것으로 판단되며(고용노동부 유연근로시간제 가이드, 2019.8), 최근에는 업종·직무의 필요와 더불어 워라밸, 자녀양육 등의 이유로 선택적 근로시간제를 도입·활용하고 있다.

⑨ 선택적 근로시간제를 적용할 수 없는 근로자는?

15세 이상 18세 미만의 근로자에 대하여는 적용하지 아니한다(근로기준법 제52조 1호).

⑩ 선택적 근로시간제 도입을 위한 근로자대표와의 서면합의 예시는?

고용노동부 유연근로시간제 가이드, 2019.8

10시~12시(2시간) 및 13시~15시(2시간) 총 4시간은 반드시 근무(사용자의 지휘감독을 받는)해야 하는 시간(의무근로시간)이다.

주식회사 ○○ 대표이사 _____와 근로자대표 _____는 선택적 근로시간제에 관하여 다음과 같이 합의한다.

제1조(목적) 이 합의서는 근로기준법 제52조와 취업규칙 제O조에 의해 선택적 근로시간제에 필요한 사항을 정하는 것을 목적으로 한다.

제2조(적용범위) 선택적 근로시간제는 과장급 이상의 기획 및 관리·감독 업무에 종사하는 자를 대상으로 한다.

제3조(정산기간) 근로자의 정산기간은 매월 초일부터 말일까지로 한다.

제4조(총 근로시간) '1일 8시간 × 해당 월의 소정근로일수(휴일·휴무일은 제외)'로 계산한다.

제5조(표준근로시간) 1일의 표준근로시간은 8시간으로 한다.

제6조(의무시간대) 의무시간대는 오전 10시부터 오후 4시까지로 한다. 다만, 정오부터 오후 1시까지는 휴게시간으로 한다.

제7조(선택시간대) 선택시간대는 시작시간대 오전 8시부터 10시, 종료시간대 오후 4시부터 7시로 한다.

제8조(가산수당) 업무상 부득이한 경우에 사용자의 지시 또는 승인을 받고 휴일 또는 야간시간대에 근무하거나, 제4조의 근무시간을 초과하여 근무한 시간에 대해 가산수당을 지급한다.

제9조(임금공제) 의무시간대에 근무하지 않은 경우 근무하지 않은 시간만큼 임금을 공제하며, 의무시간 시작시간을 지나 출근하거나 의무시간 종료 전에 퇴근한 경우에는 지각, 조퇴로 처리한다.

제10조(유효기간) 이 합의서의 유효기간은 20○○년 ○월 ○일부터 1년간으로 한다.

20○○. . .

주식회사 ○○ 대표이사　　　(인)　　　　근로자대표　　　(인)

⑪ 1개월을 초과한 선택적근로시간제 시행 시 주의할 점은?

신상품 또는 신기술의 연구개발 업무의 경우 현행 1개월 이내인 정산기간을 최대 3개월 이내로 확대 시행할 수 있다. 1개월을 초과하는 정산기간을 정한 경우 근로일 간 11시간 이상의 연속 휴식시간제를 의무화하되, 천재지변 등 대통령령으로 정하는 불가피한 경우 근로자대표와의 서면 합의가 있으면 합의에 따라 시행한다. 1개월을 초과하는 정산기간을 정한 경우 매 1개월마다 평균하여 1주간의 근로시간이 40시간을 초과한 시간에 대해서는 가산임금을 지급해야 한다.

5
사업장 밖 간주근로시간제

근로자가 출장이나 그 밖의 사유로 근로시간의 전부 또는 일부를 사업장 밖에서 근로하여 근로시간을 산정하기 어려운 경우에는 소정근로시간을 근로한 것으로 본다(근로기준법 제58조). 이를 사업장 밖 간주근로시간제라고 하는데, 이 제도를 도입하면 근로자가 실제 근로한 시간과 관계없이 '소정근로시간', '업무 수행에 통상적으로 필요한 시간', '노사가 서면으로 합의한 시간' 중에서 어느 하나를 근로시간으로 간주한다(고용노동부 유연근로시간제 가이드, 2019.8).

도입 조건은 ⅰ) 사업장 밖의 근로일 것, ⅱ) 근로시간을 산정하기 어려울 것, ⅲ) 소정근로시간을 근로한 것으로 볼 것 등이다.

구체적으로 살펴보면, 사업장 밖의 근로란 소속 사업장에서 장소적으로 이탈하여 사업장의 근로시간 관리로부터 벗어나 있는 상황으로 사용자의 구체적인 지휘·감독을 받지 않고 근로를 수행함을 의미한다. 근로시간을 산정하기 어렵다는 것은 근로의 시작·종료시각이 근로자의 자율에 맡겨져 있고, 근로자의 조건이나 업무 상태에 따라 근로시간의 장단이 결정되는 것을 의미한다. 마지막으로 소정근로시간을 근로한 것으로 본다는 의미는 취업규칙에 명시된 대상근로 및 소정근로시간으로 근로시간을 판단하거나, 통상적 상태에서 그 업무를 수행하기 위해 객관적으로 필요한 시간으로 근로시간을 판단하거나, 노사의 서면합의에 의해 근로시간을 결정하여 근로시간을 판단한다는 것이다(고용노동부 유연근로시간제 가이드, 2019.8).

① 사업장 밖 간주근로시간제 도입을 위해서 취업규칙을 변경해야 하는지?

취업규칙에서 규정하고 있는 소정근로시간은 적용하되 근무 장소만 변경이 있는 경우에는 근로자의 개별동의(근로계약서 변경)를 받아 실시하면 되므로 취업규칙의 변경은 필요 없다. 다만, 사업장 밖 간주근로시간제를 적용하지 않는 근로자와 근로시간 산정방법, 임금 및 수당의 결정 방법, 성과평가, 인사관리, 교육 및 연수제도를 적용하는 등 다른 근로조건의 변경이 있다면 관련한 내용을 취업규칙에 명시하여 혼란을 방지하는 것이 바람직하다(고용노동부 유연근로시간제 가이드, 2019.8).

② '업무 수행에 통상적으로 필요한 시간'은 어떻게 산정하는지?

업무 수행에 통상적으로 필요한 시간이란 근로자 개인별 필요한 시간이 다르더라도 평균적인 사람이 통상적으로 업무를 수행함에 필요한 시간이며, 취업규칙에 통상 필요한 시간을 산정하는 방법을 규정하는 것이 바람직하다(고용노동부 유연근로시간제 가이드, 2019.8).

③ '노사가 서면으로 합의한 시간'은 어떻게 산정하는지?

사업장 밖 간주근로시간제에서 근로자대표와의 서면합의로 정할 수 있는 시간이다. 실제로 근로한 시간에 관계없이 서면합의로 근로시간을 정하게 되므로, 운영과정에서 혼란을 방지하기 위해서 대상 업무, 근로시간, 합의서 유효기간 등을 명확하고 상세하게 정하는 것이 바람직하다(고용노동부 유연근로시간제 가이드, 2019.8).

④ 회사 전산망을 이용하여 재택근무를 하는 경우 사업장 밖 간주근로에 해당하는지?

자택에서 근무를 실시하는 재택근무의 경우에는 근로기준법 제58조 제1항의 '그 밖의 사유'에 의한 사업장 밖 근로에 해당한다고 볼 수 있고, 사업장에서 근로하고 있지 않기 때문에 근로시간 산정 및 관리가 어려우므로 사업장 밖 간주근로시간제로 관리할 수 있다.

다만, 사업장 밖에서 근로하면 어느 경우에나 '사업장 밖 간주근로시간제'에 해당하는 것은 아니고, 근로가 사업장 밖에서 이뤄질 뿐만 아니라 실제 근로시간을 계산하기 어려운 경우에 한정된다. 따라서 ⅰ) 여러 명이 그룹으로 사업장 밖 근로에 종사하는 경우로서 그 멤버 중 근로시간의 관리를 하는 자가 있는 경우 ⅱ) 사업장 밖에서 업무에 종사하는 사람이 휴대폰 등에 의해 수시로 사용자의 지시를 받으면서 근로하는 경우 ⅲ) 사업장에서 방문처, 귀가시간 등 당일 업무의 구체적인 지시를 받은 다음, 사업장 밖에서 회사 지시대로 업무를 수행하고 그 후 사업장에 돌아오는 경우 등과 같이 사업장 밖에서 근로하더라도 근로시간의 산정이 가능한 경우에는 간주근로시간제가 적용되지 않는다(고용노동부 유연한 근로시간제 도입 매뉴얼, 2010.12).

⑤ 사업장 밖 간주근로와 사업장 내 근로를 혼재하여 근로할 수 있는지?

근로자별로 반드시 사업장 밖 간주근로와 사업장 내 근로를 구분하여야 하는 것은 아니다. 소정근로시간의 일부는 사업장 밖 간주근로로 처리하고, 일부는 사업장 내 근로로 산정할 수 있다. 다만, 각각의 근로시간을 합산하여 1일 근로시간 및 1주 근로시간을 판별한다.

⑥ 사업장 밖 간주근로시간제는 가산임금 및 휴가·휴일에 영향을 미치는지?

간주한 근로시간에 연장·야간·휴일근로가 포함되어 있으면 당연히 가산임금을 지급하여야 하며, 간주한 근로시간 외에 사용자의 지시나 승인에 의거하여 연장·야간·휴일근로가 발생하였다면 가산임금을 지급하여야 한다.

또한 사업장 밖 간주근로시간제는 근로시간에 대한 특례를 인정하는 제도이므로 유급주휴일 및 연차휴가는 통상의 근로자와 동일하게 적용된다.

⑦ 출장업무로 사업장 밖 간주근로시간제를 활용할 수 있는 업종·직무는?

출장업무로 사업장 밖에서 근로가 이루어진 경우 특별한 사정이 없으면 소정근로시간을 근로한 것으로 보며, 소정근로시간을 초과하여 근로할 필요가 있는 경우에는 그 업무수행에 통상 필요한 시간(노사 서면합의에서 정하는 경우 그 정한 시간)을 근로한 것으로 보게 된다.

사업장 및 출장지가 소재하는 지역 간 이동에 통상 소요되는 시간을 포함하여 출장근무 수행에 통상적으로 필요한 시간이 소정근로시간을 초과한 경우라면 그 필요한 시간을 근로한 것으로 보게 되므로 그 시간에 대하여 임금을 지급해야 한다.

한편, 사용자의 지시에 의해 휴일에 출장업무를 수행한 것이 명백한 경우에는 이를 휴일근로로 볼 수 있으나, 단순히 휴일에 출장지로 이동하는 경우라면 휴일근로를 한 것으로 보기는 어렵다(근기 68207-2675, 2002.8.9).

⑧ 사업장 밖 간주근로시간제를 활용할 수 있는 업종·직무 예시는?

영화·방송 콘텐츠 제작, 영업, A/S, 해외출장 등 주로 사업장 밖에서 근로가 이루어지며, 근로의 양보다는 질에 의해 평가받는 직무들이 가능할 것으로 판단된다(고용노동부 유연근로시간제 가이드, 2019.8).

⑨ 사업장 밖 근로시간제 도입을 위한 근로자대표와의 서면합의 예시는?

고용노동부 유연근로시간제 가이드, 2019.8

주식회사 ○○ 대표이사 _____ 와 근로자대표 _____ 는 취업규칙 제○○조에 따라, 근로자에 대하여 사업장 밖 근로를 시키는 경우의 근로시간 산정에 관하여 다음과 같이 합의한다.

제1조(대상의 범위) 이 합의서는 영업부 및 판매부에 속하는 사업으로 주로 사업장 밖의 업무에 종사하는 자에게 적용한다.

제2조(인정근로시간) 제1조에 정한 직원이 통상근로시간의 전부 또는 일부를 사업장 밖에 있어서의 업무에 종사하고, 근로시간을 산정하기 어려운 경우에는 휴게시간을 제외하고 1일 9시간을 근로한 것으로 본다.

제3조(휴게시간) 제1조에 정한 직원에 대해 취업규칙 제○○조에 정한 휴게시간을 적용한다. 다만, 업무에 따라서는 정해진 휴게시간에 휴게할 수 없는 경우는 별도의 시간대에 소정의 휴게를 부여하는 것으로 한다.

제4조(휴일근로) 제1조에서 정한 직원이 특별한 지시에 따라 취업규칙 제○○조에 정한 휴일에 근무하는 경우에는 회사는 취업규칙 제○○조에 기초하여 휴일근로 가산수당을 지급한다.

제5조(야간근로) 제1조에서 정한 직원이 특별한 지시에 따라 야간(22:00~06:00)에 근무한 경우에는 취업규칙 제○○조에 기초하여 야간근로 수당을 지급한다.

제6조(연장근로) 제2조에 따라 근로로 인정된 시간 중 소정근로시간을 넘는 시간에 대해서는 취업규칙 제○○조에서 정한 연장근로 가산수당을 지급한다.

제7조(유효기간) 이 합의서의 유효기간은 20○○년 ○월 ○일부터 1년간 으로 한다.

20○○. . .

주식회사 ○○ 대표이사　　　(인)　　　　근로자대표　　　(인)

6
재량근로시간제

업무의 성질에 비추어 업무 수행 방법을 근로자의 재량에 위임할 필요가 있는 업무로서 대통령령으로 정하는 업무는 사용자가 근로자대표와 서면 합의로 정한 시간을 근로한 것으로 본다(근로기준법 제58조 제3항). 이는 근로시간 배분만이 아니라 업무 수행 방법까지 근로자의 재량에 맡기고, 실제 근로시간과 관계없이 노사가 서면합의한 시간을 근로시간으로 간주하는 제도가 재량근로시간제이다.

재량근로시간제 대상 업무는 사용자가 주관적으로 판단하는 것이 아니라 '업무의 성질'에 비추어 객관적으로 근로자의 재량에 맡길 필요가 있는 업무를 의미하며, 전문적·창의적 업무와 같이 업무 자체의 성질상 근로자가 자율적으로 업무수행 방법을 결정할 필요가 있고 근로시간의 장단으로 성과를 측정하기 곤란한 업무가 이에 해당한다.

재량근로시간제 도입 요건은 i) 근로기준법 시행령 제31조 및 고용노동부 고시에서 규정한 업무에 해당할 것, ii) 대상 업무 수행 방법에 있어 근로자의 재량성이 보장될 것, iii) 근로자대표와 대상 업무, 업무수행 수단 및 근로시간 배분에 관하여 사용자가 근로자에게 구체적 지시를 하지 않는다는 내용, 근로시간의 산정은 서면합의로 정한다는 내용 등을 명시하여 서면합의를 할 것이다. 법적 의무는 아니지만 '서면 합의의 유효기간', '재량근로제의 적용 중지' 등에 대해서도 합의하고 취업규칙에 관련 사항을 기재하는 것이 바람직하다(고용노동부 재량간주근로시간제 운영 가이드, 2019.7).

① 재량근로시간제가 가능한 대상 업무는?

근로기준법 시행령 제31조(재량근로의 대상 업무)
1. 신상품 또는 신기술의 연구개발이나 인문사회과학 또는 자연과학분야의 연구 업무
2. 정보처리시스템의 설계 또는 분석 업무
3. 신문, 방송 또는 출판 사업에서의 기사의 취재, 편성 또는 편집 업무
4. 의복·실내장식·공업제품·광고 등의 디자인 또는 고안 업무
5. 방송 프로그램·영화 등의 제작 사업에서의 프로듀서나 감독 업무
6. 그 밖에 고용노동부장관이 정하는 업무
   고용노동부장관 고시: 회계·법률사건·납세·법무·노무관리·특허·감정평가·금융투자분석·투자자산운용 등의 사무에 있어 타인의 위임·위촉을 받아 상담·조언·감정 또는 대행을 하는 업무

② 근로자에게 어느 정도의 재량이 보장되어야 하는지?

재량의 보장 여부는 업무를 수행함에 있어 개별 근로자에게 부여되는 업무의 수행 수단 및 근로시간 배분의 재량에 대하여 재량근로시간제의 취지를 훼손할 정도로 구체적인 지시가 이루어졌느냐의 여부로 판단한다. 즉, 업무지시가 업무수행 수단이나 근로시간의 배분에 관한 내용인지 여부, 지시의 주기 및 구체성의 정도, 근로자의 재량에 대한 제한이 합리적인지 여부, 근로자의 실질적인 재량권 행사 가능성, 근로자대표와의 합의내용 등을 종합적으로 고려하여야 한다.

통상적인 근로관계에서의 업무지시는 업무의 내용·방법·시간·장소에 대한 지시로 구체화되며, 재량근로시간제는 '업무수행의 수단'과 '근로시간의 배분'에 관해 '구체적인 지시'를 하지 않도록 하고 있다. 따라서 업무의 내용 및 장소 등에 대한 사용자의 지시는 원칙적으로 가능하다. 예를 들어, 제품개발의 수정, 기능의 변경·추가 등을 근로자에게 요청할 경우 이는 업무수행 수단 및 근로시간 배분에 관한 것이 아니고 업무의 목표 및 방향 등의 기본적인 업무내용에 관한 지시이므로 근로자의 재량성을 해치지 않는다고 본다(고용노동부 재량간주근로시간제 운영 가이드, 2019.7).

③ 팀(부서)단위로 재량이 보장되어 있다면 재량근로시간제를 적용할 수 있는지?

재량근로시간제 대상 업무에 해당되는지 여부와 구체적 업무지시의 여부는 '근로자'기준으로 판단한다. 즉, 팀(부서) 등의 조직단위로 업무 수행의 재량이 보장된다 하더라도 소속 팀원의 업무 수행 수단과 근로시간 배분 등에 관해 팀장이 구체적인 지시를 하는 등 개별근로자에게 재량이 없다면 인정될 수 없다(고용노동부 재량간주근로시간제 운영 가이드, 2019.7).

④ 재량근로시간제 대상 업무에 종사하기만 하면 재량근로시간제를 적용할 수 있는지?

업무 수행 방법에 있어 재량을 위임받은 신상품 연구개발 부서 내에서 단순 행정업무나 보조적인 업무를 수행하는 경우 재량근로의 대상이 되는 업무가 아니므로 해당 업무 종사자에게는 재량근로시간제를 적용할 수 없다(고용노동부 재량간주근로시간제 운영 가이드, 2019.7).

> **단순 행정업무나 보조적 업무 예시**
>
> 전문적 직무를 위한 단순 데이터 분석·정리, 타인의 설계 및 지시 등에 따라 단순히 SW를 작성하는 프로그래머. 기자의 취재에 동행하는 기술 스태프, 출판 사업에서의 단순 교정, 고안된 디자인에 따른 단순한 도면 작성 등

⑤ '업무 수행 수단'에 대한 구체적 지시를 하지 않는다는 의미는?

구체적 지시를 하지 않는다는 것은 재량근로시간제 대상 근로자가 업무 수행 수단을 스스로의 재량에 따라 스스로 결정하도록 허용해야 한

다는 것이다.

필수적인 절차나 방식이 아님에도 매 단계마다 이를 지정하고 수행 여부를 확인하는 등 근로자의 재량을 제한하는 경우에는 적법한 운영이라고 볼 수 없으나, 근로자의 재량을 근본적으로 제한하지 않으면서 일정 단계에서의 진행상황·경과 등을 보고하도록 하는 것은 허용될 수 있다. 프로젝트 단위과제 수행 시 일정 주기 또는 단위과제 종료 시마다 보고하도록 하거나, 필요 시 내용·목표·기한 등 업무의 기본적인 내용에 대한 지시를 하는 것은 가능할 것이다.

또한, 업무 진행상황 확인·공유·협의 등을 위해 필요한 회의에 참석하도록 하는 것은 재량을 침해하였다고 볼 수는 없으나, 지나치게 자주 회의에 참석하도록 함으로써 업무수행에 있어 실질적으로 지시를 하는 것으로 볼 수 있다면 적법한 운영이 될 수 없다. 이 경우 제도의 운영을 명확하게 하기 위하여 회의의 주기·횟수·일정 등을 근로자대표와 서면합의로 사전에 결정하는 것이 바람직하다.

업무의 완성을 위해 필요한 출장, 외부회의·행사 참석을 지시하는 것은 가능하며, 업무수행 수단과 직접적으로 관련이 없는 사업장 내 질서 유지, 시설·보안 관리에 대하여는 지시가 가능하다(고용노동부 재량간주 근로시간제 운영 가이드, 2019.7).

⑥ '근로시간 배분'에 대한 구체적 지시를 하지 않는다는 의미는?

재량근로시간제를 적용받는 근로자가 업무를 수행할 때 시간 배분을 독자적으로 스스로의 재량에 따라 결정하도록 허용한다는 의미이다. 근로시간의 배분에 대해서는 소요시간 관리, 업무부여 주기, 업무기한, 근태관리의 측면에서 살펴볼 수 있다.

업무부여 주기는 개별 업무마다 특성이 다르므로 일률적인 기준을 설정할 수는 없으나, 업무의 종류·성격에 따라 고려할 필요가 있다. 통상적으로 주 단위 이상의 주기로 업무를 부여하는 것은 근로자의 재량을 침해하였다고 보기는 어려우나, 일 단위 이하로 업무를 부여하는 경우에는 업무의 종류 및 성격에 따라 재량성 침해 여부를 판단해야 한다.

사례: 보고주기에 따른 재량성 침해 여부

업무부여는 주 단위로 하였으나 업무결과는 매일 작성하여 보고하도록 하였다면 실질적으로 매일 단위로 업무를 부여하는 것이므로 일 단위*로 업무의 완성이 이루어지는 등의 특별한 경우가 아니면 재량성을 인정받기 어려울 것이다.

* 예를 들어, 일간신문 기자의 경우 매일 단위로 업무가 완성되는 경우가 대부분이므로 일 단위 업무 지시가 재량성을 침해하였다고 볼 수 없다.

또한, 업무수행에 통상적으로 소요되는 기간에 미치지 못하는 기한을 정하여 업무를 부여하는 경우에는 실질적으로 근로자에게 재량을 보장한다고 보기는 어려울 것이다. 왜냐하면 근로시간 내에 처리할 업무가 과중하여 근로시간을 배분할 여지가 없기 때문이다.

근태관리와 관련하여서는 근무장소 지정과 출근의무 부여는 가능하며 이는 근로자대표와의 서면합의로 사전에 정할 수도 있다. 사업장의 질서유지 및 근로자의 안전 확보 등 불가피한 상황을 제외하고, 근로의 시작·종료시각을 엄격히 관리하는 것은 재량을 침해하는 것으로 볼 수 있으며, 필수 근무시간대를 정하는 것도 가능하나 필수 근무시간대가 지나치게 넓게 설정되어 사실상 시작·종료시각을 정하는 수준이라면 재량을 침해한 것으로 볼 수 있다(고용노동부 재량간주근로시간제 운영 가이드, 2019.7).

⑦ 서면합의로 정하는 근로시간은 1주를 초과하는 기간을 기준으로 정할 수 있는지?

재량근로시간제하에서도 서면합의로 정하는 시간은 근로기준법에서 규정하고 있는 법정근로시간과 연장근로시간의 범위를 벗어날 수 없으므로, 서면합의로 정하는 간주근로시간은 1개월에 174시간과 같이 1주를 초과하는 단위로 설정할 수 없고, 1일 또는 1주 단위로 정해야 한다(고용노동부 재량간주근로시간제 운영 가이드, 2019.7).

⑧ 일정 기간의 범위 내에서 근로가능한 시간의 총량 및 일정 시간대의 근로를 제한하는 것이 가능한지?

근로자의 건강권 보호, 사업장 보안 등의 목적으로 근로자대표와의 서면합의에 따라 1일 또는 1주 단위로 총 근로시간의 상한선을 설정하고 이를 초과하는 경우에는 추가적인 근로를 제한하는 내용을 정하거나, 야간 및 휴일의 일정시간대에 근로를 제한하는 것은 가능하다(고용노동부 재량간주근로시간제 운영 가이드, 2019.7).

⑨ 재량근로시간제는 가산임금 및 휴가·휴일에 영향을 미치는지?

서면합의로 정한 근로시간은 법정근로시간 및 연장근로시간의 한도 내에서 정해져야 하며 법정근로시간을 초과한 시간에 대해서는 가산수당을 지급하여야 한다. 또한, 야간·휴일근로가 서면합의로 정한 근무시간대에 포함되어 있거나, 사용자의 지시·승인에 의하여 연장근무가 이루어지는 경우 가산임금을 지급하여야 한다.

또한, 재량근로시간제는 근로시간에 대한 특례를 인정하는 제도이므로 유급주휴일 및 연차휴가는 통상의 근로자와 동일하게 적용되나, 휴게시간은 제도를 적용받는 근로자의 재량에 의하여 그 시간을 변경할 수 있다(고용노동부 재량간주근로시간제 운영 가이드, 2019.7).

⑩ 재량근로시간제하에서 연차휴가 산정을 위한 출근율은 어떻게 확인하는지?

근로자대표와의 서면합의에서 소정근로일에 출근하는 것으로 정했다면, 출퇴근 관리가 가능하므로 이에 따라 출근율을 산정하면 된다. 만약 서면합의 시 출근의무를 부여하지 않고, 출근 여부까지 근로자의 재량에 맡기기로 했다면 소정근로일 전체를 출근한 것으로 보아 출근율을 계산하여야 한다(고용노동부 재량간주근로시간제 운영 가이드, 2019.7).

⑪ 재량근로시간제 도입을 위한 근로자대표와의 서면합의 예시는?

고용노동부 재량간주근로시간제 운영 가이드, 2019.7

주식회사 ○○ 대표이사 _____와 근로자대표 _____는 근로기준법 제58조제3항에 기반하여 재량근로시간제에 관하여 다음과 같이 합의한다.

제1조(적용 대상 업무 및 근로자) 본 합의는 각 호에서 제시하는 업무에 종사하는 근로자에게 적용한다. 사용자가 대상 업무를 수행할 근로자를 신규로 채용하는 경우에는 해당 근로자가 본인이 수행할 업무가 재량근로시간제 대상 업무에 해당된다는 것을 알 수 있도록 채용 공고 또는 근로계약서 등 적절한 수단을 통하여 고지한다.
1. 본사 연구소에서 신상품 또는 신기술의 연구개발 업무에 종사하는 근로자
2. 본사 부속 정보처리센터에서 정보처리시스템의 설계 또는 분석 업무에 종사하는 근로자

제2조(업무의 수행방법) ① 제1조에서 정한 근로자에 대해서는 원칙적으로 그 업무수행의 방법 및 시간 배분의 결정 등을 본인에 위임하고 회사 측은 구체적 지시를 하지 않는다. 다만, 연구과제의 선택 등 종사할 기본적인 업무 내용을 지시하거나 일정 단계에서 보고할 의무를 지울 수 있다.
② 제1항에도 불구하고, 업무 수행의 방법 및 시간 배분과 관련이 없는 직장 질서 또는 회사 내 시설 관리에 대한 지시 등은 할 수 있다.

제3조(근로시간의 산정) 제1조에서 정한 근로자는 취업규칙 제○조에서 정하는 근로시간에 관계없이 1일 ○시간(간주근로시간)을 근로한 것으로 본다.

제4조(연장근로수당) 제3조의 간주근로시간이 근로기준법 제50조에서 정한 근로시간을 초과하는 부분에 대해서는 가산수당을 지급한다.

제5조(휴일 및 야간근로) ① 제1조에서 정한 근로자가 회사에 출근하는 날에는 입·퇴실 시에 ID카드에 의한 시간을 기록해야 한다.

② 제1조에서 정한 근로자의 휴일 또는 야간(22:00~06:00) 근로가 미리 소속 부서장의 허가를 얻어 이루어지는 경우에는 취업규칙 제○조의 정한 바에 따라 가산수당을 지급한다.

제6조(휴게, 휴일 및 휴가) 제1조에서 정한 근로자의 휴게, 휴일 및 휴가는 취업규칙에서 정하는 바에 의하되, 휴게시간은 재량근로제 적용 근로자의 재량에 의하여 시간변경이 가능한 것으로 한다.

제7조(유효기간) 이 합의서의 유효기간은 ○○○○년 ○월 ○일부터 ○○○○년 ○월 ○일까지로 하되, 유효기간 만료 1개월 전까지 개정 관련 별도 의견이 없는 경우에는 그 후 1년간 자동갱신 되는 것으로 하며, 그 이후에도 또한 같다.

※ 업무보고 주기, 정기회의, 필요 근무시간대 등을 서면합의로 정할 수 있음

20○○. . .

주식회사 ○○ 대표이사　　　(인)　　　근로자대표　　　(인)

7
(실무상)유연근로시간제

　근로기준법에 명시되어 있지는 않지만 실무상 활용되고 있는 유연근로시간제로 '자유출퇴근제', '시차출퇴근제', '재택근무제', '원격근무제' 등이 있다. 법률상 용어가 아니므로 개념상 혼재되어 사용되기도 하는데, '시차출퇴근제'의 경우에도 자율형 시차출퇴근제, 선택형 시차출퇴근제, 고정형 시차출퇴근제로 구분하여 사용하기도 하고, 고정형 시차출퇴근제만 한정하여 시차출퇴근제라고 하기도 한다.

① 시차출퇴근제의 종류 및 특징은?

　시차출퇴근제는 자율형 시차출퇴근제, 선택형 시차출퇴근제(또는 자유출퇴근제), 고정형 시차출퇴근제(또는 시차출퇴근제)가 있는데, 먼저 자율형 시차출퇴근제는 업무의 시업·종업 시각을 근로자가 자유롭게 선택하여 1일의 소정근로시간(예를 들어, 8시간)의 근로를 제공하는 제도로서 사용자는 근무가능한 시간만을 설정하여 운영하는 제도이다. 선택형 근로시간제와 유사하나, 선택형 근로시간제는 1일의 근로시간을 근로자가 자율적으로 결정할 수 있으나 자율형 시차출퇴근제는 1일의 근로시간이 사전에 결정되어 있다는 점에서 그 차이가 있다.

　두 번째, 선택형 시차출퇴근제란 의무적으로 근로하여야 하는 시간대와 출근가능 시간대를 사전에 결정하고, 출근가능 시간대에 출근하게 되면 1일의 소정근로시간에 따라 퇴근시간이 자동으로 결정되는 제도이다.

마지막으로 고정형 시차출퇴근제는 몇 개의 시업·종업 시각(예를 들어, 8시 출근·17시 퇴근, 10시 출근·19시 퇴근 등)을 정하고, 그 시간 중에서 근로자가 선택하여 일정 기간 동안 정해진 시간에 출퇴근하는 제도이다(고용노동부 유연근무제 우리기업은 어떻게 운영할까요, 2016.12).

시차출퇴근제의 종류
(고용노동부 유연근무제 우리기업은 어떻게 운영할까요, 2016.12)

▲ 자율형

– 출퇴근 시각을 근로자가 자유롭게 선택하여 1일 8시간 근로를 제공하는 제도로서, 의무적으로 근무해야 하는 근로시간대를 정하지 않는 유형

06	07	08	09	10	11	12	13	14	15	16	17	18	19	20	21
	근로제공 가능 시간 범위														
	근로 ①														
			근로 ②												
							근로 ③								

- 근무가능한 시간대 지정: 의무적으로 근무해야 하는 시간대를 정하지 않더라도 사업장 개방시간 등 제약은 따를 수 있으므로 근무 가능한 시간 범위는 지정
- 휴게시간 지정 여부 결정: 휴게시간을 지정할 것인지, 근로자가 임의로 1시간을 휴게하도록 할 것인지도 정할 필요

▲ 선택형

- 의무적으로 근로해야 하는 시간대 즉 실시 단위(전사 또는 부서)의 직원들이 공동으로 근무해야 하는 시간대를 정하고 그 시간대를 포함, 1일 8시간을 근무하되 출퇴근 시각을 선택할 수 있게 하는 유형

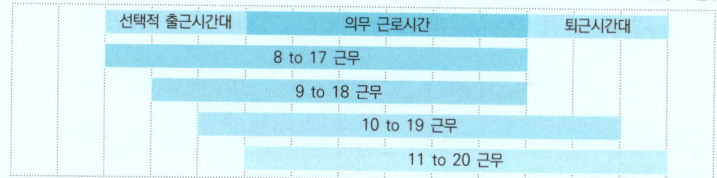

* 출근시간: 근로자 선택

- 선택적 출근시간대 결정: 선택적 출근시간대를 정하면 1일 8시간 근무, 1시간 휴게 원칙에 따라 퇴근시간대가 결정
- 의무 근로시간대(공동근로시간대) 결정 후, 출근시간의 시차 단위(즉, 30분 혹은 1시간 단위의 시차 단위)를 정하여 운영

▲ 고정형

- 정규 근무시간과 다른 출퇴근할 수 있는 시간대를 정하되, 근로자의 신청에 따라 사전에 몇 시에 출근하고 퇴근할 것인지를 결정. 근로자가 일정 기간(한 달 내지는 승인기간) 동안 정해진 시각에 출퇴근하는 것을 의미
- 자율형이나 선택형은 근로자의 편의에 따라 출퇴근 시각을 수시로 선택할 수 있으나 고정형은 다양한 출퇴근 시각들 중 하나를 선택하여 승인받은 기간 동안 정해진 출퇴근 시각을 준수한다는 점이 차이

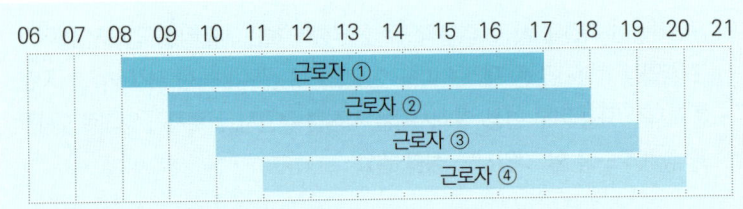

- 회사 및 각 부서(시행 단위)의 업무 특성과 여건에 따라 출퇴근 시각을 차별화할 수 있는 범위와 단위를 정한 후 시행

② **시차출퇴근제의 도입을 위한 절차는?**

취업규칙에 도입 및 운영에 관한 사항을 기재하거나, 취업규칙에 도입에 관한 근거 규정을 마련하고 근로계약서에 근로조건(근로시간)을 명시하면 된다.

> **시차출퇴근제의 근로계약서 근로조건 명시 예시**
> (고용노동부 유연근무제 우리기업은 어떻게 운영할까요, 2016.12)
>
> ▲ 자율형 시차출퇴근제
>
> 제○조 근로시간 및 휴게시간
> ① 근로자가 취업규칙이 정하는 절차에 따라 시차출퇴근제의 허가를 받은 경우, 아래의 사업장 개방시간 내에 자유롭게 출퇴근하여 근로를 제공할 수 있다.
>
> | 사업장 개방시간 | 07:00 ~ 21:00 |
> |---|---|
>
> ② 근로자는 1일 근무시간으로 8시간을 원칙으로 하며, 연장근로 또는 야간근로를 실시할 경우에는 사전에 회사의 승인을 받아야 한다.

③ 근로자의 출근시각은 매시 정각 또는 매시 30분에 출근한 것으로 본다.
④ 근로자는 근로제공 중간에 1시간을 휴게하여야 한다. 휴게시간은 4시간 근무 후 1시간을 쉬고 업무에 복귀하는 것을 원칙으로 하되 근로자의 업무수행 편의를 위해 휴게시각을 변경할 수 있다.

▲ 선택형 시차출퇴근제

제○조 근로시간 및 휴게시간
① 근로시간은 1일 8시간 1주 40시간으로 한다.
② 근로자는 근로자의 편의에 따라 '선택적 출근시간대'의 범위 내에서 출근시각을 조절할 수 있다. 다만, '의무근로시간대'에는 반드시 근로를 제공해야 한다.

선택적 출근시간대	휴게시간	의무근로시간대
07:00 ~ 10:00	12:00 ~ 13:00	10:00 ~ 15:00

③ 근로자의 출근시각은 매시 정각 또는 매시 30분에 출근한 것으로 본다.
④ 회사는 업무상 필요성이 있을 경우, 전항에 의한 시업 및 종업시각과 휴게시각을 변경할 수 있다.

▲ 고정형 시차출퇴근제

제○조 근로시간 및 휴게시간
① 근로시간은 1일 8시간 1주 40시간으로 한다.
② 근로자가 취업규칙이 정하는 절차에 따라 시차출퇴근제의 허가를 받은 경우에는 아래 표의 시업 및 종업시각에 따라 근로하는 것을 허용한다.

시업시각	휴게시간	종업시각
08:00	12:00 ~ 13:00	17:00
10:00	12:00 ~ 13:00	19:00

③ 회사는 업무상 필요성이 있을 경우, 전항에 의한 시업 및 종업시각과 휴게시각을 변경할 수 있다.

③ 재택근무제의 종류 및 특징은?

재택근무제는 상시형 재택근무제와 수시형 재택근무제가 있다. 상시형 재택근무제란 대부분의 근무일을 재택근무로 수행하는 것으로서 근로시간의 전부 또는 일부(일부는 사무실)를 재택에서 실시하는 것을 의미한다. 수시형 재택근무란 재택근무를 실시하되, 업무공유 및 진행상황 등의 처리·확인을 위하여 수시로 사무실에 출근하는 방식을 말한다(고용노동부 유연근무제 우리기업은 어떻게 운영할까요, 2016.12).

④ 재택근무제의 도입을 위한 절차는?

재택근무제의 도입을 위해서는 근로계약서 근로조건(근무장소)을 명시하여야 한다. 또한, 근무장소 외의 다른 근로조건의 변경사항이 있는 경우에는 취업규칙도 변경하여야 하며, 재택근무제 도입과 더불어 탄력적 근로시간제, 재량근로시간제, 사업장 밖 간주근로시간제 등을 도입한다면 근로자대표와의 서면합의도 필요하다(고용노동부 유연근무제 우리기업은 어떻게 운영할까요, 2016.12).

8
연장·야간·휴일 근로

　연장근로란 근로기준법에서 정한 법정근로시간인 1일 8시간을 초과하거나 1주 40시간을 초과한 근로 중에서 일정한 요건(당사자 간의 합의 등)을 충족한 근로시간을 의미한다. 연장근로 시간 또한 일정한 제한을 두고 있으며, 해당 연장근로에 대하여 가산임금을 지급하는 것으로 규정하고 있다. 연장근로의 종류로는 당사자 간의 합의로 1주 12시간까지 연장근로를 할 수 있는 통상연장근로(근로기준법 제53조 제1항), 특별한 사정이 있으면 고용노동부장관의 인가와 근로자의 동의를 받아 법정근로시간 및 탄력적·선택적 근로시간에서의 연장근로 최고 한도인 1주 12시간을 초과할 수 있는 특별연장근로(근로기준법 제53조 제4항), 운송업 등의 업종에서 근로자대표와의 서면합의를 통해 1주 12시간을 초과할 수 있는 특례업종연장근로(근로기준법 제59조 제1항)가 있다.

　야간근로란 오후 10시부터 다음 날 오전 6시 사이의 근로를 의미하며, 이 시간의 근무는 법정근로시간 초과 여부에 관계없이, 가산임금을 지급한다. 왜냐하면 야간근로는 정신적·육체적으로 더 큰 부담을 가져다주기 때문에 이에 대한 보상으로 가산임금을 지급한다는 것이다.

　휴일근로란 휴일에 이루어진 근로를 의미하는데, 여기서의 휴일이란 법정휴일(주휴일, 근로자의 날)뿐만 아니라, 약정휴일의 근로도 포함된다. 당사자 간의 합의에 의하여 통상의 근로일과 휴일을 대체하는 경우 원래의 휴일은 근로일이 되고, 그날의 근로는 휴일근로가 아닌 통상근로가 된다(대법원 2007다590, 2008.11.13).

① 연장근로시간의 기준이 되는 1주는?

1주는 반드시 달력과 같이 일요일부터 토요일까지로 정하지 않아도 되며, 노사가 협의하여 취업규칙 또는 단체협약으로 정할 수 있다. 따라서 1주 연장근로 한도 계산 등도 사업장에서 적용하는 단위기간별로 판단하며, 임의의 7일의 기간이 연장근로 한도를 초과한다고 해서 근로시간 제도를 위반한 것으로 보지 않는다.

② 통상연장근로에 있어서 당사자 간의 합의 주체는?

근로기준법은 당사자의 합의에 의한 연장근로를 허용하고 있는바, 여기서 당사자 간의 합의라 함은 원칙적으로 사용자와 근로자와의 개별적 합의를 의미하고, 개별근로자의 연장근로에 관한 합의권을 박탈하거나 제한하지 아니하는 범위에서는 단체협약에 의한 합의도 가능하다(대법원 93누5796, 1993.12.21).

③ 근로계약 시 약정한 연장근로에 관한 합의가 효력이 있는지?

근로기준법에서는 당사자 간의 합의에 의한 연장근로를 허용하고 있는 바, 여기서 당사자 간의 합의라 함은 원칙적으로 사용자와 근로자와의 개별적 합의를 의미한다 할 것이고, 이와 같은 개별근로자와의 연장근로에 관한 합의는 연장근로를 할 때마다 그때그때 할 필요는 없고 근로계약 등으로 미리 이를 약정하는 것도 가능하다. 또한 이때의 연장근로계약에서 특별히 기간을 정하지 아니한 경우에도 그 근로계약은 기간의 약정이 없는 것으로서 이와 같은 경우 매년 당사자가 근로계약을 새로이 갱신하여야 하는 것은 아니므로 근로자가 위 근로계약을 해지하지 아니한 이상 연장근로에 관한 합의의 효력은 그대로 유효하다(대법원 94다19228, 1995.2.10).

④ 통상연장근로시간의 산정 및 사례별 가능 여부?

통상연장근로는 1주에 12시간까지 가능하다. 근로기준법 개정(2018.3) 이전에는 휴일근로가 1주간의 통상연장근로에 포함되지 않는다는 행정해석에 의하여 1주에 68시간까지 근로가 가능했으나, 현재는 법정근로시간 40시간에 통상연장근로 12시간으로 1주당 근로시간 한도가 52시간으로 명확해진 상황이다. 다만, 개정내용은 기업규모 따라 단계적으로 시행하여 2021년 7월 이후에는 5인 이상 사업장에 모두 적용된다.

각 사례별 연장근로시간 산정과 1주 52시간 초과 여부는 다음과 같다.

④-1 1일 13시간씩 4일을 근무하는 것이 가능한지?

1주 52시간을 초과하지는 않았으나, 4일간 연장근로의 합계가 20시간(4일×5시간)이므로 1주 연장근로 한도 12시간을 초과한다. 따라서, 근로시간 위반이다(고용노동부 개정 근로기준법 설명자료 일부 수정, 2018.5).

④-2 월요일~금요일 동안 12시간을 연장근로한 후, 일요일에 휴일대체근로를 하였다면 일요일 근로는 연장근로로 인정되는지?

일요일에 휴일대체근로하고 그다음 주 평일을 휴일로 지정할 수는 있으나, 대체휴일과 관계없이 1주 연장근로가 12시간이 넘으면 근로시간 위반이 된다. 따라서 월요일~금요일 동안 12시간 연장근로 후 일요일에 휴일대체 근로하는 것은 연장근로 한도 초과이다(고용노동부 개정 근로기준법 설명자료 일부 수정, 2018.5).

사례: 휴일대체를 통한 연장근로

▲ 1주 일요일 휴일대체, 2주 수요일 휴일

1주	월	화	수	목	금	토(휴무)	일(평일)
총근로시간	10시간	10시간	10시간	11시간	11시간	-	8시간
연장근로시간	12시간					8시간	
2주	월	화	수	목	금	토(휴무)	일(휴일)
총근로시간	10시간	10시간	-	10시간	10시간	-	4시간
연장근로시간	12시간						

→ 1주의 연장근로가 20시간이므로 근로시간 위반. 다만 2주 이내 탄력적 근로시간제를 도입한다면 1주 60시간(소정근로 48시간+연장 12시간), 2주 44시간(소정근로 32시간+연장 12시간)까지 근로가 가능하므로 상기의 예와 같은 경우 근로시간 위반이 아니다.

④-3 1주 소정근로시간이 1일 7시간, 1주 35시간인 사업장의 경우 13시간의 연장근로가 가능한지?

연장근로의 한도는 법정근로시간인 40시간에서 12시간을 초과할 수 없는 것이므로, 1주 35시간이 소정근로시간인 경우 13시간을 연장근로하여도 1주 48시간(35시간+13시간)을 근로하는 것이므로 근로시간 위반이 아니다(고용노동부 개정 근로기준법 설명자료, 2018.5).

④-4 단시간 근로자의 1주 소정근로시간이 1일 7시간, 1주 35시간인 경우 13시간의 연장근로가 가능한지?

사용자는 단시간근로자에 대하여 근로기준법 제2조의 소정근로시간을 초과하여 근로하게 하는 경우 1주간에 12시간을 초과하여 근로하게 할 수 없다(기간제 및 단시간근로자 보호 등에 관한 법 제6조 제1항). 따라서 같은 1주 48시간 근로라고 하더라도 소정근로시간이 40시간인 근로자와 소정근로시간이 35시간인 근로자의 근로시간 위반 여부가 달라진다(고용노동부 개정 근로기준법 설명자료, 2018.5).

⑤ 휴일근로시간의 산정은?

연장근로와 합하여 1주 12시간까지 가능하다. 휴일근로인 경우 가산임금을 지급하여야 하며, 근로기준법 제56조 제2항에 따라 8시간 이내의 휴일근로는 통상임금의 100분의 50 이상을 가산하며, 8시간을 초과한 휴일근로는 통상임금의 100분의 100 이상을 가산하여 지급하여야 한다.

⑤-1 휴일에 한 근로도 연장근로에 해당되는지?

휴가일 또는 휴일은 유급휴가(유급휴일)를 주는 것이지 실근로시간은 아니므로 연장근로 산정에 기준이 되는 1주 40시간에는 포함되지 않는다(근기 01254-16100, 1991.11.6). 즉, 연장근로는 1일 8시간, 1주 40시간을 초과하는 근로가 해당되므로, 만약 소정근로일 5일(월~금) 중에서 2일의 휴일이 있는 경우 휴일을 제외한 근로시간은 24시간이 되므로, 휴일에 8시간 근무를 하였다고 하더라도 총 근로시간은 32시간이 되어 연장근로에 해당하지 않는다. 다만, 휴일에 한 근로는 휴일근로 가산수당을 지급하여야 한다.

사례: 휴일의 근로(월요일~금요일 1일 8시간, 1주 40시간 사업장 가정)

▲ 주중 휴일(또는 휴가)가 없는 경우: 일요일 8시간 근로

	월	화	수	목	금	토(휴무)	일(휴일)
총근로시간	8시간	8시간	8시간	8시간	8시간	-	8시간
총근로시간	48시간							

→ 일요일 근로: 8시간×1.5(근로기준법 제56조 제2항)

▲ 주중 휴일(또는 휴가)가 없는 경우: 일요일 10시간 근로

	월	화	수	목	금	토(휴무)	일(휴일)
총근로시간	8시간	8시간	8시간	8시간	8시간	-	10시간
총근로시간	50시간							

→ 일요일 근로: 8시간×1.5+2시간×2.0(근로기준법 제56조 제2항)

▲ 주중 휴일(또는 휴가)가 있는 경우: 일요일 10시간 근로

	월(휴일)	화(휴일)	수	목	금	토(휴무)	일(휴일)
총근로시간	-	-	8시간	8시간	8시간	-	10시간
총근로시간	34시간							

→ 일요일 근로: 8시간×1.5+2시간×2.0(근로기준법 제56조 제2항)

▲ 주중 휴일(또는 휴가)가 있는 경우: 휴일 10시간 근로

	월(휴일)	화(휴일)	수	목	금	토(휴무)	일(휴일)
총근로시간	10시간	10시간	8시간	8시간	8시간	-	-
총근로시간	44시간							

→ 휴일 근로: 16시간×1.5+4시간×2.0(근로기준법 제56조 제2항), 월요일에서 토요일까지의 근로시간이 44시간이므로 일요일에 최대 8시간 추가 연장근로 가능

⑤-2 무급휴무일인 토요일에 한 근로는 연장근로에 해당되는지?

무급휴무일은 휴일근로가 아니지만 해당 주의 근로시간에 따라 연장근로에 해당될 수 있다.

사례: 토요일(무급휴무)의 근로(월요일~금요일 1일 8시간, 1주 40시간 사업장 가정)

▲ 주중 휴일(또는 휴가)가 없는 경우: 토요일 근로는 연장근로에 해당

	월	화	수	목	금	토(휴무)	일(휴일)
총근로시간	8시간	8시간	8시간	8시간	8시간	10시간	-
총근로시간	50시간						

→ 토요일 근로: 10시간×1.5(연장근로)

▲ 주중 휴일(또는 휴가)가 있는 경우: 토요일 근로는 연장근로에 비해당

	월	화	수	목	금	토(휴무)	일(휴일)
총근로시간	휴일(휴가)	8시간	8시간	8시간	8시간	8시간	-
총근로시간	40시간						

→ 토요일 근로: 8시간×1.0

▲ 주중 휴일(또는 휴가)가 있는 경우: 토요일 근로의 8시간 초과분은 연장근로에 해당

	월	화	수	목	금	토(휴무)	일(휴일)
총근로시간	휴일(휴가)	8시간	8시간	8시간	8시간	10시간	-
총근로시간	42시간						

→ 토요일 근로: 8시간×1.0+2시간×1.5

⑤-3 휴일근로시간의 산정?

연장근로와 합하여 1주 12시간까지 가능하다. 휴일근로인 경우 가산임금을 지급하여야 하며, 근로기준법 제56조 제2항에 따라 8시간 이내

의 휴일근로는 연장근로와 휴일근로가 중복되었어도 통상임금의 100분의 50 이상을 가산하며, 8시간을 초과한 휴일근로는 통상임금의 100분의 100 이상을 가산하여 지급하여야 한다.

⑤-4 단시간 근로자의 휴일근로 가산임금은?

소정근로시간이 8시간 이내(예를 들어, 6시간)인 단시간 근로자라 하더라도 8시간 이내는 통상임금의 100분의 50 이상을 가산하여 지급하고, 8시간 초과분은 통상임금의 100분의 100 이상을 가산하여 지급해야 한다.

⑥ 야간근로는 어떤 경우에 인정되는지?

오후 10시부터 다음 날 오전 6시 사이의 근로에 대하여는 통상임금의 100분의 50 이상을 가산하여 근로자에게 지급하여야 한다(근로기준법 제56조 제3항).

⑦ 연장·야간·휴일근로가 겹칠 경우 가산임금은 어떻게 지급하는지?

각각의 사유별로 통상임금의 100분의 50 이상을 가산하여 지급한다. 다만, 휴일근로에 대해서는 8시간 이내에는 100분의 50 이상을 가산하여 지급하고, 8시간 초과분에 대해서는 통상임금의 100분의 100 이상을 가산하여 지급한다(근로기준법 제56조).

사례: 연장·야간·휴일근로가 겹칠 경우 가산임금 산정

월요일~금요일 1일 8시간, 1주 40시간 사업장

	월	화	수	목	금	토(휴무)	일(휴일)
근로시간	09시~18시	09시~18시	09시~20시	11시~23시	11시~20시	-	10시~21시
휴게시간	12시~13시	12시~13시	12시~13시 18시~19시	12시~13시 18시~19시	12시~13시	-	12시~13시 18시~19시
가산임금	-	-	1시간× 1.5	1시간× 1.5 1시간× 2.0	-	-	8시간× 1.5 1시간× 2.0
비고				22시 이후 근로 연장+야간			휴일 8시간 이내: 1.5 초과: 2.0

9
보상휴가제

　사용자는 근로자대표와의 서면합의에 따라 연장·야간·휴일근로 및 정산기간을 초과한 근로시간(탄력적근로시간제, 선택적근로시간제)에 대하여 임금을 지급하는 것을 갈음하여 휴가를 줄 수 있다(근로기준법 제57조). 연장·야간·휴일근로에 대하여 가산임금을 지급하는 것이 원칙이나, 서면합의에 따라 유급휴가를 부여한다는 제도이다. 유급휴가로 보상해야 할 부분은 연장·야간·휴일근로에 대한 시간과 그에 대한 가산임금까지 포함한다. 예를 들어, 연장근로를 2시간 한 경우 50% 가산하여 보상하여야 하므로 3시간의 유급휴가를 부여하면 된다.

사례: 보상휴가 산정방법
(고용노동부 유연근로시간제 가이드 일부 수정, 2019.8)

1일 8시간(09시~18시), 주 40시간을 근로하고 토요일은 무급휴무일, 일요일은 주휴일로 정한 사업장을 가정

구분	월	화	수	목	금	토	일	합계
출근시간	09시	09시	09시	09시	09시	-	09시	
퇴근시간	18시	24시	18시	19시	21시	-	13시	
휴게시간	12시~13시	12시~13시 18시~19시	12시~13시	12시~13시	12시~13시 18시~19시	-	-	
소정근로	8시간	8시간	8시간	8시간	8시간	-	-	40시간
연장근로	-	5시간	-	1시간	2시간	-	-	8시간
야간근로	-	2시간	-	-	-	-	-	2시간
휴일근로	-	-	-	-	-	-	4시간	4시간

ⅰ) 보상휴가제 미실시
- 소정근로시간을 초과하는 근로시간에 대하여 가산임금을 지급
- 가산임금지급액=연장근로 8시간×1.5+야간근로 2시간×0.5*+휴일근로 4시간×1.5=통상임금×19시간
* 상기의 예에서 야간근로 2시간은 연장&야간근로이므로, 연장근로 8시간에 (근로 1.0+연장근로 0.5)는 이미 포함되었으므로 0.5배만 추가하면 됨.

ⅱ) 보상휴가제 실시
- 소정근로시간을 초과하는 근로시간에 대하여 보상휴가를 지급
- 보상휴가지급=연장근로 8시간×1.5+야간근로 2시간×0.5+휴일근로 4시간×1.5=19시간

ⅲ) 연장·야간·휴일근로에 대한 가산시간에 대해서만 보상휴가제 실시
- 소정근로시간을 초과하는 근로시간의 가산시간에 대해서만 보상휴가 지급
- 보상휴가지급=연장근로 8시간×0.5+야간근로 2시간×0.5+휴일근로 4시간×0.5=7시간

보상휴가제를 도입하기 위해서는 근로자대표와 서면합의를 하여야 하는데, 서면합의 내용은 ⅰ) 보상휴가제 적용 대상(전체근로자 적용 or 희망자만 적용), ⅱ) 임금청구권의 선택적 인정 여부(보상휴가만 부여 or 보상휴가+가산임금 부여), ⅲ) 보상휴가 부여 대상(연장·야간·휴일근로시간 전부 or 연장·야간·휴일근로 가산시간만 적용) 등을 규정하여야 하며, 개별근로자의 동의는 필요하지 않다.

① 근로자가 보상휴가를 사용하지 않은 경우는?

보상휴가는 원칙적으로 임금을 지급하여야 하는 것을 휴가로 지급하

기로 약정한 것이므로 근로자가 보상휴가를 사용하지 않는다면 임금을 지급하여야 한다. 근로자는 휴가를 사용할 수 있도록 정한 기간이 만료되면 그다음 날부터 임금을 청구할 수 있으며, 사용자는 최초로 도래하는 임금정기지급일에 해당 임금을 지급하여야 하고, 만일 그 근로자가 퇴직하였다면 퇴직 후 14일 이내에 임금을 지급하여야 한다(고용노동부 유연근로제 가이드, 2019.8).

② 보상휴가미사용보상금은 평균임금에 산입되는지?

보상휴가는 임금청구권 대신 휴가사용권이 발생하는 것이므로 노사가 정한 사용기간 내에 휴가를 사용하지 않은 경우 지급되는 임금은 휴가를 사용하지 않은 데 대한 보상으로 보아 평균임금에 해당한다.

연차휴가미사용보상금의 퇴직금 산정을 위한 평균임금 포함 여부에 있어서는, 퇴직하기 전 이미 발생한 연차휴가미사용수당액의 3/12을 평균임금 산정 기준임금에 포함하는 바, 이는 연차휴가미사용보상금이 매월 지급되는 임금이 아니라는 점을 감안해 근로월별로 균등하게 산입하려는 것이다. 따라서 예를 들어, 6개월 단위로 보상휴가제를 실시하고 정산하는 경우라면, 평균임금 산정시점에 따라 평균임금이 적거나 많아지는 경우가 발생하지 않도록 평균임금 산정사유 발생일 이전에 이미 발생한 보상휴가미사용보상금의 3/6을 평균임금 산정 기준임금에 포함하여 계산하여야 한다(근로개선정책과-370, 2014.1.24).

③ 보상휴가의 대상과 보상휴가의 사용기간에 대하여
제한할 수 있는지?

보상휴가의 대상이 되는 연장·야간·휴일근로의 범위와 보상휴가를 부여하는 기간 등에 대하여도 노사가 서면합의로 정할 수 있다고 보아야 할 것이므로, 사용자가 근로자대표와의 서면합의에 의하여 1년간의 연장근로·야간근로 및 휴일근로시간을 계산하여 다음 연도에 1년간 휴가를 사용하게 하고, 미사용한 휴가에 대하여 그 다음 연도 첫 번째 달의 임금정기지급일에 금전으로 보상하기로 합의한다 하더라도 이를 반드시 위법한 것은 아니다(근로기준과-779, 2005.2.14).

따라서 보상휴가 적용대상을 연장·야간·휴일근로 전부로 할 수도 있고, 연장·야간·휴일근로 가산시간만 할 수도 있다(상기 사례 참조). 또한 보상휴가의 사용기간은 근로자대표와의 합의로 정하는 것으로 서면합의에 따라 정할 수 있다.

④ 보상휴가에 휴가사용촉진을 적용할 수 있는지?

휴가사용촉진 제도는 연차휴가에만 해당하는 것이므로 보상휴가를 연차휴가사용촉진(근로기준법 제61조) 제도를 적용할 수 없다.

⑤ 보상휴가제 도입을 위한 근로자대표와의 서면합의 예시는?

고용노동부 유연근로시간제 가이드, 2019.8

주식회사 ○○ 대표이사 _____와 근로자대표 _____는 근로기준법 제57조에 따른 보상휴가에 대하여 다음과 같이 합의한다.

제1조 보상휴가의 기준이 되는 연장·야간·휴일근로의 기준일은 매월 1일부터 말일까지로 하고 보상휴가는 익월에 실시함을 원칙으로 하되, 그 시기는 근로자의 자유의사에 따른다. 단, 근로자가 지정한 시기가 사업운영에 막대한 지장을 줄 경우 사용자는 그 시기를 변경할 수 있다.

제2조 가산수당 외에 모든 연장·야간·휴일근로분에 대해서도 적용함을 원칙으로 하고, 개별근로자가 명시적으로 청구하는 경우 휴가 대신 임금으로 지급할 수 있다.

제3조 만약 근로자가 익월에 보상휴가를 일부라도 사용치 않을 경우에는 미사용 분에 대해 금전보상을 실시해야 한다.

제4조 이 합의서의 유효기간은 ○○○○년 ○월 ○일부터 1년간으로 한다.

20○○. . .

주식회사 ○○ 대표이사　　　(인)　　　　근로자대표　　　(인)

10 휴게시간

휴게시간이란 근로시간 도중에 현실로 작업에 종사하지 않고, 사용자의 지휘·감독에서 해방되어 근로자가 실질적으로 자유로이 이용할 수 있는 시간을 의미한다(대법원 2006다41990, 2006.11.23).

근로기준법 제54조에서는 "사용자는 근로시간이 4시간인 경우에는 30분 이상, 8시간인 경우에는 1시간 이상의 휴게시간을 근로시간 도중에 주어야 하며, 휴게시간은 근로자가 자유롭게 이용할 수 있다"고 명시하고 있다.

① 대기시간은 근로시간인가 휴게시간인가?

휴게시간은 사용자의 지휘감독으로부터 이탈되는 시간으로 작업상의 사정으로 대기하는 대기시간과는 다르다. 즉 대기시간은 원칙적으로는 휴게시간이 아닌 근로시간으로 보아야 하지만 "대기시간과 근무시간의 구분이 명백하고, 근로자가 사전에 대기시간을 알고 있으며, 그 대기시간 중에는 사업장 밖으로 나갈 수는 없지만 사용자의 지휘·감독을 벗어나 자유로이 이용할 수 있다면 이는 휴게시간으로 인정할 수 있다고 판단된다(근기68207-3298, 2000.10.25)"고 하는 등 대기시간의 실질적인 성격에 따라 달리 판단할 수 있다.

> **사례: 휴식시간이나 수면시간이 근로시간인지 여부**
>
> 근로계약에서 정한 휴식시간이나 수면시간이 근로시간에 속하는지 휴게시간에 속하는지는 특정 업종이나 업무의 종류에 따라 일률적으로 판단할 것이 아니다. 이는 근로계약의 내용이나 해당 사업장에 적용되는 취업규칙과 단체협약의 규정, 근로자가 제공하는 업무의 내용과 해당 사업장에서의 구체적 업무 방식, 휴게 중인 근로자에 대한 사용자의 간섭이나 감독 여부, 자유롭게 이용할 수 있는 휴게 장소의 구비 여부, 그 밖에 근로자의 실질적 휴식을 방해하거나 사용자의 지휘·감독을 인정할 만한 사정이 있는지와 그 정도 등 여러 사정을 종합하여 개별 사안에 따라 구체적으로 판단하여야 한다(대법원 2014다74254, 2017.12.5).

② 휴게시간은 일괄적으로 부여해야 하는지?

휴게시간은 적절한 휴게를 부여함으로써 근로자의 건강보호·작업능률의 증진 및 재해방지에 그 목적이 있으므로, 4시간 근로에 30분 또는 8시간 근로에 1시간씩 부여하는 휴게시간을 원칙적으로는 일시적으로 부여하여야 하지만 작업의 성질 또는 사업장의 근로조건 등에 비추어 사회통념상 필요하고도 타당성이 있다고 일반적으로 인정되는 범위 내에서 휴게제도 본래의 목적에 어긋나지 않는 한 휴게시간을 분할하여 주어도 무방하다(근기 01254-884, 1992.6.25).

③ 휴게시간의 부여 시점은?

휴게시간은 시업시각과 종업시각 중간에 부여하여야 한다.
근로계약에서 정한 휴식시간이나 수면시간이 근로시간에 속하는지 휴게시간에 속하는지는 특정 업종이나 업무의 종류에 따라 일률적으로 판단할 것이 아니다. 이는 근로계약의 내용이나 해당 사업장에 적용되는 취업규칙과 단체협약의 규정, 근로자가 제공하는 업무의 내용과 해당 사업장에서의 구체적 업무 방식, 휴게 중인 근로자에 대한 사용자의 간섭이나 감독 여부, 자유롭게 이용할 수 있는 휴게 장소의 구비 여부, 그 밖에 근로자의 실질적 휴식을 방해하거나 사용자의 지휘·감독을 인정할 만한 사정이 있는지와 그 정도 등 여러 사정을 종합하여 개별 사안에 따라 구체적으로 판단하여야 한다(대법원 2014다74254, 2017.12.5).

11
감시적·단속적 근로

통상적인 업무와 달리 취급할 필요가 있는 특성을 가진 업무에 대하여 근로시간의 적용에 있어서 예외를 인정하고 있다. 여기에 해당하는 대표적인 업무가 감시적 업무와 단속적 업무이고, 해당 업무에 종사하는 근로자는 근로시간과 관련하여 일부 규정의 예외를 적용하고 있다.

근로기준법 제63조에 따르면 토지경작·식물재배 등 농림사업, 동물사육·양식·축산·양잠사업, 감시 또는 단속적 근로에 종사하는 자는 근로시간, 휴게와 휴일에 관한 규정을 적용하지 않는다고 하였다.

① 감시적 근로자와 단속적 근로자는 어떤 근로자를 말하는 것인지?

감시적 근로에 종사하는 자는 감시업무를 주 업무로 하며 상태적으로 정신적·육체적 피로가 적은 업무에 종사하는 자로 한다. 또한, 단속적으로 근로에 종사하는 자는 근로가 간헐적·단속적으로 이루어져 휴게시간이나 대기시간이 많은 업무에 종사하는 자로 한다(근로기준법 시행규칙 제10조 제2항 및 제3항).

예컨대 감시적 근로자의 업무는 아파트나 건물의 경비원, 보안요원 등이 해당되고, 단속적 근로자의 업무는 수리기사나 전기기사 등 간헐적으로 노동이 이뤄져 휴게시간이나 대기시간이 많은 업무가 해당된다.

> **사례: 아파트 주차관리가 경비업무와 독립된 업무라고 보기 어렵고 주차관리 업무수행이 겸직에 해당한다고 보기 어렵다**
> **(수원고법 2020누12571, 2021.5.14)**
>
> ○ 지하주차장이 없고, 주차면수 420대 대비 등록차량 700대가 넘어 이중주차 불가피한 아파트에서, 경비원들은 매일 밤 불법주차 확인 및 경비일지 기재, 오전 출근시간대 이중주차 차량밀기·출차유도, 오후 퇴근시간대 진입 차량 주차유도 등을 수행
> ○ 경비업무는 경비 대상 시설의 도난·화재 그 밖의 혼잡 등으로 인한 위험 발생을 방지하는 업무라는 점을 고려하면, 출근시간대 차량밀기 등 출차유도 및 퇴근 시간대 주차유도 등이 본래 경비업무와 독립된 업무라고 보기 어렵고, 취업규칙에 규정된 경비반의 업무인 "출입자의 통제 및 관찰, 내외의 경비업무, 내방객의 안내, 담당 동 주민의 편의제공을 위한 제반 업무"로서 감시적 업무의 일환으로 보임

○ 또한 근무시간의 일부분만 주차 업무에 할애하고, 근무시간 중 대부분을 차지하는 본래의 감시업무에 부수하여 이루어진 것이므로 다른 업무를 규칙적으로 장시간 수행하였거나 겸직한 경우에 해당한다고 평가하기 어려움

사례: 발전소 경비업무의 경우 심신의 피로가 적은 감시적 근로에 해당하지 않는다
  (대구지방법원 2018구합25044, 2019. 8. 29)

○ "감독관 집무규정"이 심신의 피로가 적은 경우를 감시적 근로자로 규정한 것은 일반적으로 감시적 업무를 수행하나 고도의 긴장이 요구되지는 않고, 업무 수행 중 휴식을 용이하게 취할 수 있으며, 심신의 피로가 적기 때문임. 한편 '감시를 소홀히 할 수 없는 고도의 정신적 긴장이 요구되는 경우는 제외'로 규정한 것은 감시를 통해 보호하려는 객체, 감시업무의 형태·강도, 휴식 시간과 감시업무의 시간 비율 등에 따라 심신의 피로가 적지 않은 경우에는 승인 대상에서 배제하려는 것임

○ 이 사건 근로자들은 약 2시간 간격으로 짧게 60m, 길게 330m 거리를 지속적으로 옮겨 감시하므로 휴식을 취하기 쉽지 않고, 순찰 및 감시활동을 주된 활동으로 하면서도 출입인원, 차량통제, 물품반출·입 통제 등의 업무를 수행하며, 근무시간 중 상당 부분을 입초 방식으로 근무하면서 특히 외부방문객 출입시 방문 목적, 출입지역, 방문대상자 확인, 시스템 입력, 신분증 확인, 출입증 교부 등의 절차를 수행하고, 1일 평균 출입인원 및 출입차량도 평일 106명이 155회, 주말 50명이 76회, 차량은 평일 41대가 56회, 주말 16대가 24회 출입하는 등 상당한 육체적 피로 동반

○ 모니터링 업무 시 출입자 현황 등을 전산 입력하는 업무를 함께 수행해야 하고, 경보가 울리는 경우에는 CCTV를 통해 확인하거나 현장에 출동해야 하므로 고도의 정신적 긴장이 요구되는 업무에 해당하여, 감시적 승인처분을 취소함

② 감시업무와 단속업무에 종사하기만 하면 감시적 근로자와 단속적 근로자로 인정되는 것인지?

감시 또는 단속적으로 근로에 종사하는 자로서 사용자가 고용노동부장관의 승인을 받은 자이어야 한다(근로기준법 제63조 3호). 감시적 근로자와 단속적 근로자 승인 요건 및 절차는 다음과 같다.

ⅰ) 감시 또는 단속적 근로자 근로시간 등의 적용제외 승인 신청서 제출(근로기준법 시행규칙 제10조 제1항)

ⅱ) 요건 충족 여부를 확인

- 감시적 근로에 종사하는 자에 대한 적용제외 승인요건(근로감독관 집무규정 제68조 제1항)

1. 수위·경비원·물품감시원 또는 계수기감시원 등과 같이 심신의 피로가 적은 노무에 종사하는 경우. 다만, 감시적 업무이기는 하나 잠시도 감시를 소홀히 할 수 없는 고도의 정신적 긴장이 요구되는 경우는 제외한다.
2. 감시적인 업무가 본래의 업무이나 불규칙적으로 단시간동안 타 업무를 수행하는 경우. 다만, 감시적 업무라도 타 업무를 반복하여 수행하거나 겸직하는 경우는 제외한다.
3. 사업주의 지배하에 있는 1일 근로시간이 12시간 이내인 경우 또는 다음 각 목의 어느 하나에 해당하는 격일제(24시간 교대) 근무의 경우
    가. 수면시간 또는 근로자가 자유로이 이용할 수 있는 휴게시간이 8시간 이상 확보되어 있는 경우
    나. 가목의 요건이 확보되지 아니하더라도 공동주택(「주택법 시행령」 제2조제1항 및 「건축법 시행령」 별표 1 제2호 가목부터 라목까지 규정하고 있는 아파트, 연립주택, 다세대주택, 기숙사) 경비원에 있어서는 당사자 간의 합의가 있고 다음 날 24시간의 휴무가 보장되어 있는 경우

4. 근로자가 자유로이 이용할 수 있으며 다음 각 목의 기준을 충족하는 별도의 수면시설 또는 휴게시설이 마련되어 있는 경우. 다만, 수면 또는 휴식을 취할 수 있는 충분한 공간과 시설이 마련되어 있는 경우에는 별도의 장소에 마련하지 않아도 적합한 것으로 본다.
   가. 적정한 실내 온도를 유지할 수 있는 냉·난방 시설을 갖출 것(여름 20~28℃, 겨울 18~22℃)
   나. 유해물질이나 수면 또는 휴식을 취하기 어려울 정도의 소음에 노출되지 않을 것
   다. 식수 등 최소한의 비품을 비치하고, 주기적인 청소 등을 통해 청결을 유지하며, 각종 물품을 보관하는 수납공간으로 사용하지 않을 것
   라. 야간에 수면 또는 휴게시간이 보장되어 있는 경우에는 몸을 눕혀 수면 또는 휴식을 취할 수 있는 충분한 공간과 침구 등 필요한 물품 등이 구비되어 있을 것
5. 근로자가 감시적 근로자로서 근로시간, 휴게, 휴일에 관한 규정의 적용이 제외된다는 것을 근로계약서 또는 확인서 등에 명시하고 근로자에게 다음 각 목의 근로조건을 보장하는 경우
   가. 휴게시간(수면시간을 포함한다. 이하 이 호에서 같다)이 근로시간 보다 짧을 것. 다만, 사업장의 특성상 불가피성이 인정되고 휴게시간에 사업장을 벗어나는 것이 허용되는 경우에는 예외로 한다.
   나. 휴게시간 보장을 위해 외부 알림판 부착, 소등 조치, 고객(입주민) 안내 등의 조치를 취할 것
   다. 월평균 4회 이상의 휴(무)일을 보장할 것

- 단속적 근로에 종사하는 자에 대한 적용제외 승인요건(근로감독관 집무규정 제68조 제2항)

1. 평소의 업무는 한가하지만 기계고장 수리 등 돌발적인 사고발생에 대비하여 간헐적·단속적으로 근로가 이루어져 휴게시간이나 대기시간이 많은 업무인 경우
2. 실근로시간이 8시간 이내이면서 전체 근무시간의 절반 이하인 업무의 경우. 다만, 격일제(24시간 교대) 근무인 경우에는 이에 대한 당사자 간 합의가 있고, 실근로시간이 전체 근무시간의 절반 이하이면서 다음 날 24시간의 휴무가 보장되어야 한다.
3. 근로자가 자유로이 이용할 수 있으며 다음 각 목의 기준을 충족하는 별도의 수면시설 또는 휴게시설이 마련되어 있는 경우. 다만, 수면 또는 휴식을 취할 수 있는 충분한 공간과 시설이 마련되어 있는 경우에는 별도의 장소에 마련하지 않아도 적합한 것으로 본다.
   가. 적정한 실내 온도를 유지할 수 있는 냉·난방 시설을 갖출 것(여름 20~28℃, 겨울 18~22℃)
   나. 유해물질이나 수면 또는 휴식을 취하기 어려울 정도의 소음에 노출되지 않을 것
   다. 식수 등 최소한의 비품을 비치하고, 주기적인 청소 등을 통해 청결을 유지하며, 각종 물품을 보관하는 수납공간으로 사용하지 않을 것
   라. 야간에 수면 또는 휴게시간이 보장되어 있는 경우에는 몸을 눕혀 수면 또는 휴식을 취할 수 있는 충분한 공간과 침구 등 필요한 물품 등이 구비되어 있을 것
4. 근로자가 단속적 근로자로서 근로시간, 휴게, 휴일에 관한 규정의 적용이 제외된다는 것을 근로계약서 또는 확인서 등에 명시하고 근로자에게 다음 각 목의 근로조건을 보장하는 경우

가. 휴게시간(수면시간을 포함한다. 이하 이 호에서 같다)이 근로시간 보다 짧을 것. 다만, 사업장의 특성상 불가피성이 인정되고 휴게시간에 사업장을 벗어나는 것이 허용되는 경우에는 예외로 한다.
나. 휴게시간 보장을 위해 외부 알림판 부착, 소등 조치, 고객(입주민) 안내 등의 조치를 취할 것
다. 월평균 4회 이상의 휴(무)일을 보장할 것

사례: 양수발전소의 경비업무를 맡고 있는 근로자의 감시적 근로자 적용 여부 (대구지법 2018구합25044, 2019.8.29)

근로자들은 경비용역업 등을 영위하는 근로자로서, 양수발전소의 경비업무를 맡고 있다. 회사는 근로자들에 대하여 감시적 근로종사자 적용 제외 승인신청을 하였다. 관할 노동청은 회사에게 근로자들에 대한 감시적 근로종사자 적용 제외 승인처분을 하였으나 근로자들은 양수발전소의 경비업무가 정신적·육체적 피로가 적지 않은 노무에 종사하거나 고도의 정신적 긴장이 요구되는 업무를 수행하였다고 봄이 상당하므로, '감시적 근로종사자 적용 제외 승인'의 대상에 해당하지 않는다.

ⅰ) 근로자들은 지정된 곳에서 일일 감시업무를 지속적으로 수행하는 것이 아니라, 감시장소를 지속적으로 옮겨 감시업무를 수행한다.
ⅱ) 이 발전소는 국가중요시설로서 근로자들은 발전소의 순찰 및 감시활동, 출입인원 및 차량의 통제, 물품반출입 통제 등의 업무를 수행한다. 이 발전소에는 많은 인원과 차량이 출입하므로, 근로자들이 반복적으로 수행해야 하는 입초 근무는 상당한 육체적 피로를 동반할 것으로 보인다.
ⅲ) 근로자들은 수십 개의 CCTV 화면이 나오는 모니터를 감시하여야 하고, 출입자 현황 등을 전산 입력해야 하므로, 고도의 정신적 긴장이 요구되는 업무를 수행한다.
ⅳ) 고용노동청은 유사한 방식으로 근무하는 항만 경비근로자, 천연가스발전소 경비근로자들에 대하여 감시적 근로종사자 적용 제외 승인처분을 취소

한 바 있다.
ⅴ) 국가중요시설인 발전소에 대하여 경비업무를 하는 특수경비원들은 일반 경비원들보다 강화된 경비업무를 담당하여야 한다고 규정하고 있다. 근로자들은 매 시간마다 감시지역을 이동하면서 긴장감을 계속 유지하고 근무할 임무가 있고, 가스분사기 등으로 무장하고 비상사태에 대비하여야 하는 등 일반적인 경비업무와 달리 고도의 정신적 긴장이 요구되고 육체적 피로가 수반되는 업무를 수행하였다.

사례: 출입국관리사무소 외국인보호실 경비원의 감시적 근로자 적용 여부 (근로기준정책과-1199, 2015.3.30)

출입국관리사무소 외국인보호실 경비원의 근무규칙 등에 의하면 경비원의 직무범위는 청사 및 시설 경비 외에 보호외국인의 계호 및 안전사고 예방, 도주방지, 배식·진료·청소 등의 활동 등을 수행하고 있는 것으로 보이는 바, 보호외국인의 계호 및 안전사고 예방, 도주방지 등은 출입국관리법 위반자의 수용 및 강제퇴거 등을 지원하는 업무로서 감시를 소홀히 할 수 없는 고도의 정신적 긴장이 요구되는 업무로 보여지고, 보호외국인의 배식·진료·청소 등의 활동은 감시적 업무에 해당되지 않으면서 주기적·반복적인 업무수행이 있을 것으로 예상된다.

그러므로 출입국관리사무소 외국인보호실 경비원의 감시적 근로 적용제외 여부는 위에 제시된 판단기준을 참고하여 당해 근로자의 구체적인 업무종류 및 근로형태 등을 종합적으로 검토하여 관련 규정에 정한 승인기준에 부합하는지를 판단하여야 한다.

③ 임원운전기사의 단속적 근로자 승인 신청 요건은?

근로감독관 집무규정에 의거 임원운전기사가 단속적 근로자로 승인되기 위해서는 다음과 같은 요건을 충족하여야 한다(한국경영자총협회 근로시간 단축 가이드북 2018.6).

ⅰ) 고유업무(운전)에 비해 대기시간이 길어야 한다.

ⅱ) 실근로시간이 8시간 이내이면서 전체 근로시간의 절반 이하여야 한다. 따라서, 운전시간이 근무시간의 1/2 이하이고, 대기시간이 1/2 이상이 되어야 하므로 운행일지 등을 통해 확인이 필요하며, 근로시간은 일정 기간(주 또는 월 등)의 평균의 개념으로 산정한다.

ⅲ) 대기시간에 근로자가 자유롭고 이용 가능한 휴게시설을 확보해야 한다. 운전기사 개개인의 독립공간이 요구되는 것은 아니고, 전체 인원을 수용할 수 있는 수면·휴게시설이어야 한다.

ⅳ) 관할 노동청의 요구자료

- 실근로시간을 확인할 수 있는 운행일지
- 수면·휴게시설 현황자료(사진)
- 승인대상 근로자들의 감단승인 동의서
- 승인대상 근로자들의 근로계약서 및 급여명세서
- 취업규칙 등

④ 감시적 근로자 및 단속적 근로자로 승인된 경우의 효과는?

근로시간, 휴게와 휴일에 관한 규정은 적용하지 아니한다(근로기준법 제63조). 즉, 법정근로시간(1일 8시간, 1주 40시간) 및 연장근로시간(1주 12시간)을 초과하여 근로할 수 있으며, 주휴일·연장근로가산수당·휴일근로가산수당·휴게시간을 부여하지 않아도 된다. 다만, 야간근로가산수당은 지급하여야 하고, 연차휴가도 부여하여야 한다.

⑤ 통상근로자에게 적용되는 취업규칙상 휴일규정이 감시적 근로자와 단속적 근로자에게도 적용될 수 있는지?

통상의 근로자에게 적용되는 회사의 취업규칙에서 휴일에 관하여 규정(약정휴일을 포함)하고 있는 경우라도 당해 감시·단속적 근로자에게도 취업규칙상의 휴일규정이 적용된다고 볼 수 있는 특별한 사정이 없는 한, 취업규칙의 휴일규정이 당연히 적용된다고 보기는 어렵다. 다만, 근로기준법은 최소한의 근로조건을 정하고 있으므로 감시·단속적 근로자에 대해서도 당사자가 휴일을 부여하기로 약정하였다면 그 약정에 따라야 할 것이다(근기 68207-2900, 2002.9.10).

⑥ 감시적 근로자와 단속적 근로자에 대해 업무의 종류, 근로조건, 근로형태 등이 승인 당시의 요건과 동일하지만 근로자가 변경되었을 경우 승인 효력이 유효한지?

감시 또는 단속적 근로에 종사하는 자에 대한 근로시간 등의 적용제외 승인은 근로형태에 따른 근로자수를 대상으로 하고 있으므로 승인 당시의 근로형태 및 업무성질, 근로자수가 변경되지 않는 한 동 승인의 효력은 계속 유효하나, 종전에 승인받은 근로자수보다 동일 업무에 종사하는 근로자수가 증가되었다면 증가된 근로자에 대하여는 별도로 노동위원회의 승인을 받아야 한다(근기 68207-1269, 1996.9.23). 그러나 근무자는 동일하더라도 승인 받은 근로시간과 현재 실근로시간이 달라서 결과적으로 감시·단속적 근로형태가 아닌 근로형태로 변경되었거나, 당사자 합의가 불필요한 1일 12시간 이하 교대제에서 당사자 간 합의가 요구되는 24시간 격일제로 전환되는 경우 등 승인요건에 미달하게 된 경우에는 기존 승인의 효력이 상실되므로 요건을 갖추어 재승인을 받아야 한다(근로기준과-1445, 2005.3.10).

V

휴일 및 휴가

1
휴일과 휴일근로

휴일은 원래부터 근로의 의무가 없는 날이다. 원래는 근로의 의무가 있지만 근로의 의무가 면제되는 휴가와는 구분된다. 또한 '소정근로일이 아닌 날' 중에서 '휴일이 아닌 날'을 휴무일이라 한다(예를 들어 교대제 근로에서 비번일 중 주휴일 1일을 제외한 날이 휴무일에 해당한다).

휴일은 크게 법정휴일과 약정휴일로 구분되는데, 주휴일과 근로자의 날이 법정휴일에 해당하고, 단체협약 및 취업규칙에 의하여 정한 휴일이 약정휴일이다. 일반적인 주 5일 근무 사업장에서는 토요일 및 일요일 그리고 공휴일은 당연한 휴일로 인식하고 있는데, 주휴일과 근로자의 날을 제외하고는 반드시 휴일이어야 할 의무는 없으며 실제로 업종별·사업특성별·인력규모별로 다양하게 운영되고 있다.

우리가 일반적인 휴일로 생각하는 일명 '빨간 날'인 공휴일은 "관공서의 공휴일에 관한 규정"에 의해 휴일로 정한 날로서 근로의무가 면제되는 휴일로 당연히 지정되는 것은 아니고, 공휴일을 휴일로 할 것인지 여부는 단체협약 및 취업규칙에 따라 정할 수 있다. 그래서 공휴일에도 근로의무를 부여하거나 연차휴가를 대체하여 공휴일을 휴일로 지정하기도 하였다.

휴일근로란 글자 그대로 휴일에 하는 근로를 의미한다. 따라서 휴일이 어떤 날인지 정하는 것이 중요한데, 앞서 설명한 바와 같이 단체협약 및 취업규칙에 특별한 약정이 없다면 법정휴일인 근로자의 날과 주휴일만 휴일이 되는 것이고, 법정휴일에 근무를 하게 되면 휴일근로로서 가산임금을 지급하여야 한다.

① 휴일과 관련하여 근로기준법 개정(2018.3) 내용은?

앞서 설명한 바와 같이 공휴일은 근로의무가 면제되는 휴일로 당연히 지정되는 것은 아니었고, 단체협약 및 취업규칙에 휴일로 지정되어 있지 않으면 공휴일에도 근로의무를 부여하거나 연차휴가를 대체하여 공휴일을 휴일로 지정하기도 하였다.

그러나 2018년 3월 20일 개정된 근로기준법 제55조 제2항에 따르면 공휴일을 유급으로 보장해야 하며 그 시행일은 다음과 같다.

구분	시행일
300명 이상의 근로자를 사용하는 사업·사업장 및 공공기관 등	2020년 1월 1일
30명 이상 300명 미만의 근로자를 사용하는 사업·사업장	2021년 1월 1일
상시 5인 이상 30명 미만의 근로자를 사용하는 사업·사업장	2022년 1월 1일

② 유급휴일과 주휴일이 중복되는 경우 어떻게 처리해야 하는지?

유급휴일과 주휴일이 중복될 경우 취업규칙 또는 단체협약 등에 별도의 정함이 없는 한 근로자에게 유리한 하나의 휴일만 인정하면 되며(근로기준과-4267, 2005.8.17), 휴일과 휴일이 겹치는 경우 반드시 2일분의 임금을 지급할 책임이 있는 것은 아니다. 다만, 유급휴일과 무급휴무일(토요일 등)과 중복되는 경우 월급제 근로자는 소정의 월급금액을 지급하면 될 것이나, 시급제 근로자는 1일의 유급휴일을 추가로 부여해야 한다.

③ 휴일의 사전대체란?

휴일의 사전대체란 당초 정해진 휴일에 근로를 제공하면 다른 소정근로일에 휴일을 부여하기로 사전에 약정하는 제도를 의미한다.

단체협약 등에서 특정된 휴일을 근로일로 하고 대신 통상의 근로일을 휴일로 교체할 수 있도록 하는 규정을 두거나 그렇지 않더라도 근로자의 동의를 얻은 경우, 미리 근로자에게 교체할 휴일을 특정하여 고지하면, 다른 특별한 사정이 없는 한 이는 적법한 휴일대체가 되어, 원래의 휴일은 통상의 근로일이 되고 그 날의 근로는 휴일근로가 아닌 통상근로가 되므로 사용자는 근로자에게 휴일근로수당을 지급할 의무를 지지 않는다고 할 것이다(대법원 99다7367, 2000.9.22.). 즉 적법한 휴일의 사전대체를 위해서는 미리 취업규칙 또는 단체협약에 해당 규정이 있거나 근로자의 동의가 있어야 하며(근기 01254-9675, 1990.7.10.), 적법한 휴일의 사전대체가 되면 원래의 휴일은 통상의 근로일이 되고, 대체된 근로일은 휴일이 된다.

휴일의 사전대체는 주휴일의 사전대체와 공휴일의 사전대체로 나누어 볼 수 있다.

먼저 주휴일의 사전대체는 주휴일에 근무하고 다른 날을 주휴일로 대체하는 것으로서, 주휴일은 1주일에 평균 1일 이상을 부여하면 되는 것(근로기준법 제55조 제1항)이므로, 대체 주휴일은 다음 주휴일 이전에 부여하면 되고, 근무하는 주휴일 이전에 부여할 수도 있다.

공휴일은 관공서의 공휴일에 관한 규정에 의한 휴일로서 공휴일의 대체는 공휴일에 근무하고 다른 소정근로일에 휴일을 부여하는 것이다.

주휴일의 사전대체와 공휴일의 사전대체는 앞서 판례에서 살펴본 바와 같이 사용자가 원래의 휴일에 대하여 휴일근로 가산수당 지급 의무가 없다. 다만, 연장근로는 조금 성격이 다른데, 연장근로의 경우 주 40시간을 초과하는 경우에 가산수당 지급대상이 되므로 공휴일의 사전대체는 공휴일에 8시간 이하로 근무하는 경우 주 40시간을 초과하지 않는다면 연장근로에 해당하지 않지만, 주휴일 사전대체의 경우 소정근무일(예를 들어, 월요일~금요일)에 이미 40시간 근무를 한 상태에서 주휴일인 일요일에 근무를 하였다면 일요일에 한 근무는 연장근로가 된다. 연장근로의 해당 여부는 실근로시간이 주 40시간을 넘는지 여부에 따라 판단하기 때문이다. 더불어 사전대체 여부에 관계없이 주당 근무시간 한도(52시간)를 초과할 수 없음은 동일하다.

④ 휴일의 사후대휴란?

휴일을 근무한 경우 휴일근무수당을 지급하지 않고, 추후에 휴가로 지급하는 것을 휴일의 사후대휴라 한다. 휴일의 사후대휴는 근로자와의 서면합의에 따라 미리 정해야 하며, 서면합의가 있는 경우 휴일근무(연장근무 및 야간근무도 가능)를 휴가로 지급할 수 있다.

휴가로 지급하는 경우에도 가산임금에 따라 지급하여야 하므로 예를 들어 8시간 휴일근무를 대휴처리 한다면 12시간에 해당하는 휴가로 지급하여야 한다. 만일 8시간 휴일근무의 대휴로 1일(8시간)의 휴가만을 지급한다면 통상시급의 50%에 해당하는 금원을 지급할 의무가 있다.

단체협약상 공휴일에 근로한 것에 대해 휴일근로수당으로서 통상임금의 150% 지급할 의무가 있지만 공휴일에 대신하여 대휴로서 통상의 근로일에 휴무하였으므로 통상임금의 100%에 해당하는 금원은 공제한 50%를 지급할 의무가 있다(서울중앙지법 2004가단273036, 2005.12.28).

2
주휴일

근로기준법 제55조에서는 1주의 소정근로일을 개근한 근로자에게 1일의 유급휴일을 부여하도록 하고 있는데 이를 '주휴일'이라고 한다. 주휴일은 반드시 일요일일 필요는 없으며, 단체협약이나 취업규칙에서 정하는 바에 따라 요일을 달리할 수 있다. 또한 교대 작업을 하는 경우에는 계속하여 24시간의 휴식을 주면 된다.

① 근로기준법에서 말하는 1주의 의미는?

연속한 7일을 의미하는 것으로 반드시 월력에 의한 일요일부터 토요일까지를 의미하는 것은 아니다. 따라서 산정단위가 되는 1주일의 기간 중 평균 1일 이상 주면 되므로 반드시 주휴일 간의 간격이 7일이 되어야 하는 것은 아니다.

다만, 근로자가 주휴일을 사전에 예측할 수 있도록 해야 할 것이며 근로자의 건강 등을 고려하여 가급적 규칙적으로 부여하는 것이 바람직하다(근기 68207-1540, 2001.5.12).

② 유급주휴일의 요건은 무엇인지?

근로기준법 시행령 제30조 제1항에서 유급주휴일은 1주 동안의 소정근로일의 개근한 자에게 주어야 한다고 규정하고 있다. 유급주휴일의 요건이 개근이므로 개근하지 못한 근로자라 하더라도 유급휴일을 부여받지 못할 뿐이지 사전에 약정된 휴일을 부여받을 수 있다. 다만, 무급휴일이 부여될 뿐이다.

판례도 소정근로일을 개근한 경우에 유급을 보장한다고 해석하여야 하므로 개근을 하지 못한 근로자에게도 1주에 1회 이상의 무급휴일을 부여해야 한다고 한다(대법원 2002두2857, 2004.6.25).

아래 ③~⑨의 '주휴일 부여'는 유급휴일의 부여가 가능한지 여부에 대한 설명이다.

③ 일용근로자에게도 주휴일을 부여하여야 하는지?

근로시간이 1일 단위로 체결되어 1주간의 소정근로일수를 산정할 수 없는 일용근로자에게는 원칙적으로 주휴일을 부여할 수 없으나, 일용근로자가 1주일간 소정근로일수를 개근하였고, 일용근로자의 임금에 주휴수당을 포함하기로 사전에 약정하지 않았다면 유급으로 주휴일을 부여하여야 한다(근기 68207-1854, 1993.8.24).

④ 단시간근로자에게도 주휴일을 부여하여야 하는지?

단시간근로자란 1주간의 소정 근로시간이 당해 사업장의 동종 업무에 종사하는 통상근로자의 1주간 소정근로시간에 비해 짧은 근로자를 말하며, 4주 동안을 평균하여 1주간의 소정근로시간이 15시간 미만인 근로자는 이른바 초단시간근로자라고 하여 근로기준법상의 휴일 및 연차유급휴가가 적용되지 않는다.

다만, 단시간근로자라고 하더라도 1주간 소정근로시간이 15시간 이상이며, 다음 주의 근로가 예정되어 있는 경우에는 주휴일을 부여하여야 하고(근로개선정책과-4640, 2011.11.21), 주휴일은 소정근로시간을 기준으로 부여하여야 한다(근로기준과-6465, 2004.11.30.). 예를 들어 일 4시간 주 5일 근무하는 단시간근로자의 주휴일은 4시간을 기준으로 부여해야 하며 매일 연장근무를 1시간씩 하였다 하더라도 마찬가지로 4시간을 기준으로 부여한다.

⑤ 단기근무자(아르바이트)에게도 주휴일을 부여하여야 하는지?

사용자는 근로자에게 1주에 평균 1회 이상의 유급휴일을 보장하도록 하고(근로기준법 제55조 제1항), 시행령에서는 1주 동안의 소정근로일을 개근한 자에게 주도록 규정(근로기준법시행령 제30조 제1항)하고 있으므로, 법령상 그 다음 주까지 근로관계가 유지되어야 한다는 내용은 없으며, 1주에 평균 1회 이상의 유급휴일을 보장한다는 규정은 최소한 1주 동안의 근로관계 존속을 전제로 한다고 봄이 타당하다. 따라서 1주간 근로관계가 존속되고 그 기간 동안의 소정근로일에 개근하였다면 1주를 초과한 날(8일째)의 근로가 예정되어 있지 않더라도 주휴수당 발생한다(임금근로시간과-1736, 2021.8.4.).

> **사례: 단기근무자의 주휴일 부여**
>
> ⅰ) 월요일~금요일까지 근로관계 유지(토요일에 퇴직)
> → 주휴일(수당) 미발생
> ⅱ) 월요일~일요일까지 근로관계 유지(그 다음 월요일에 퇴직)
> → 주휴일(수당) 발생
> ⅲ) 월요일~그 다음 월요일까지 근로관계 유지(그 다음 화요일에 퇴직)
> → 주휴일(수당) 발생
> ⅳ) 화요일 입사 그 다음 주 월요일 근무 후 퇴사(또는 화요일부터 그 다음 주 월요일까지 단기계약)
> → 주휴일(수당) 발생

⑥ 격일제근로자에게는 주휴일을 어떻게 부여하여야 하는지?

격일제로 근로하는 경우에도 주휴일을 부여하여야 한다(대법원 91다3642, 1991.8.13). 격일제근로가 연속근무를 2역일에 걸쳐 반복하여 근무하고, 전일의 근무를 전제로 다음 날에 휴무일이 주어지는 형태에 해당한다면 1근무일의 소정근로시간의 절반에 해당하는 시간을 주휴일로 부여하면 된다(근로개선정책과-1574, 2013.3.7).

사용자는 1주간 소정근로일을 개근한 근로자에게 평균 1회 이상의 주휴일을 주어야 하는 바, 격일제로 근로하는 경우에도 소정근로일을 개근하였다면 당연히 주휴일을 주어야 한다. 다만, 주휴일은 역일상 1일(근로형태상 부득이한 경우에는 연속되는 24시간)의 휴식을 주면 되는 것이므로 월 15일(또는 14일) 만근제의 격일제 형태로 근로한 경우에

1주간에 역일상 1일(또는 연속되는 24시간) 이상의 휴무일을 부여하고 그 휴무일 중 최소한 1일을 유급처리하는 경우라면 주휴일을 부여한 것으로 볼 수 있다(근기 68207-690, 2002.2.21).

⑦ 파업이나 태업 시에는 주휴일을 어떻게 부여하여야 하는지?

불법 파업이나 태업의 경우에는 결근에 해당하므로 주휴일은 당연히 발생하지 않는다. 정당한 파업이나 태업은 휴직과 같이 근로제공의 의무와 그에 따른 임금청구권의 권리가 정지되는 상태이므로 근로자는 유급휴일에 대한 임금(즉, 주휴일)을 청구할 수 없다(근기 68207-12090, 2003.9.24). 소정근로일수 전체 기간 동안 파업이나 태업을 한 경우에는 주휴일이 부여되지 않으나, 주중에 일부만 파업이나 태업을 한 경우에는 파업이나 태업기간을 제외한 나머지 소정근로일수에 대한 출근율에 따라 주휴일을 부여한다(근로기준과-603, 2010.8.23).

> **사례: 파업한 주의 주휴일 부여**
>
> 주(월~금) 40시간 일 8시간이 소정근로시간인 사업장에서 화요일과 수요일에 적법한 파업을 한 경우에 주휴일은 (24시간/40시간)×8시간=4.8시간이 된다.

⑧ 한 주 연속하여 연차휴가 사용 시, 주휴일은 발생하는지?

한 주에 걸쳐 연차휴가를 사용하여 해당 주에 출근하여 근로 제공한 날이 없다면 해당 주의 주휴수당은 발생하지 않는다(근로조건지도과-3102, 2008.8.8).

⑨ 사용자의 귀책사유로 휴업하는 휴업기간 중 주휴일 산정방식은?

사용자의 귀책사유로 휴업하는 휴업기간 중 유급휴일이 포함되었을 경우의 휴업수당은 해당 휴일을 포함하여 산정하여야 한다(근로조건지도과-1418, 2009.3.10).

> **사례: 휴업기간에 따른 주휴일 부여**
>
> ▲ 사업장의 근로현황: 주 40시간 시행 사업장으로 1주간 소정근로일은 월요일부터 금요일까지(주 5일)이며, 토요일은 약정유급휴일로 4시간분 통상임금을 지급하고 있고, 일요일이 주휴일임.
>
> ▲ 휴업현황
> - 근로자 '갑', 2009.1.14(수)~2009.1.22(목) (9일간)
> - 근로자 '을', 2009.1.14(수)~2009.1.19(월) (6일간)
> - 근로자 '병', 2009.1.12(월)~2009.1.16(금) 휴업실시(5일간)
>
> ▲ 주휴일부여
> - 근로자 '갑'의 경우, 휴업기간 중인 토요일(1.17)과 일요일(1.18)은 휴업수당을, 휴업종료 후의 일요일(1.25)은 주휴수당 지급
> - 근로자 '을'의 경우, 근로자 '갑'의 경우와 같이 휴업기간 중인 토요일과 일요일은 휴업수당을, 휴업종료 후의 일요일은 주휴수당 지급
> - 근로자 '병'의 경우, 1주간의 소정근로일 전부를 휴업하였으므로 토요일(1.17), 일요일(1.18) 휴업수당 지급

3 약정휴일

법정휴일 외에 단체협약 및 취업규칙을 통하여 노사가 임의로 정하는 휴일을 약정휴일이라 한다. 약정휴일의 부여 여부, 부여 조건, 유급 여부는 노사가 임의로 결정한다. 따라서 앞서 휴일에서 설명한 바와 같이 공휴일 또는 국경일이 반드시 당연히 약정휴일이 되는 것은 아니다.

① 대체공휴일은 약정휴일로 볼 수 있는지?

노사가 공휴일 중 일부를 약정휴일로 열거하지 않고, 공휴일을 포괄적으로 약정휴일로 정한 경우 대체공휴일은 약정휴일에 해당된다.

② 약정휴일은 반드시 유급휴일이어야 하는지?

근로기준법상 휴일은 법정휴일과 약정휴일로 구분되며, 법정휴일은 주휴일과 근로자의 날이 해당되고, 약정휴일은 노사 당사자 간 합의에 의해 정한 휴일로서 유급휴일과 무급휴일로 구분된다. 따라서 약정휴일로 정한 경우 그날에 대한 임금지급 여부 또한 단체협약이나 취업규칙 등에 정한 바에 따라야 할 것으로, 달리 볼 사정이 없는 한 "유급으로 한다"는 명문의 규정이 없는 한 당연히 유급으로 인정되는 것은 아니라고 본다(근로기준과-510, 2011.1.31).

③ 경조휴가의 경우 사용자가 휴가사용시기 변경권을 행사할 수 있는지?

경조휴가는 근로기준법에서 정한 연차 등의 휴가취지와는 달리 노사가 단체협약이나 취업규칙 등으로 경조일의 기념이나 경조사 참여를 보장하기 위해 해당 근로자에게 특정일 또는 특정기간에 유급으로 부여하는 휴가로서 사용자의 휴가시기 변경권 행사가 불가능하고 또한 그 기일이 경과하면 휴가 사용목적이 소멸되어 휴가청구권 또한 상실된다(근기 68207-1452, 1994.9.14).

4
연차휴가

연차휴가는 직전 1년간 일정한 출근율을 갖춘 근로자에게 정신적 육체적 휴식의 기회를 제공하기 위해 보장된 법정유급휴가이다.

근로기준법에서는 사용자는 1년간 소정근로일수의 80% 이상 출근한 근로자에게 15일의 유급휴가를 주어야 하며, 3년 이상 계속하여 근로한 근로자에게는 15일의 휴가에 최초 1년을 초과하는 계속근로 연수 매 2년에 대하여 1일을 가산한 유급휴가를 주어야 한다고 명시하고 있다. 또한 계속하여 근로한 기간이 1년 미만인 근로자 또는 80% 미만 출근한 근로자에게 1

개월 개근 시 1일의 연차유급휴가를 주도록 하고 있다(근로기준법 제60조).

또한, 근로자가 연차유급휴가를 사용하지 않으면 미사용분을 금전으로 보상해야 한다.

① 퇴직 시 해당 연도 소정근로일수의 80% 이상 출근한 경우 연차휴가를 부여하는지?

연차휴가의 발생요건은 연간 소정근로일수를 기준으로 그중에서 근로자가 근로를 제공한 날의 비율을 계산해서 부여 여부를 결정한다. 직전 연도에 소정근로일수의 80% 이상 근로를 제공하였으면 다음 연도에 연차휴가를 부여하는 것이다.

그런데, 입사일이 2020년 1월 1일인 근로자가 2022년 11월 30일에 퇴직하였다면 2022년의 소정근로일수의 80% 이상을 출근한 것이 된다. 하지만 연차휴가는 직전 연도(2021년)의 출근율을 따져서 2022년에 부여하는 것으로 2022년은 연중에 퇴직하였으므로, 2022년 출근에 대한 연차휴가는 발생하지 않는다.

② 연차휴가 출근율 산정에 있어서 소정근로일수 계산에서 제외되는 경우는 무엇인지?

법정휴일과 약정휴일은 소정근로일수에서 원천적으로 제외된다. 또한 사용자귀책으로 인한 휴업기간, 적법한 쟁의행위 기간, 약정 육아휴직 기간(개인사정에 의한 휴직) 및 업무 외 부상·질병으로 인한 휴직기간도 소정근로일수에서 제외된다(임금근로시간과-1736, 2021.8.4).

다만, 사용자귀책으로 인한 휴업기간, 적법한 쟁의행위 기간, 약정 육아휴직기간(개인사정에 의한 휴직) 및 업무 외 부상·질병으로 인한 휴직기간은 근로제공의무가 '정지'되는 날로서 현실적인 근로의 제공이 없으므로 원칙적으로 근로에 대한 대가를 부여할 의무가 없는 점 등을 종합적으로 고려할 때, 연간 소정근로일수에서 쟁의행위 등 기간이 차지하는 일수를 제외한 나머지 일수를 기준으로 근로자의 출근율을 산정하여 연차유급휴가 취득 요건의 충족 여부를 판단하되, 그 요건이 충족된 경우에는 본래 평상적인 근로관계에서 80%의 출근율을 충족할 경우 산출되었을 연차휴가일수에 대하여 '연간 소정근로일수에서 쟁의행위 등 기간이 차지하는 일수를 제외한 나머지 일수'를 '연간 소정근로일수'로 나눈 비율을 곱하여 산출된 연차휴가일수를 근로자에게 부여함이 합리적이다(이른바 비례삭감. 대법원 2011다4629, 2013.12.26, 임금근로시간정책팀-3228, 2007.10.25). 이 경우에도 해당 근로자의 출근일수가 연간 소정근로일수의 80%를 밑도는 경우에 한하여, 비례삭감으로 연차휴가일수를 부여함이 합리적이며, 연간 소정근로일수에서 근로제공 의무가 정지된 기간 동안의 소정근로일수를 제외하더라도 연간 소정근로일수 대비 80% 이상 출근한 경우에는 연차유급휴가 모두를 부여하여야 한다(대법원 2015다66052, 2019.2.14. 및 근로기준정책과-550, 2018.1.22).

> **사례: 연단위 연차휴가 부여**
>
> 연차휴가 15일인 근로자
> 연간 소정근로일수: 248일
> 연간 소정근로일수의 80%: 198.4일
> 실제 출근일이 199일인 경우 → 연차휴가 15일 부여
> 실제 출근일이 124일인 경우 → 연차휴가 7.5일 부여

또한, 근로기준법 제60조 제2항에서 규정하고 있는 속하여 근로한 기간이 1년 미만인 근로자 또는 1년간 80% 미만 출근한 근로자에게 1개월 개근 시 1일의 연차휴가의 경우, 연차휴가를 "일" 단위로 주어야 한다는 명문의 규정이 있는 것이 아니고, 실무상으로도 시간단위 연차사용이 활발하게 이뤄지고 있는 것이 현실이며, 근로제공의무 정지의 성질 및 효과는 제60조 제1항이나 제2항에서 동일하게 평가되어야 하므로, 연차휴가 비례적 산정 방법에 대한 대법원 법리는 제60조제1항 및 제2항 모두 동일하게 적용하는 것이 타당하다. 따라서, 월단위 연차휴가의 경우에도 다음과 같이 비례삭감에 따라 연차를 부여하면 된다(임금근로시간과-1736, 2021.8.4).

연차휴가일수(시간) = 1일(소정근로시간) × [월 실질 소정근로일수(월 소정근로일수 - 쟁의행위 등의 기간의 소정근로일수)] / 월 소정근로일수

> **사례: 월단위 연차휴가 부여**
>
> 월간 소정근로일수: 20일
> 월간 소정근로일수의 80%: 16일
> 실제 출근일이 17일인 경우 → 연차휴가 1일(8시간) 부여
> 실제 출근일이 10일인 경우 → 연차휴가 0.5일(4시간) 부여

③ 연차휴가 출근율 산정에 있어서 출근하지 않았으나 출근으로 간주하는 경우는 무엇인지?

근로기준법 제60조 제6항에 따르면 근로자가 업무상의 부상 또는 질병으로 휴업한 기간, 출산전후휴가·유산휴가·사산휴가 기간, 육아휴직 기간은 출근한 것으로 본다고 한다. 따라서 이 기간은 소정근로일수와 출근일수에 모두 포함하여 계산한다.

부당해고 기간도 마찬가지이다. 부당해고란 사용자의 귀책으로 인하여 출근을 할 수 없었고, 그 기간 동안 근로관계는 계속되고 있는 것(정상적으로 일을 계속하였더라면 받을 수 있었던 임금을 모두 지급받을 수 있음)이므로 소정근로일수와 출근일수에 모두 포함하여 계산하며 설령 부당해고 기간이 연간 총근로일수 전부를 차지하고 있는 경우에도 동일하다(대법원 2011다95519, 2014.3.13.).

또한, 위법한 직장폐쇄의 경우 사용자의 위법한 직장폐쇄로 인하여 근로자가 출근하지 못한 기간을 근로자에 대하여 불리하게 고려할 수는 없으므로 원칙적으로 그 기간은 연간 소정근로일수 및 출근일수에 모

두 산입되는 것으로 보는 것이 타당하다. 다만 위법한 직장폐쇄 중 근로자가 쟁의행위에 참가하였거나 쟁의행위 중 위법한 직장폐쇄가 이루어진 경우에 만일 위법한 직장폐쇄가 없었어도 해당 근로자가 쟁의행위에 참가하여 근로를 제공하지 않았을 것이 명백하다면, 이러한 쟁의행위가 적법한지 여부를 살펴 적법한 경우에는 그 기간을 연간 소정근로일수에서 제외하고, 위법한 경우에는 연간 소정근로일수에 포함시키되 결근한 것으로 처리하여야 할 것이다. 이처럼 위법한 직장폐쇄가 없었다고 하더라도 쟁의행위에 참가하여 근로를 제공하지 않았을 것임이 명백한지는 쟁의행위에 이른 경위 및 원인, 직장폐쇄 사유와의 관계, 해당 근로자의 쟁의행위에서의 지위 및 역할, 실제 이루어진 쟁의행위에 참가한 근로자의 수 등 제반 사정을 참작하여 신중하게 판단하여야 하고, 그 증명책임은 사용자에게 있다(대법원 2015다66052, 2019.2.14).

④ 정직, 직위해제 및 위법한 쟁의행위 기간은
연차휴가 산정에 어떤 영향을 주는지?

정직이나 직위해제와 같은 징계를 받은 근로자는 근로자의 신분은 유지가 되지만 근로의 제공을 할 수 없으므로, 소정근로일수에는 포함시키되 출근일수에는 포함하지 않는 것으로 취업규칙에 규정하더라도 근로자에게 불리한 것은 아니다(대법원 2008다41666, 2008.10.9). 즉, 근로자의 귀책으로 근로의무가 면제되는 것이므로 결근으로 처리할 수 있다는 것이다.

〈②~④ 정리〉

연차휴가 요건 = '출근일/소정근로일수' 비율이 80% 이상

소정근로일수에서 제외	출근으로 간주	결근으로 처리
- 법정휴일 및 약정휴일 - 근로제공 의무 정지되는 날※ 　* 사용자귀책 휴업 기간 　* 적법한 쟁의행위 기간(대법원 2011다4629) 　* 가족돌봄휴직 기간 　* 적법한 직장폐쇄 기간(대법원 2013도7896) 　* 노조전임 기간(대법원 2015다66052) 　* 업무외 질병으로 휴직한 기간 및 개인 사정에 의한 휴직 기간(대법원 임금근로시간과-1736)	- 업무상의 부상 또는 질병으로 휴업한 기간 - 출산전후휴가·유산휴가·사산휴가 기간 - 육아휴직 기간 - 연차휴가·생리휴가 기간 - 부당해고 기간(대법원 2011다95519) - 위법한 직장폐쇄 기간(대법원 2015다66052)	- 정당한 정직·직위해제 기간(대법원 2008다41666) - 적법한 직장폐쇄 기간 중 위법한 쟁의행위 참가 기간(대법원 2015다66052)

※ 근로제공 의무 정지되는 날이 있는 경우 연차휴가 부여일수 = 연차휴가일수×[(소정근로일수-근로제공의무 정지되는 날)/소정근로일수]. 단, 근로제공의무 정지되는 날이 소정근로일수의 20% 미만인 경우 연차휴가 전체 부여.

⑤ 계속근로기간이 1년 미만인 근로자의 연차휴가는?

사용자는 1년 미만인 근로자는 1개월 개근 시 1일의 연차휴가를 주어야 한다(근로기준법 제60제 제2항). 1개월 개근 시 주어지는 연차휴

가와 별도로 첫 1년간의 출근율이 80% 이상이면 15일의 연차휴가가 별도로 발생하게 된다.

다만, 계속 근로기간이 1년 미만인 기간 동안 월 단위로 발생한 연차휴가(최대 11일)는 해당근로자의 입사일로부터 1년 동안 사용하지 않으면 소멸된다. 이에 따라 근로자는 1년차에는 계속 근로기간이 1년 미만인 기간 동안 발생한 연차휴가를 사용하고, 2년차에는 최초 1년간 근로에 따라 발생한 연차휴가(최대 15일)만 사용할 수 있게 된다.

⑥ 계속근로기간이 정확히 1년인 경우 발생하는 연차휴가 일수는?

연차휴가를 사용할 권리 또는 연차휴가수당 청구권은 근로자가 전년도에 출근율을 충족하면서 근로를 제공하면 당연히 발생하는 것으로서, 연차휴가를 사용할 해당 연도가 아니라 그 전년도 1년간의 근로에 대한 대가에 해당한다. 근로기준법 제60조제1항이 규정한 유급 연차휴가는 1년간 80퍼센트 이상 출근한 근로자에게 부여되는 것으로, 근로자가 연차휴가에 관한 권리를 취득한 후 1년 이내에 연차휴가를 사용하지 아니하거나 1년이 지나기 전에 퇴직하는 등의 사유로 인하여 더 이상 연차휴가를 사용하지 못하게 될 경우에는 사용자에게 그 연차휴가일수에 상응하는 임금인 연차휴가수당을 청구할 수 있다. 다만 연차휴가를 사용할 권리는 다른 특별한 정함이 없는 한 그 전년도 1년간의 근로를 마친 다음 날 발생한다고 보아야 하므로, 그 전에 퇴직 등으로 근로관계가 종료한 경우에는 연차휴가를 사용할 권리에 대한 보상으로서의 연차휴가수당도 청구할 수 없다(대법원 2021다227100, 2021.10.14.). 즉, 계약기간이 정확히 1년인 기간제 근로계약을 체결하여 1년의 근로계약 기간이 만료됨과 동시에 근로계약관계가 더 이상 유지되지 아니하는 근로자에게는 매월 개근 시 부여 되는 최대 11일의 휴가만 부여될 뿐 전년도 출근율 80% 이상일 때 지급되는 15일은 적용되지 않는다. 이는 1년 단위 계약직 뿐 아니라 기간의 정함이 없는 근로자의 경우에도 정확히 연단위로 입사와 퇴사가 이루어진 경우(예를 들어, 2018.7.1.입사, 2022.6.30.퇴사) 전년도 출근율에 의한 연차휴가는 발생하지 않는다.

⑦ 출근율이 80% 미만인 근로자의 연차휴가는?

사용자는 80% 미만으로 출근한 근로자에게 1개월 개근 시 1일의 연차휴가를 주어야 한다(근로기준법 제60제 제2항). 직전 연도에 직위해제, 정직, 불법파업 등 해당 기간이 결근으로 판단되어 출근율 80%에 미달하는 근로자의 당해 연도 연차휴가는 1년 미만 근무자와 같이 1개월 개근마다 1일씩 부여된다. 이때 휴가발생은 전년도 개근월수에 따라 당해 연도에 발생하는 것으로, 당해 연도 개근월수에 따라 발생하는 것이 아님에 유의해야 한다(근로개선정책과-1113, 2013.2.14).

⑧ 출근율 산정 기산일은 입사일인지 회계연도 초일인지?

출근율 산정은 원칙적으로 입사일이 기준이나, 근로자의 수가 많은 기업은 입사일로 출근율을 관리하기가 매우 어렵기 때문에 일정한 기간을 정하여 출근율을 산정할 수 있다. 보통 일정한 기간이란 회계연도를 일컫는데, 회계연도 단위로 출근율을 산정한다고 하더라도 근로자에게 불이익이 없도록 하여야 한다.

회계연도를 기준으로 휴가를 계산할 경우 연도 중 입사자에게 불리하지 않게 휴가를 부여하려면, 입사한 지 1년이 되지 못한 근로자에 대하여도 다음 연도에 입사연도의 근속기간에 비례하여 유급휴가를 부여하고 이후 연도부터는 회계연도를 기준으로 연차유급휴가를 부여하면 된다. 다만, 퇴직시점에서 총 휴가일수가 근로자의 입사일을 기준으로 산정한 휴가일수에 미달하는 경우에는 그 미달하는 일수에 대하여 연차휴가수당으로 정산해야 한다(근기 68207-620, 2003.5.23).

사례: 회계연도 기준으로 연차휴가 부여

ⅰ) 2018년 9월 1일 입사자가 2022년 10월 31일에 퇴사한 경우
- 2019년 1월 1일 = 5일 발생(15일×4개월÷12개월)
- 2020년 1월 1일 = 15일 발생
- 2021년 1월 1일 = 15일 발생
- 2022년 1월 1일 = 16일 발생
- 2022년 10월 31일 = 11일 정산
→ 입사일 기준으로 산정하면 발생하는 연차휴가(15일+15일+16일+16일=62일)에 실제 발생한 연차휴가 51일의 차이 11일에 대한 추가 정산이 필요하다.

ii) 2018년 9월 1일 입사자가 2022년 7월 31일에 퇴사한 경우
- 2019년 1월 1일 = 5일 발생(15일×4개월÷12개월)
- 2020년 1월 1일 = 15일 발생
- 2021년 1월 1일 = 15일 발생
- 2022년 1월 1일 = 16일 발생
- 2022년 7월 31일 = -5일 정산
→ 입사일 기준으로 산정하면 발생하는 연차휴가(15일+15일+16일=46일)에 실제 발생한 연차휴가 51일의 차이 -5일에 대하여는 근로자에게 불이익 하지 않으므로 추가 정산이 불필요하지만, 정산과 관련한 내부규정이 있는 경우 -5일의 정산도 가능하다.

⑨ 격일제근로자에게 연차휴가 부여 방법은?

24시간 격일제근로자의 경우 근로시간은 휴게시간 없이 근로할 경우 24시간을 2로 나눈 12시간, 휴게시간이 4시간인 경우 24시간에서 4시간을 차감한 시간을 2로 나눈 10시간이라고 할 수 있다. 그러나 법정 소정근로시간의 한도가 1일 8시간인 바 연차휴가는 소정근로시간인 8시간을 기준으로 부여하면 되고, 미사용연차휴가보상금 또한 근로시간과 관계없이 통상임금의 8시간분이다.

다만, 격일제근로자가 '근로시간 등의 적용 제외 승인'을 얻은 경우, 이른바 감시단속적 근로자인 경우의 연차휴가는 통상 하루 근무일의 절반에 해당하는 근로시간분을 부여하여야 하고 미사용연차휴가보상금을 지급하는 경우에도 근무일의 절반에 해당하는 근로시간의 임금을 지급해야 한다(근로개선정책과-2445, 2014.4.22).

⑩ 단시간근로자는 연차휴가를 어떻게 부여하는지?

단시간근로자는 소정근로시간이 동일한 사업장에서 같은 종류의 업무에 종사하는 통상근로자의 근로시간보다 짧은 근로자이므로 통상근로자와 같이 일 단위로 부여하지 않고 시간 단위로 부여한다. 사용에 있어서도 시간 단위로 사용한다.

산정방식은 "통상근로자의 연차휴가일수×(단시간근로자의 소정근로시간÷통상근로자의 소정근로시간)×8시간"으로 계산한다. 통상의 근로자의 소정근로시간이 주40시간인 사업장에서 주20시간만 근무하는 단시간근로자가 있는 경우 해당 근로자의 연차휴가시간은 15일×(20시간÷40시간)×8시간=60시간이 된다.

만일 통상근로자가 1일 8시간이 소정근로시간인 사업장에서 1일 6시간이 소정근로시간인 단시간근로자가 매일 2시간씩 연장근무를 한다고 하더라도 연차휴가 계산에 관하여는 단시간근로자로 보아 계산하여야 한다(근로기준과-6465, 2004.11.30). 또한, 주당 근로시간이 15시간 미만인 이른바 '초단시간근로자'는 연차휴가가 적용되지 않는다(근로기준법 제18조 제3항).

⑪ 연차휴가 부여시기는?

사용자는 근로자가 청구하는 시기에 연차휴가를 부여하여야 한다. 다만, 근로자가 청구한 시기에 휴가를 주는 것이 사업 운영에 막대한 지장이 있는 경우에는 그 시기를 변경할 수 있다(근로기준법 제60조 제5항).

근로자가 연차휴가를 사용하기 위해서는 사용기간을 특정하여야 하는데, 근로자의 연차휴가 청구권은 근로기준법상의 요건을 충족하는 경우에 당연히 발생하는 것이라 하더라도 발생된 휴가권을 구체화하기 위해서는 근로자가 어떤 휴가를 언제부터 언제까지 사용할 것인지에 관하여 특정해야 하며, 이 같은 특정을 하지 아니한 경우 무단결근으로 처리할 수 있다. 다만, 근로자가 휴가사용 시기를 특정하여 청구한 경우에는 사용자의 승인 없이 연차휴가를 사용했다 하더라도 사용자가 시기변경권을 행사하지 않는 한 이를 당연히 결근 처리할 수는 없으며, 사용자가 시기변경권을 행사하려면 근로자가 청구한 시기에 유급휴가를 주는 것이 사업운영에 막대한 지장이 있어야 한다(근기 68207-1569, 2002.4.16).

사업운영에 막대한 지장이 있는지 여부는 휴가 청구자가 담당하는 업무의 성질, 작업의 바쁜 정도, 대행자의 배치난이도, 같은 시기에 휴가를 청구하는 자의 수 등을 고려하여 판단하되 사회통념상 합리성이 있어야 한다(근기 68207-2062, 2001.6.28).

⑫ 연차휴가와 미사용연차휴가보상금의 소멸시효는?

연차휴가는 발생 후 1년간 행사하지 아니하면 소멸된다. 다만 사용자의 귀책사유로 사용하지 못한 경우에는 그러하지 아니하다(근로기준법 제60조 제7항). 사용하지 못한 연차휴가는 1년간만 유효하나 1년이 지난 후에는 휴가를 사용할 수 있는 권리만 소멸할 뿐 미사용연차휴가보상금 청구권이 발생한다. 미사용연차휴가보상금의 성질은 임금이므로 3년간의 소멸시효가 적용된다.

⑬ 미사용연차휴가보상금은 어떻게 계산하여야 하는지?

미사용연차휴가는 1일분의 통상임금 또는 평균임금을 지급하여 보상한다. 일반적으로는 통상임금을 기준으로 지급된다. 계산방식은 "(월통상임금÷월소정근로시간)×일소정근로시간×미사용일수로 계산"되는데, 주 5일, 1일 8시간 주 40시간 근무하는 사업장이면 월소정근로시간은 209시간이고 일소정근로시간은 8시간인 경우가 대부분이다.

또한, 월통상임금은 취업규칙 등에서 규정한 바에 따라 결정되나, 별도의 규정이 없으면 휴가 청구권이 있는 마지막 달의 통상임금으로 지급해야 하고(근로개선정책과-4218, 2013.7.19), 미사용연차휴가보상금을 지급한 후에도 통상임금이 상승하여 차액이 발생할 경우 그 차액만큼 추가로 지급하여야 한다(근로개선정책과-3077, 2012.6.13).

⑭ 미사용연차휴가보상금 대신에 연차휴가를 이월하여 사용하게 할 수 있는지?

연차휴가 발생일로부터 1년간의 사용기한이 지나도 미사용연차휴가가 발생하면, 사용자는 미사용연차휴가에 대한 보상금을 지급하여야 한다. 다만, 미사용연차휴가보상금 발생 시 지급하지 않고, 미사용연차휴가를 일정 기간(예를 들어 차년도 1년간) 유예하여 사용하도록 하는 경우가 있는데 이러한 경우에는 개별근로자의 동의가 필요하다.

왜냐하면, 미사용연차휴가보상금은 임금채권이므로 과반수 노동조합이나 근로자 대표의 동의로는 처분을 결정할 수 없고, 개별근로자에게 처분권한이 있기 때문이다.

즉, 노사 당사자는 휴가 청구권이 소멸되는 미사용연차휴가에 대하여 금전보상 대신 이월하여 사용하도록 합의하는 것은 가능할 것이나, 근로자의 의사에 반해 사용자가 이를 강제할 수는 없으며, 미사용한 휴가일수에 대한 수당청구권은 휴가사용이 이월된 연차휴가의 휴가 청구권이 소멸된 직후의 임금지급일에 발생한다(근로기준정책과-3079, 2015.7.13).

5
연차휴가 사용촉진 제도

근로기준법에서는 연차휴가를 보장해 주고 있지만, 사용자가 근로자에게 연차휴가를 사용을 위해 법에서 정한 조치를 했는데도 근로자가 사용하지 않아 연차휴가가 소멸된 경우에는 미사용연차휴가에 대해서 보상할 의무가 없다고 하는데 이를 '연차휴가 사용촉진 제도'라 한다. 이는 연차휴가를 실제 사용하지 않고 금전보전의 수단으로 이용되고 있는 실태를 개선하고 휴가사용율을 제고하기 위하여 마련된 것으로서 근로기준법 제61조에 규정하고 있다.

> **근로기준법 제61조(연차 유급휴가의 사용촉진)**
> 사용자가 제60조 제1항·제2항 및 제4항에 따른 유급휴가(계속하여 근로한 기간이 1년 미만인 근로자의 제60조 제2항에 따른 유급휴가는 제외한다)의 사용을 촉진하기 위하여 다음 각 호의 조치를 하였음에도 불구하고 근로자가 휴가를 사용하지 아니하여 제60조 제7항 본문에 따라 소멸된 경우에는 사용자는 그 사용하지 아니한 휴가에 대하여 보상할 의무가 없고, 제60조 제7항 단서에 따른 사용자의 귀책사유에 해당하지 아니하는 것으로 본다.
> 1. 제60조 제7항 본문에 따른 기간이 끝나기 6개월 전을 기준으로 10일 이내에 사용자가 근로자별로 사용하지 아니한 휴가 일수를 알려주고, 근로자가 그 사용시기를 정하여 사용자에게 통보하도록 서면으로 촉구할 것
> 2. 제1호에 따른 촉구에도 불구하고 근로자가 촉구를 받은 때부터 10일 이내에 사용하지 아니한 휴가의 전부 또는 일부의 사용 시기를 정하여 사용자에게 통보하지 아니하면 제60조 제7항 본문에 따른 기간이 끝나기 2개월 전까지 사용자가 사용하지 아니한 휴가의 사용시기를 정하여 근로자에게 서면으로 통보할 것

연차휴가의 사용촉진 절차를 도식화하면 다음과 같다.

1.1 입사자 기준 연차휴가 사용촉진 절차		
〈1차촉진〉 (사용자→근로자) 연차휴가일수 고지 및 사용시기 지정·통보 요구	(근로자→사용자) 사용시기 지정·통보	〈2차촉진〉 (사용자→근로자) 근로자가 사용시기 미통보시 사용자가 사용시기 지정·통보
7.1~7.10 사이에 촉구 (6개월 전 기준 10일 이내 통지)	촉구일로부터 10일 이내	10.31까지 (2개월 전)

① **연차휴가 사용촉진을 위해 서면으로 촉구하도록 되어 있는데, 서면의 범위는?**

불명확한 조치로 인한 당사자 간의 분쟁을 방지하고자 연차휴가의 사용촉진은 '서면'으로 통보하도록 규정하고 있어, '서면'으로 통보해야 유효한 사용촉진이 된다. 여기서 서면이란 '일정한 내용을 적은 문서'를 의미하므로 문자메시지 등은 서면에 해당한다고 볼 수 없다. 다만, 이메일에 의한 통보의 경우에는 근로자가 이를 수신하여 내용을 알고 있다면 유효한 통보로 볼 수 있다(고용노동부 개정 근로기준법 설명자료, 2020.3).

원칙적으로는 관련 내용이 설명된 종이를 근로자에게 주어야 하나 회사의 문서처리 시스템이 시작부터 종료까지 전자결재 혹은 전자메일 방식일 때는 출력된 종이가 아니어도 무방하다는 것으로 필요한 내용이 근로자 개인별로 확실하게 전달되고 추후 전달 여부를 증빙할 수 있는 방법이어야 한다는 것이다.

따라서 서면통보의 취지에 비추어 보면 기존의 '종이문서', 이메일 및 전자문서로서 연차휴가 사용촉진이 가능하기 위해서는 회사가 전자결재 체계를 완비하여 전자문서로 모든 업무의 기안, 결제, 시행 과정이 이루어져 근로자 개인별로 명확하게 촉구 또는 통보되는 경우 인정된다(근로개선정책과-5353, 2011.12.19).

② **연차휴가 사용촉진을 사내공고 방식으로 하는 것도 가능한지?**

근로기준법 제61조에는 사용촉진을 '근로자별로' 하도록 규정하고 있으므로, 유효한 사용촉진 조치가 되려면 개별 근로자별로 하여야 한다. 따라서 사내공고 방식은 개별 근로자별 통보가 아니므로 유효한 공고라 할 수 없다(고용노동부 개정 근로기준법 설명자료, 2020.3).

③ 연차휴가 사용촉진은 반드시 2차에 걸쳐 진행하여야 하는지?

1차 사용촉진에서는 사용자가 근로자 개인별 연차휴가를 알려주고, 근로자가 사용시기를 지정하여 사용자에게 통보하도록 촉구하는 것이므로 만약 근로자가 1차 사용촉진을 받은 날로부터 10일 이내에 사용 시기를 정하여 사용자에게 통보한 경우라면 2차 촉진은 필요하지 않고, 1차 사용촉진에서 사용시기를 사용자에게 통보하지 않은 근로자에게 2차 사용촉진을 하면 된다(고용노동부 개정 근로기준법 설명자료, 2020.3).

④ 사용촉진에 따라 근로자가 사용시기를 지정했으나 지정일 전에 퇴직한 경우는?

근로자가 사용시기를 지정했으나, 실제 사용하지 않았으므로 사용자에게는 미사용연차휴가를 보상할 의무가 있다(고용노동부 개정 근로기준법 설명자료, 2020.3).

⑤ 연차휴가 사용촉진 절차를 준수하였음에도 불구하고, 근로자가 연차휴가일에 출근하여 계속 근무할 경우는?

연차휴가 사용촉진을 절차를 준수하였어도 근로자가 출근하여 일을 했으면 당연히 보상을 해 주어야 하지만, 그렇다면 굳이 사용촉진을 할 필요가 없게 된다.

결국 사용촉진 절차의 준수와 더불어 중요한 것이 노무수령의 거부이다. 따라서 사용자의 입장에서는 근로자가 자발적이든 비자발적이든 연차휴가일에 출근을 하고 일을 하게 되면 그에 대한 보상도 지급해야 하고 사용촉진 절차도 유명무실해지므로 연차휴가일에는 명확하게 일을 하지 말라는 행동이 필요하게 되는데, 그 행동이 '노무수령 거부의사 표시'이다.

노무수령 거부의사가 적법하기 위해서는 ⅰ) 업무수행 및 근태관리에 대한 지시 및 통제, ⅱ) 노무수령 거부의사 방법의 명확성, ⅲ) 출근사유가 업무수행과 긴밀한 관련성이 있는지 등 구체적인 사실관계를 종합적으로 고려하여 명확한 노무수령 거부의사가 있었는지를 판단한다(근로기준과-351, 2010.2.22.).

구체적인 사례를 보면 근로자가 본인의 PC를 켜면 '노무수령 거부의사 통지' 화면이 나타나도록 하여 해당 근로자가 사용자의 노무수령 거부의사를 인지할 수 있는 정도라면 달리 볼 사정이 없는 한 노무수령 거부의사를 표시한 것으로 볼 수 있다(근로기준과-351, 2010.2.22.).

최근에 일부 회사에서는 노무수령 거부의사를 보다 명확히 하기 위하여, PC를 아예 켜지 못하게 하거나, 심지어는 사업장에 들어오지도 못하게 막는 방법으로도 운영되고 있다.

⑥ 1년간 출근율이 80% 미만자의 경우에도 사용촉진이 가능한지?

전년도에 1년간 출근율이 80% 미만인 경우 개근할 월에 한하여 발생하는 연차휴가에 대해서도 사용촉진이 가능하다.

> **사례: 출근율 80% 미만자의 연차휴가 발생과 사용**
>
> 회계연도기준 부여 시: 2022.1.1~2022.12.31까지 출근율이 80% 미만, 2022년 1월, 2월, 12월 개근한 경우 → 연차휴가 3일 발생, 2023.1.1.부터 사용 가능

사용촉진 절차는 전년도 1년간 출근율이 80% 이상인 근로자의 연차휴가 사용촉진 방법과 동일하다(고용노동부 개정 근로기준법 설명자료, 2020.3).

⑦ 1년 미만 근로자의 경우에도 사용촉진이 가능한지?

1년 미만 근로자의 경우 근속기간이 1년 미만인 기간 동안 월단위로 발생한 최대 11일의 연차휴가에 대하여 사용촉진이 가능하다. 다만, 사용촉진 시기와 방법은 계속 근무하는 근로자와는 조금 다르고 자세한 내용은 다음과 같다.

1.1 입사자 기준 1년 차에 발생한 연차휴가 사용촉진 절차

	〈1차촉진〉 (사용자→근로자) 연차휴가일수 고지 및 사용시기 지정·통보 요구	(근로자→사용자) 사용시기 지정· 통보	〈2차촉진〉 (사용자→근로자) 근로자가 사용시기 미 통보 시 사용자가 사용 시기 지정·통보
연차 9일	10.1~10.10 사이에 촉구 (3개월 전 기준 10일 이내 통지)	촉구일로부터 10일 이내	11.30까지 (1개월 전)
연차 2일	12.1~12.5 사이에 촉구 (1개월 전 기준 5일 이내 통지)	촉구일로부터 10일 이내	12.21까지 (10일 전)

6
연차휴가의 대체

사용자는 근로자대표와의 서면 합의에 따라 제60조에 따른 연차 유급휴가일을 갈음하여 특정한 근로일에 근로자를 휴무시킬 수 있다(근로기준법 제62조). 연차휴가의 대체는 근로기준법 제60조 제5항에서 규정하고 있는 근로자 개인의 연차휴가 사용 시기 지정권을 배제하고 사용자와 근로자 대표와의 서면합의를 통해 정해진 날짜에 집단적으로 연차휴가를 사용하는 제도이다.

사용자는 근로자대표와의 서면합의에 의하여 연차유급휴가일에 갈음하여 특정 근로일에 근로자를 휴무시킬 수 있는 바, 이때 대체되는 근로일은 근로자와 사용자가 일하기로 정한 날, 즉 소정근로일을 의미한다(근기 68207-609, 1998.3.31).

① 개별근로자가 연차휴가 대체를 거부한다면?

근로자대표와 서면합의로 연차휴가 대체를 시행한다면, 서면합의에서 정하고 있는 휴가는 그 범위를 한도로 개인의 시기지정권이 배제되므로 근로자가 서면합의로 인한 휴가 실시일에 휴가를 거부하더라도 휴가는 유효하게 성립한다.

VI

모성과 연소자 보호

1
미성년자의 근로

근로기준법에서는 미성년자(19세 미만자)의 근로조건에 대해서는 특별한 제한은 없으나, 근로계약의 체결에 대해서는 일부 제한을 두고 있다. 또한, 연소자(18세 미만자)를 사용하기 위해서는 그 연령을 증명하는 가족관계기록사항에 관한 증명서와 친권자 또는 후견인의 동의서를 사업장에 갖추어 두어야 하고, 15세 미만인 자에 대해서는 원칙적으로 근로자로 사용할 수 없으나 대통령령이 정하는 기준에 따라 노동부장관이 발급한 취직인허증을 소지한 자에 한하여 예외적으로 근로를 가능하게 하여 신체적·정신적으로 성장이 필요한 연소자를 보호하고 있다.

① 미성년자의 근로계약은 누가 해야 하는지?

근로기준법에서는 친권자나 후견인은 미성년자의 근로계약을 대리할 수 없다(근로기준법 제67조 제1항)고 하는데, 이는 친권자나 후견인이 경제적 이유 등으로 인하여 연소자에게 강제근로를 시킬 가능성이 있기 때문이다. 따라서 미성년자의 근로계약은 친권자 또는 후견인의 동의를 얻어 본인이 직접 체결하는 것이 원칙이다.

다만, 친권자, 후견인 또는 고용노동부장관은 근로계약이 미성년자에게 불리하다고 인정하는 경우에는 이를 해지할 수 있다(근로기준법 제67조 제2항)고 하여 일반적인 근로자와는 달리 근로계약이 불리하다는 사정만 있어도 근로계약의 해지가 가능하다. 미성년자가 불리한 근로를 제공할 위험에서 보호하는 장치를 마련해 두고 있다.

② 미성년자의 임금은 친권자 또는 후견인이 청구할 수 있는지?

미성년자는 독자적으로 임금을 청구할 수 있다(근로기준법 제68조)고 규정하고 있고, 임금은 근로자에게 직접·전액을 지급하여야 하므로(근로기준법 제43조) 미성년자의 임금은 친권자 또는 후견인이 청구할 수 없다. 만약 사용자가 친권자 또는 후견인에게 미성년자의 임금을 지급했다면 미성년자의 임금 청구에 대해서 이미 지급을 했다고 주장하는 것은 효력이 없다.

또한, 미성년자는 원칙적으로 법정대리인에 의하여서만 소송행위를 할 수 있으나 미성년자 자신의 노무제공에 따른 임금의 청구는 미성년자가 독자적으로 할 수 있다(대법원 80다3149, 1981.8.25).

③ 연소자의 근로시간은 제한이 있는지?

15세 이상 18세 미만인 자의 근로시간은 1일에 7시간, 1주에 35시간을 초과하지 못하나, 당사자 사이의 합의에 따라 1일에 1시간, 1주에 5시간을 한도로 연장할 수 있으며(근로기준법 제69조), 탄력적 근로시간제와 선택적 근로시간제 적용대상에서 제외된다(근로기준법 제51조 제3항 및 제52조 1호).

또한, 원칙적으로 18세 미만자는 야간근로(오후 10시부터 오전 6시까지의 근로) 및 휴일근로가 금지되나, 18세 미만자 본인의 동의와 고용노동부장관의 인가를 받으면 예외적으로 가능하다(근로기준법 제70조 제2항).

④ 연소자가 종사할 수 없는 업무는?

18세 미만자를 도덕상 또는 보건상 유해·위험한 사업에 사용하지 못하는데(근로기준법 제65조 제1항), 사용하지 못하는 직종은 고압·잠수작업, 다른 법률에서 18세 미만자의 고용이나 출입을 금지하는 직종, 교도소·정신병원에서의 업무, 소각·도살·유류취급 업무 등이다(근로기준법 시행령 제40조).

또한, 18세 미만인 자를 갱내(坑內)에서 근로시키지 못한다. 다만, 보건·의료, 보도·취재 등 의 업무를 수행하기 위하여 일시적으로 필요한 경우에는 가능하다(근로기준법 제72조).

2
여성의 근로

여성근로자는 남성근로자와 선천적으로 신체적인 차이가 있고, 특별히 헌법에서도 여자의 근로는 특별한 보호를 받아야 한다고 규정(헌법 제32조 제4항)하고 있는 바, 근로기준법에서는 여성의 근로에 대하여 다양한 보호 장치를 마련하고 있다.

① 여성근로자의 근로시간은 제한이 있는지?

18세 이상의 여성에게 야간근로(오후 10시부터 오전 6시까지의 근로) 및 휴일근로를 시키기 위해서는 그 근로자의 동의를 받아야 한다(근로기준법 제70조 제1항).

② 여성근로자가 종사할 수 없는 업무는?

18세 이상의 여성을 보건상 유해·위험한 사업 중 임신 또는 출산에 관한 기능에 유해·위험한 사업에 사용하지 못하는데(근로기준법 제65조 제2항), 사용하지 못하는 직종은 브로모프로판을 취급하거나 노출될 수 있는 업무 및 산업재해보상보험 및 예방심의위원회의 심의를 거쳐 지정하여 고시하는 업무이다(근로기준법 시행령 제40조).

또한, 여성근로자를 갱내(坑內)에서 근로시키지 못한다. 다만, 보건·의료, 보도·취재 등 의 업무를 수행하기 위하여 일시적으로 필요한 경우에는 가능하다(근로기준법 제72조).

③ 생리휴가를 사용할 수 있는 요건은?

사용자는 여성근로자가 청구하면 월 1일의 생리휴가를 주어야 한다(근로기준법 제73조).

생리휴가를 사용하기 위해서는 여성근로자가 특정한 근로일에 사용함을 '청구'하여야 한다. 만약 그 청구가 없을 때에는 휴가를 주지 않는다고 하여도 위법이라 할 수 없으나(대법원 86다카2567, 1989.2.28), 여성근로자가 청구한 경우 청구한 휴가일을 사용자가 변경할 수 없으며, 휴가를 부여하지 않을 경우 벌칙이 부과된다(근로기준법 제114조).

또한, 생리휴가는 생리현상이 있어야 사용할 수 있는 휴가이므로, 연령과 관계없이 사실상 생리가 있는지 여부에 따라 부여하여야 한다. 따라서 생리현상이 없는 자(폐경, 자궁제거 등)에게 생리를 전제로 한 생리휴가를 부여할 사용자의 법적의무는 없으나, 생리사실 유무의 입증책임은 사용자에게 있다(여원 68247-135, 1999.5.13).

과거에는 생리휴가가 유급휴가였으나, 단체협약·취업규칙 등에 특별한 규정이 없는 한 무급휴가로 개정되었다.

④ 임신한 여성이 생리휴가를 사용할 수 있는지?

생리휴가는 생리 중인 여성근로자의 신체적·정신적 건강을 보호하기 위하여 연령·근로형태·직종·소정근로일의 개근여부 등에 관계없이 생리 현상이 있는 여성근로자에게 월 1일의 휴가를 부여하는 것이므로 임신과 같이 생리가 없는 경우에는 생리휴가를 부여할 법적의무는 없다(여성고용과-1081, 2004.5.28).

⑤ **불법체류 중인 취업 여성근로자에게도 여성근로자 보호 규정이 적용되는지?**

불법취업자도 근로기준법이 적용되는 사업장에서 근로하는 경우에는 출입국관리법 위반 여부와 관계없이 근로기준법이 적용된다. 따라서 불법취업자라도 인권보호차원에서 노동관계법상의 권리구제가 우선이므로 임산부가 아닌 일반 여성근로자는 본인의 동의가 있는 경우 연장·야간·휴일근로를 할 수 있으며, 생리휴가를 사용하고자 의사표시를 한 경우 휴가를 사용할 수 있다(평정 68240-392, 2003.11.10).

3
여성근로자의 차별대우 금지

헌법에서는 여성근로자에게 고용·임금 및 근로조건에 부당한 차별을 받지 아니한다고 규정(헌법 제32조 제4항)하여, 여성근로자의 차별대우를 금지하고 있다. 근로기준법에서의 '남녀의 차별'은 합리적인 이유 없이 남성 또는 여성이라는 이유만으로 부당하게 차별대우하는 것을 의미하며(근로기준법 제6조), 남녀고용평등 및 일·가정 양립 지원에 관한 법에서 말하는 차별이란 사업주가 근로자에게 성별, 혼인, 가족 안에서의 지위, 임신 또는 출산 등의 사유로 합리적인 이유 없이 채용 또는 근로의 조건을 다르게 하거나 그 밖의 불리한 조치를 하는 경우[사업주가 채용조건이나 근로조건은 동일하게 적용하더라도 그 조건을 충족할 수 있는 남성 또는 여성이 다른 한 성(性)에 비하여 현저히 적고 그에 따라 특정성에게 불리한 결과를 초래하며 그 조건이 정당한 것임을 증명할 수 없는 경우를 포함한다]를 말한다(남녀고용평등과 일·가정 양립 지원에 관한 법 제2조 1호).

① 차별에 해당하지 않는 경우는?

직무의 성격에 비추어 특정성이 불가피하게 요구되는 경우, 여성 근로자의 임신·출산·수유 등 모성보호를 위한 조치를 하는 경우, 그 밖에 이 법 또는 다른 법률에 따라 적극적 고용개선조치를 하는 경우(남녀고용평등과 일·가정 양립 지원에 관한 법 제2조 1호) 등이 있다.

> **사례: 지방자치단체에서 4명의 기간제근로자를 모집하면서 여성만을 합격시킨 경우 남녀차별에 해당하는지 여부(여성고용정책과-570, 2011.4.11)**
>
> 남녀고용평등과 일·가정 양립 지원에 관한 법 제7조 제1항에는 사업주는 근로자를 모집하거나 채용할 때 남녀를 차별하여서는 아니 된다고 규정하고 있으며, 제2조 제1호에 따르면 차별은 직접차별뿐만 아니라 간접차별

[채용조건이나 근로조건은 동일하게 적용하더라도 그 조건을 충족할 수 있는 남성 또는 여성이 다른 한 성(性)에 비하여 현저히 적고 그에 따라 특정 성(性)에게 불리한 결과를 초래하며 그 조건이 정당한 것임을 증명할 수 없는 경우]을 포함하고 있으나, 직무의 성격에 비추어 특정 성이 불가피하게 요구되는 경우, 법률에 따라 적극적 고용개선조치를 하는 경우 등에는 차별로 보지 않는다.

지방자치단체에서 해당 업무성격을 고려하여 합리적이고 객관적인 기준에 따라 채용한 결과 특정 성(性)이 모두 채용되었다는 사실만으로 남녀차별이라고 보기는 어려울 것으로 생각되며, 업무성격·지원요건·채용심사기준 등을 종합적으로 판단하여야 할 것으로 판단된다.

사례: 모집·채용 시 남녀차별과 관련 차별의 예외로 인정되는 경우
   (여성고용팀-34, 2007.2)

남녀고용평등과 일·가정 양립 지원에 관한 법 제2조 단서 조항에 의하여 '직무의 성격상 특정 성이 불가피하게 요구되는 경우'는 예외로 인정하고 있는 바, 특정성이 불가피하게 요구되는 경우에 대해서는 직무의 성격에 비추어 특정성이 불가피하게 요구되는 경우로서 남성역의 배우·모델, 남자 목욕탕 근무, 남자 기숙사 사감 등이 있다.

② 특정 성이 대부분인 분야에 대한 차별도 불합리한 남녀차별에 해당하는지?

여성근로자들이 전부 또는 다수를 차지하는 분야의 정년을 다른 분야의 정년보다 낮게 정한 것이 여성에 대한 불합리한 차별에 해당하는지 여부는, 헌법 제11조 제1항에서 규정한 평등의 원칙 외에도 헌법 제32조 제4항에서 규정한 '여성근로에 대한 부당한 차별 금지'라는 헌법적 가치를 염두에 두고, 해당 분야 근로자의 근로내용, 그들이 갖추어야 하는 능력, 근로시간, 해당 분야에서 특별한 복무규율이 필요한지 여부나 인력수급사정 등 여러 사정들을 종합적으로 고려하여 판단하여야 한다.

사실상 여성 전용 직렬로 운영되어 온 전산사식 분야의 근무상한연령을 사실상 남성 전용 직렬로 운영되어 온 다른 분야의 근무상한연령보다 낮게 정한 이유가 연령 규정을 정한 행정 내부 준칙에 불과하다면 차별에 대한 합리적인 이유가 될 수 없다. 따라서 여성근로자들이 전부 또는 다수를 차지하는 분야의 정년을 다른 분야의 정년보다 낮게 정한 것은 여성에 대한 불합리한 차별에 해당한다(대법원 2013두20011, 2019.10.31).

③ 임금차별이 불합리한 차별인지 판단기준은?

남녀고용평등 및 일·가정 양립 지원에 관한 법 제8조 제1항에서는 "사업주는 동일한 사업 내의 동일가치의 노동에 대하여는 동일한 임금을 지급하여야 한다"고 규정하고 있는바, '동일가치의 노동'이란 당해 사업장 내의 서로 비교되는 남녀 간의 노동이 동일하거나 실질적으로 거의 같은 성질의 노동 또는 그 직무가 다소 다르더라도 객관적인 직무평가 등에 의하여 본질적으로 동일한 가치가 있다고 인정되는 노동에 해당하는 것을 말한다. 동일가치의 노동인지는 제8조 제2항에서 정한 직무 수행에서 요구되는 기술, 노력, 책임 및 작업조건을 비롯하여 근로자의 학력·경력·근속연수 등의 기준을 종합적으로 고려하여 판단하여야 하는데, 여기서 '기술'은 자격증, 학위, 습득된 경험 등에 의한 직무수행능력 또는 솜씨의 객관적 수준을, '노력'은 육체적 및 정신적 노력, 작업수행에 필요한 물리적 및 정신적 긴장 즉 노동 강도를, '책임'은 업무에 내재한 의무의 성격·범위·복잡성, 사업주가 당해 직무에 의존하는 정도를, '작업조건'은 소음, 열, 물리적·화학적 위험, 고립, 추위 또는 더위의 정도 등 당해 업무에 종사하는 근로자가 통상적으로 처하는 물리적 작업환경을 말한다(대법원 2010다101011, 2013.3.14). 따라서 사업주가 동일한 사업 내에서 근무하는 남녀근로자가 제공하는 노동이 동일한 가치임에도 남성근로자보다 적은 임금을 지급할 경우 불합리한 차별에 해당한다.

④ 불합리한 차별에 대한 배상은 어떻게 산정하는지?

사업주가 동일한 사업 내에서 근무하는 남녀근로자가 제공하는 노동이 동일한 가치임에도 합리적인 이유 없이 여성근로자에 대하여 남성근로자보다 적은 임금을 지급할 경우 이는 남녀고용평등 및 일·가정 양립 지원에 관한 법 제8조를 위반하는 행위로서 불법행위를 구성하고, 사업주는 임금차별을 받은 여성근로자에게 그러한 차별이 없었더라면 받았을 적정한 임금과 실제 받은 임금의 차액 상당 손해를 배상할 책임이 있다(대법원 2010다101011, 2013.3.14).

⑤ 무거운 물건을 운반한다는 이유로 남녀 간 임금차별은 합리적 차별에 해당하는지?

남자근로자가 여자에 비해 단지 무거운 물건을 운반한다는 이유로 임금에 차이를 두는 것은 남녀고용평등법 위반이다(대법원 2002도3883, 2003.3.14).

⑥ 인척관계에 따라 경조금 및 경조휴가를 부여하는 것이 차별에 해당하는지?

여성근로자가 퇴직 후 2개월 이내에 결혼하는 경우 결혼 축하금 및 화환을 지급하고, 남성근로자의 경우 지급하지 아니하는 경우에 결혼축하금 등에 대한 지급의무가 퇴직으로 인한 고용관계가 단절된 이후 결혼을 하는 사실에 의하여 확정된다고 하더라도 이는 고용관계가 있었기 때문에 지급되는 것이므로 이와 같은 제도 운영은 남녀고용평등법상 차별에 해당될 수 있을 것으로 사료되며, 만일 회사에서 동 제도를 여성근로자들에 대하여 결혼으로 인한 퇴직을 유도하기 위한 방안으로 운영되는 것이라면 더욱 그 정당성을 인정받을 수 없다.

또한, 기혼여성의 경조휴가를 시가(媤家)를 기준으로 부여하는 경우 만일 남성은 본가와 처가 양가를 기준으로 경조휴가를 부여하고, 여성의 경우 시가만을 기준으로 경조휴가를 부여한다면 차별에 해당될 수 있으나, 남성은 본가를 기준으로 여성은 시가를 기준으로 경조휴가를 부여하나 경조휴가 부여일 수 등에서 실질적인 차이가 없는 경우라면 차별로 보기 어렵다(평등정책과-2313, 2005.7.28).

⑦ **불합리한 차별을 규정한 단체협약 또는 취업규칙의 효력은?**

성별 작업구분이나 근로조건의 구분을 명확히 하지 아니한 채 남녀를 차별하여 정년을 규정한 단체협약과 취업규칙은 합리적인 이유 없이 남녀의 차별적 대우를 하지 못하도록 한 근로기준법과 근로자의 정년에 관하여 여성인 것을 이유로 남성과 차별해서는 아니 된다고 한 남녀고용평등 및 일·가정 양립 지원에 관한 법에 위배되어 무효가 되나, 전부가 무효가 되는 것은 아니고 차별적으로 정년을 규정한 부분에 한해 무효가 된다(대법원 92누15765, 1993.4.9).

4
모성의 보호

여성은 임신·출산·육아라는 특유의 모성기능이 있으며, 그에 따른 생리적 특질을 지니고 있으므로 이러한 여성의 신체적 특질을 감안하여 근로에 대하여 여성을 특별히 보호하는 제도·규정 등을 '모성보호'라고 한다. 모성보호와 관련된 각종 제도들은 근로기준법과 남녀고용평등과 일·가정 양립 지원에 관한 법에 명시하고 있다.

한편, 모성보호의 주된 대상이 되는 임산부는 임신 중이거나 산후 1년이 지나지 않은 여성을 의미한다(근로기준법 제65조 제1항).

① **임산부의 근로시간은 제한이 있는지?**

임신 중인 여성근로자는 탄력적 근로시간제 적용대상에서 제외되며(근로기준법 제51조 제3항) 임산부는 야간근로(오후 10시부터 오전 6시까지의 근로) 및 휴일근로가 금지되나, 산후 1년이 지나지 않은 여성의 동의가 있는 경우와 임신 중의 여성이 명시적으로 청구하는 경우로서 고용노동부장관의 인가를 받으면 예외적으로 가능하다(근로기준법 제70조 제2항).

또한, 사용자는 산후 1년이 지나지 아니한 여성에 대하여는 단체협약이 있는 경우라도 1일에 2시간, 1주에 6시간, 1년에 150시간을 초과하는 시간외근로를 시키지 못하고(근로기준법 제71조), 임신 중의 여성 근로자에게 시간외근로를 하게 하여서는 안 된다(근로기준법 제74조 제5항).

② **임산부가 종사할 수 없는 업무는?**

임산부를 도덕상 또는 보건상 유해·위험한 사업에 사용하지 못하는데(근로기준법 제65조 제1항), 사용하지 못하는 직종은 톱으로 목재를 가공하는 업무, 정전작업·활선작업·근접작업, 터널작업 및 붕괴 또는 낙하의 위험이 있는 장소에서의 작업, 진동작업, 고압작업 및 잠수작업, 고열작업 및 한랭작업, 원자력 및 방사선 관련 업무, 신체를 심하게 펴거나 굽힌다든지 또는 지속적으로 쪼그리거나 구부린 채 있어야 하는 업무 등이다(근로기준법 시행령 제40조).

③ 임산부 보호와 관련한 휴가는 어떤 것이 있는지?

사용자는 임신 중의 여성에게 출산 전과 출산 후를 통하여 90일(한 번에 둘 이상 자녀를 임신한 경우에는 120일)의 출산전후휴가를 주어야 한다. 이 경우 휴가기간의 배정은 출산 후에 45일(한 번에 둘 이상 자녀를 임신한 경우에는 60일) 이상이 되어야 한다. 또한, 사용자는 임신 중인 여성근로자가 유산의 경험 등 출산전후휴가를 청구하는 경우 출산 전 어느 때라도 휴가를 나누어 사용할 수 있도록 하여야 한다. 이 경우 출산 후의 휴가 기간은 연속하여 45일(한 번에 둘 이상 자녀를 임신한 경우에는 60일) 이상이 되어야 한다(근로기준법 제74조 제1항 및 제2항).

더불어, 임신 중인 여성이 유산 또는 사산한 경우로서 그 근로자가 청구하면 아래의 표와 같이 유산·사산 휴가를 주어야 한다(근로기준법 제74조 제3항 및 근로기준법 시행령 제43조 제3항).

임신기간	휴가일수
임신기간이 11주 이내인 경우	유산 또는 사산한 날부터 5일까지
임신기간이 12주 이상 15주 이내인 경우	유산 또는 사산한 날부터 10일까지
임신기간이 16주 이상 21주 이내인 경우	유산 또는 사산한 날부터 30일까지
임신기간이 22주 이상 27주 이내인 경우	유산 또는 사산한 날부터 60일까지
임신기간이 28주 이상인 경우	유산 또는 사산한 날부터 90일까지

④ 출산전후휴가는 유급휴가인지?

출산전후휴가 중 최초 60일(한 번에 둘 이상 자녀를 임신한 경우에는 75일)은 유급으로 한다. 다만, 남녀고용평등과 일·가정 양립 지원에 관한 법 제18조에 따라 출산전후휴가급여 등이 지급된 경우에는 그 금액의 한도에서 지급의 책임을 면한다(근로기준법 제74조 제4항).

출산전후휴가는 국가 또는 기업이 통상임금에 상당하는 금액을 지급하게 되는데, 기업의 규모에 따라 지급방식이 다르다. 최초 60일(다태아 75일)분에 대하여는 사업주가 통상임금 전액을 지급하여야 하고, 이후 30일(다태아 45일)분에 대하여는 고용보험에서 출산전후휴가급여를 지급한다. 다만, 우선지원 대상기업 근로자는 고용보험에서 90일(다태아 120일)의 급여를 지급하고, 사업주는 그 금액의 한도 안에서 지급의무가 면제된다. 출산전후휴가급여는 휴가를 시작한 날의 통상임금을 기준으로 지급하되, 우선지원 대상기업 근로자의 통상임금이 고용보험에서 지원하는 금액보다 많을 경우 최초 60일(다태아 75일)에 대하여는 그 차액을 사업주가 지급하여야 한다. 여기서 우선지원 대상기업이란 고용보험법 시행령 제12조에 해당하는 기업을 의미한다.

출산전후휴가급여의 지급방식은 아래의 그림과 같이 정리할 수 있다.

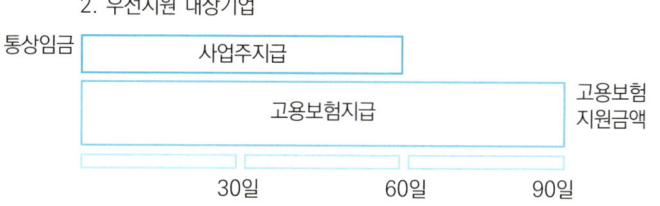

1. 대기업

* 60일까지는 사업주가 통상임금지급, 60~90일은 고용보험에서 통상임금 (2022년 기준 30일 200만원 한도)지급

2. 우선지원 대상기업

* 90일까지는 고용보험에서 통상임금(2022년 기준 90일 600만원 한도)지급하며, 60일까지는 통상임금이 고용보험 지원금액보다 많을 경우 그 차액을 사업주가 지급하여야 한다.

⑤ 우선지원대상기업의 근로자의 통상임금이 고용보험에서 지급하는 월정급여액을 초과하는 경우 차액을 사업주에게 지급을 요청하였으나 지급받지 못한 경우 구제 방법은?

사업주는 60일(다태아일 경우 75일)에 대하여는 지급 의무가 있으며, 고용보험에서 출산전후휴가급여를 받은 경우 그 금액의 한도에서 지급의 책임을 면하므로 차액에 대한 지급 의무는 남아있다. 따라서 근로자가 차액지급을 요청하였으나 사업주가 이를 지급하지 않는 경우 법 위반이 된다.

⑥ 출산전후휴가 급여산정의 기준이 되는 통상임금은?

출산전후휴가급여 등은 출산전후휴가 기간에 대하여 근로기준법의 통상임금(휴가를 시작한 날을 기준으로 산정한다)에 해당하는 금액을 지급한다(고용보험법 제76조제1항)고 규정하고 있으므로 출산전후휴가 급여산정의 기준이 되는 통상임금은 휴가를 시작한 날을 기준으로 산정하면 된다(근로개선정책과-6703, 2013.11.12).

⑦ 연차휴가 사용 중 출산하였을 경우 출산휴가급여 산정 방법은?

출산전후휴가는 임신 중인 여성에게 90일의 보호휴가를 주되 산후 45일 이상이 되도록 사용자에게 의무를 부여하고 있어, 임산·출산으로 인한 모성을 보호하고자 하는 입법취지와 문구해석상 출산전후휴가는 원칙적으로 출산일 전부터 시작하여 출산 후 45일 이상이 확보되도록 하고 있다. 따라서 근로자가 산전휴가를 사용하지 아니하고 출산을 하게 된 경우 또는 시기조정이 가능한 다른 휴가 사용 도중 출산을 하게 된 경우는 출산 시부터 출산전후휴가가 개시된다고 보아야 한다.

그러므로 산전후휴가를 사용하지 아니하고 출산을 한 경우 및 연차휴가 사용 도중 출산을 한 경우 출산전후휴가는 출산 시부터 개시된다고 보아야 하므로 출산전후휴가급여는 출산 시부터 60일을 초과하는 일수(30일 한도)에 대하여 지급할 수 있다(실업 68430-367, 2002.4.22).

⑧ 출산전후휴가 수급권 대위란 무엇인지?

사업주가 출산전후휴가 급여 등의 지급사유와 같은 사유로 그에 상당하는 금품을 근로자에게 미리 지급한 경우로서 그 금품이 출산전후휴가 급여 등을 대체하여 지급한 것으로 인정되면 그 사업주는 지급한 금액에 대하여 그 근로자의 출산전후휴가 급여 등을 받을 권리를 대위한다(고용보험법 제75조의2).

즉 위의 그림에 따라 설명하면, 대기업이 60일 이후 30일은 지급의무가 없으나, 만일 단체협약 또는 취업규칙 등에 따라 회사가 그 기간 중에 고용보험 지원금액을 출산전후휴가 대상자에게 미리 지급하였다면, 고용보험 지원금액은 회사가 대위하여 수령할 수 있다는 것이다. 우선지원대상기업인 경우에 최초 60일간에는 통상임금을 지급하고 나머지 30일간 고용보험 지원금액을 미리 지급하였다면 고용보험 지원금액은 회사가 대위하여 수령할 수 있다는 의미이다.

⑨ 배우자의 출산휴가란 무엇인지?

사업주는 근로자가 배우자의 출산을 이유로 휴가를 청구하는 경우에 10일의 휴가를 주어야 하며, 이때 사용한 휴가기간은 유급으로 한다(남녀고용평등과 일·가정 양립 지원에 관한 법 제18조의2 제1항). 또한, 배우자 출산휴가는 1회에 한정하여 나누어 사용할 수 있으며, 배우자가 출산한 날부터 90일 이내에 청구하여야 한다. 다만, 청구와 휴가의 시작만 출산한 날부터 90일 이내에 하면 되고, 휴가종료일은 출산일로부터 90일이 넘어가도 된다(남녀고용평등과 일·가정 양립 지원에 관한 법 제18조의2 제3항 및 제4항).

배우자의 출산휴가에 대하여 고용보험에서는 우선지원대상기업에 한하여 소속 근로자의 최초 5일분의 통상임금(2022년 기준 상한액 382,770원, 하한액 최저임금)을 출산휴가 급여로 지급한다.

⑩ 임신기 근로시간 단축이란 무엇인지?

사용자는 임신 후 12주 이내 또는 36주 이후에 있는 여성근로자가 1일 2시간의 근로시간 단축을 신청하는 경우 이를 허용하여야 하는데(근로기준법 제74조 제7항), 이를 임신기 근로시간 단축이라고 한다. 만일 1일 근로시간이 8시간 미만인 근로자에 대하여는 1일 근로시간이 6시간이 되도록 근로시간 단축을 허용할 수 있다. 또한, 임신기 근로시간 단축을 이유로 사용자는 해당 근로자의 임금을 삭감하여서는 안 되므로(근로기준법 제74조 제8항), 임신기 근로시간 단축으로 인하여 근로시간이 줄어들더라도 임금을 전액 지급하여야 한다.

12주 이내, 36주 이후 임신부가 아니더라도 임신근로자의 경우 1일 소정근로시간을 유지하면서 업무의 시작 및 종료 시각의 변경을 신청하면 사용자는 이를 허용하여야 한다(근로기준법 제74조 제9항).

⑪ 임신기 근로시간 단축 시 휴게시간도 단축되는지?

임신기 근로시간 단축의 경우 임금의 삭감만을 금지하고 있고 휴게시간의 단축을 금지하고 있지는 않으므로, 사용자가 임신기 근로자의 근로시간을 8시간 미만으로 단축하면서 휴게시간도 1시간에서 30분으로 단축하는 경우 법 위반으로 보기는 어렵다(여성고용정책과-1998, 2015.7.8).

⑫ 임신기 근로시간 단축 시 2시간의 단축을 주 단위로 적치하여 사용할 수 있는지?

임신기 근로시간 단축의 형태는 1일 2시간 단축이나, 이는 근로기준법으로 정한 최소한의 규정으로서 노사가 합의하였다면 이를 주 단위로 적치하여 사용한다고 해서 법을 위반한 것으로 볼 수 없다(여성고용정책과-2768, 2016.8.11).

⑬ 임신기 여성의 태아검진 시간이란?

사용자는 임신한 여성근로자가 정기건강진단을 받는 데 필요한 시간을 청구하는 경우 이를 허용하여 주어야 하며, 건강진단 시간을 이유로 그 근로자의 임금을 삭감하여서는 아니 된다(근로기준법 제74조의2).

5
일과 가정의 양립 지원

최근 노동환경에서 가장 각광받는 단어로, 일과 생활의 균형을 뜻하는 'work-life balance'가 있다. 과거에는 전통적인 성 역할에 의거하여 남녀 간에 역할을 부여하였으나, 여성의 사회진출 확대, 성 역할 및 가족 가치관의 변화, 가족 돌봄 문제의 발생으로 일과 가정은 어떤 특정 성만의 영역이 아닌 것으로 인식이 변화하고 있다. 이에 남녀고용평등과 일·가정 양립 지원에 관한 법에서는 일과 가정의 양립을 위하여 다양한 제도를 시행하고 있다.

① 육아휴직 신청 대상과 기간은?

사업주는 근로자가 만 8세 이하 또는 초등학교 2학년 이하의 자녀(입양한 자녀를 포함)를 양육하기 위하여 휴직을 신청하는 경우에 이를 허용하여야 하며, 육아휴직 기간은 1년 이내이다. 다만, 육아휴직을 시작하려는 날의 전날까지 해당 사업에서 계속 근로한 기간이 6개월 미만인 근로자가 신청한 경우 사용자는 육아휴직을 허용하지 않을 수 있다(남녀고용평등과 일·가정 양립 지원에 관한 법 제19조 제1항 및 제2항).

육아휴직을 이유로 해고나 그 밖의 불리한 처우를 하여서는 아니 되며, 육아휴직 기간에는 그 근로자를 해고하지 못한다. 또한, 사업주는 육아휴직을 마친 후에는 휴직 전과 같은 업무 또는 같은 수준의 임금을 지급하는 직무에 복귀시켜야 하고, 육아휴직 기간은 근속기간에 포함한다(남녀고용평등과 일·가정 양립 지원에 관한 법 제19조 제3항 및 제4항).

육아휴직은 자녀 기준으로 사용하는 것이므로 부모가 각각 1년씩 사용이 가능하며, 동시에 사용하는 것도 가능하다.

또한, 모성과 태아를 보호할 필요에 따라 임신기에도 육아휴직을 사용할 수 있고(남녀고용평등과 일·가정 양립 지원에 관한 법 제19조 제1항), 임신기에 사용한 육아휴직은 육아휴직을 나누어 사용한 횟수에 포함되지 않는다(남녀고용평등과 일·가정 양립 지원에 관한 법 제19조의4 제1항).

② **육아휴직 급여는 어떻게 지급되는지?**

육아휴직 급여란 육아휴직 기간 동안 고용보험에서 지원되는 급여로서, 육아휴직 기간 동안 통상임금의 100분의 80(2022년 기준 상한액: 월 150만원, 하한액: 월 70만원)을 육아휴직 급여액으로 지급한다(고용보험법 시행령 제95조 제1항). 한부모 근로자의 경우 육아휴직 시작일로부터 3개월까지는 월 통상임금에 해당하는 금액(2022년 기준 상한액: 월 250만원, 하한액: 월 70만원)을 지급하고 4개월째부터 종료일까지는 일반 근로자와 동일하다(고용보험법 시행령 제95조의3 제3항). 여기서 한부모근로자의 최초 3개월간의 육아휴직급여와 출생 후 12개월 이내의 자녀에 대한 최초 3개월의 육아휴직급여를 제외하고, 육아휴직

급여액 중 일부(100분의 25)는 직장복귀 6개월 후에 합산하여 일시불로 지급한다(고용보험법 시행령 제95조 제4항 및 제95조의3 제4항).

③ 아빠 육아휴직이란 무엇인지?

육아휴직은 부모가 각각 1년씩 사용이 가능하며, 동시에 사용하는 것도 가능하다. 일반적으로 엄마가 육아휴직을 먼저 사용하고, 아빠가 두 번째로 사용하는 사례가 많아, 동일한 자녀로 두 번째 육아휴직을 사용하는 것을 이른바 '아빠 육아휴직'이라고 한다. 남성의 육아휴직을 활성화하기 위하여 아빠 육아휴직을 사용하는 경우 육아휴직 급여의 특례를 적용하여 최초 3개월의 육아휴직 급여의 상한액을 상향하여 적용한다. 상향된 육아휴직 급여는 2022년 기준으로 통상임금에 해당하는 금액(2022년 기준 상한액: 월 250만원, 하한액: 월 70만원)을 지급하고 4개월째부터 종료일까지는 통상임금의 100분의 50에 해당하는 금액(2022년 기준 상한액: 월 120만원, 하한액: 월 70만원)을 육아휴직 급여액으로 지급한다(고용보험법 시행령 제95조의2 제1항). 다만, 같은 자녀에 대하여 부모의 육아휴직 기간이 겹치는 경우에는 그 기간 동안의 육아휴직 급여에 대해서는 육아휴직 급여의 상한액의 상향을 적용하지 아니하므로 최초 3개월간 통상임금의 100분의 80(2022년 기준 상한액: 월 150만원, 하한액: 월 70만원)을 육아휴직 급여액으로 지급한다(고용보험법 시행령 제95조의2 제2항). 이 제도는 2022년 12월 31일까지 한시적으로 운영한다.

④ 12개월 이내의 자녀에 대한 육아휴직이란 특례가 무엇인지?

같은 자녀에 대하여 자녀의 출생 후 12개월이 될 때까지 부모가 모두 육아휴직을 하는 경우 육아휴직 급여의 월별 지급액은 다음과 같다 (고용보험법 시행령 제95조의3 제1항).

육아휴직 시작일부터 3개월까지	월 통상임금에 해당하는 금액
	- 부모가 육아휴직을 사용한 기간이 각각 1개월:
	  부모 각각 월 200만원 지급
	- 부모가 육아휴직을 사용한 기간이 각각 2개월:
	  부모 각각 첫 번째 달은 월 200만원, 두 번째 달은 월 250만원 지급
	- 부모가 육아휴직을 사용한 기간이 각각 3개월:
	  부모 각각 첫 번째 달은 월 200만원, 두 번째 달은 월 250만원, 세 번째 달은 월 300만원 지급

육아휴직 4개월째부터 육아휴직 종료일까지	월 통상임금의 100분의 80에 해당하는 금액 (2022년 기준 상한액: 월 150만원, 하한액: 월 70만원)을 지급

⑤ 육아휴직 급여를 육아휴직 종료 후 12개월 이내에 신청하지 않으면 육아휴직 급여를 지급받을 수 없는지?

고용보험법에서 육아휴직 급여를 지급받을 수 있는 법률 개정 당시 우리나라에서 10년 가까이 초저출산 현상이 지속되고 있었던 점, 민간 근로자가 육아휴직 급여를 지급받으려면 공무원이나 군인 등과 달리 별도로 육아휴직 급여 지급을 신청하여야 하나 이는 그것이 선험적으로 타당하기 때문이 아니라 관계법령에서 육아휴직의 허용 주체와 육아휴직 급여의 지급 주체를 달리하고 있는 데 따른 것뿐이므로, 신청기간을 지나치게 단기로 정하고, 그 신청기간이 도과하면 육아휴직 급여를 지급받을 수 없도록 할 경우 공무원이나 군인과 비교할 때 불합리한 차별에 해당할 여지가 있는 점, 민간 근로자의 출산전후휴가는 법률상 최소 60일은 유급으로 운용되나 육아휴직은 무급이거나 유급인 경우에도 급여액이 현저히 적은 경우가 대부분이어서 육아휴직을 하는 민간 근로자에게 경제적인 지원을 할 필요성이 더욱 큰 점, 육아휴직 급여를 지급받을 권리를 둘러싼 법률관계는 고용보험이 제107조 제1항이 정한 3년의 소멸시효 제도만으로도 어느 정도 조속히 안정시킬 수 있는 점 등에 비추어 보면, 국회는 법률 개정 당시 그간 지속되어 온 육아휴직 제도의 확대 경향에 발맞추어 육아기 근로시간 단축 급여 제도를 도입하면서, 차제에 육아휴직 급여에 관하여는 출산전후휴가와 달리 신청기간 준수를 급여 지급 요건으로 삼지 않기로 결정하고, 이러한 입법적 결단을 위와 같이 법률 체계를 변경하는 방법으로 나타냈다고 봄이 타당하다.

"육아휴직이 끝난 날 이후 12개월 이내에 신청하여야 한다(고용보험법 제70조 제2항)"는 법률조항을 강행규정이 아닌 훈시규정으로 해석하는 것은 형식적인 문구에 얽매이지 아니하고 국회가 이 사건 법률 개정을 통해 구현하고자 하였던 입법정신이 무엇인가를 헤아려 그 입법정신을 실현하는 방향으로 법의 의미를 부여하는 것이다. 이러한 법률 해석이 문언해석의 원칙에 위배된다고 볼 수 없다.

육아휴직 제도의 입법취지와 목적, 육아휴직 급여에 관한 법률의 제·개정 연혁, 법률조항과 관계 규정의 체계, 법률조항이 도입될 당시의 시대적 배경과 육아휴직 제도의 확대 경향, 고용보험법에서 정하고 있는 소멸시효 규정과의 관계 등을 모두 종합하여 앞서 든 법리에 비추어 보면, 고용보험법 제70조 제2항은 강행규정이 아니라 훈시규정으로 보는 것이 타당하다. 따라서 육아휴직 급여 신청기간인 육아휴직 종료일부터 12개월이 지난 후 육아휴직 급여를 신청했더라도 급여를 지급해야 한다(서울행법 2018구단52757, 2018.6.4).

⑥ 육아휴직 중 해외 체류를 이유로 육아휴직 급여의 지급을 제한할 수 있는지?

고용보험법에서 규정한 육아휴직 급여의 지급 제한, 반환명령 및 추가징수 요건으로서 '거짓이나 그 밖의 부정한 방법'이란 육아휴직 급여를 지급받을 수 없음에도 지급받을 자격을 가장하거나 지급받을 자격이 없다는 점 등을 감추기 위하여 행하는 일체의 부정행위로서 육아휴직 급여 지급에 관한 의사결정에 영향을 미칠 수 있는 적극적 및 소극적 행위를 뜻한다고 할 것인데, 육아휴직 급여가 부정수급에 해당하는지는 엄격하게 해석·적용하여야 한다.

따라서 '거짓이나 그 밖의 부정한 방법으로 급여를 지급받은 경우'에 해당한다고 보기 위해서는 허위, 기만, 은폐 등 사회통념상 부정이라고 인정되는 행위가 있어야 하고, 단순히 요건이 갖추어지지 아니하였음에도 급여를 수령한 경우까지 이에 해당한다고 볼 수는 없다. 그리고 육아휴직자가 관련 법령 및 행정관청에서 요구하는 육아휴직 급여 신청서

서식에 기재되어 있는 모든 사항을 사실대로 기재하고, 요청되는 제출서류도 모두 제대로 제출한 경우라면, 실질적인 육아휴직 급여 수급요건을 갖추지 못하였다고 하여 섣불리 은폐 등 소극적 행위에 의한 부정수급에 해당한다고 인정할 수는 없다.

육아휴직 기간 중 장기간 해외체류 등의 사유로 육아휴직 급여 수급요건을 갖추지 못하였음에도 육아휴직 급여를 수령하였으나, 육아휴직 급여 신청서를 사실대로 작성하여 매달 육아휴직 급여를 신청하였고, 고용보험법 시행령은 해외체류 등 사유로 육아휴직 대상 자녀와 동거하지 아니하게 된 경우 또는 자녀를 직접 양육하지 아니하게 된 경우 등을 육아휴직 급여의 지급 제한 사유로 명시하고 있지 아니하며, 육아휴직 급여를 지급받을 당시 수급요건으로서 요구되는 양육의 방식에 관하여 일률적인 기준이 정하여져 있지도 아니하였다는 점 등을 종합하여 볼 때, 육아휴직 기간 중에 해외체류가 '거짓이나 그 밖의 부정한 방법'으로 육아휴직 급여를 수령하였다고 볼 수는 없다(대법원 2015두51651, 2017.8.23).

⑦ 육아휴직자를 승진 및 승급대상자에서 배제하는 것이 불리한 처우에 해당하는지?

육아휴직 중이라는 이유로 승진 및 승급 대상에서 육아휴직자를 배제하는 취업규칙 또는 단체협약을 두고 있다면, 남녀고용평등과 일·가정 양립 지원에 관한 법 제19조 제3항을 위반한 것으로 육아휴직자에 대한 불리한 처우로 판단된다(여성고용정책과-977, 2012.3.21).

⑧ 육아기 근로시간 단축이란?

사업주는 근로자가 만 8세 이하 또는 초등학교 2학년 이하의 자녀를 양육하기 위하여 근로시간의 단축을 신청하는 경우에 이를 허용하여야 한다. 다만, 대체인력 채용이 불가능한 경우, 정상적인 사업 운영에 중대한 지장을 초래하는 경우 등의 경우에는 허용하지 않아도 되는데. 사업주가 육아기 근로시간 단축을 허용하지 아니하는 경우에는 해당 근로자에게 그 사유를 서면으로 통보하고 육아휴직을 사용하게 하거나 출근 및 퇴근 시간 조정 등 다른 조치를 통하여 지원할 수 있는지를 해당 근로자와 협의하여야 한다.

육아기 근로시간 단축 근로시간은 주당 15시간에서 35시간 사이에서 근로자가 정할 수 있으며, 육아기 근로시간 단축의 기간은 1년 이내로 한다. 사업주는 육아기 근로시간 단축을 이유로 해당 근로자에게 해고나 그 밖의 불리한 처우를 하여서는 안 되며, 육아기 근로시간 단축기간이 끝난 후에 그 근로자를 육아기 근로시간 단축 전과 같은 업무 또는 같은 수준의 임금을 지급하는 직무에 복귀시켜야 한다(남녀고용평등과 일·가정 양립 지원에 관한 법 제19조의2).

⑨ 육아기 근로시간 단축 급여는 어떻게 지급되는지?

매주 최초 5시간분 {통상임금의 100%(상한액 200만원, 하한액 50만원) × 5 / 단축 전 소정근로시간 + 나머지 근로시간 단축분 {통상임금의 80%(상한액 150만원, 하한액 50만원) × (단축 전 소정근로시간 -

단축 후 소정근로시간 - 5) / 단축 전 소정근로시간(고용보험법 시행령 제104조의2 제2항).

⑩ 육아휴직과 육아기 근로시간 단축과의 관계는?

육아휴직은 1년 이내로 1회에 한정하여 분할하여 사용할 수 있으며, 육아기 근로시간 단축은 횟수 제한 없이 분할하여 사용할 수 있으나 나누어 사용할 수 있는 1회의 기간은 3개월 이상이 되어야 한다. 또한, 육아기 근로시간 단축은 육아휴직을 허용하지 아니한 기간이 있으면 그 기간을 가산하여 사용할 수 있으므로 육아기 근로시간 단축은 최대 2년까지 사용이 가능하다(남녀고용평등과 일·가정 양립 지원에 관한 법 제19조의4).

사례: 육아휴직과 육아기 근로시간 단축의 사용
- (육아휴직 6개월+6개월) + (육아기 근로시간 단축 3개월+6개월+3개월)
  → 가능
- (육아휴직 3개월+6개월+3개월) + (육아기 근로시간 단축 1년)
  → 불가능: 육아휴직은 1회만 분할 가능
- (육아휴직 9개월) + (육아기 근로시간 단축 1년+3개월) → 가능
- (육아휴직 1년 3개월) + (육아기 근로시간 단축 3개월+3개월)
  → 불가능: 육아휴직은 1년 이내만 가능
- (육아휴직 3개월) + (육아기 근로시간 단축 1년+2개월+7개월)
  → 불가능: 육아기 근로시간 단축은 3개월 이상 사용 필요
- (육아휴직 0개월) + (육아기 근로시간 단축 2년) → 가능

⑪ 가족돌봄휴직은 어떤 경우에 사용할 수 있는지?

사용자는 근로자가 조부모, 부모, 배우자, 배우자의 부모, 자녀 또는 손자녀의 질병, 사고, 노령으로 인하여 그 가족을 돌보기 위한 휴직을 신청하는 경우 이를 허용하여야 한다. 다만, 대체인력 채용이 불가능한 경우, 정상적인 사업 운영에 중대한 지장을 초래하는 경우, 본인 외에도 조부모의 직계비속 또는 손자녀의 직계존속이 있는 경우 등의 경우에는 허용하지 않을 수 있다.

가족돌봄휴직 기간은 연간 최장 90일로 하며, 이를 나누어 사용할 수 있으나 이 경우 나누어 사용하는 1회의 기간은 30일 이상이 되어야 한다. 가족돌봄휴직은 무급이나, 근속기간에는 포함하여야 한다(남녀고용평등과 일·가정 양립 지원에 관한 법 제22조의2).

⑫ 가족돌봄휴가는 어떤 경우에 사용할 수 있는지?

사용자는 근로자가 질병, 사고, 노령 또는 자녀의 양육으로 인하여 긴급하게 그 가족을 돌보기 위한 휴가를 신청하는 경우 이를 허용하여야 한다. 다만, 근로자가 청구한 시기에 가족돌봄휴가를 주는 것이 정상적인 사업 운영에 중대한 지장을 초래하는 경우에는 근로자와 협의하여 그 시기를 변경할 수 있다.

가족돌봄휴가 기간은 연간 최장 10일로 하며, 일 단위로 사용할 수 있다. 가족돌봄휴가 기간은 가족돌봄휴직 기간에 포함된다. 즉 가족돌봄휴가를 10일 사용하면 가족돌봄휴직의 사용한도는 80일이 된다. 가족돌봄휴직과 동일하게 가족돌봄휴가도 무급이나, 근속기간에는 포함하여야 한다(남녀고용평등과 일·가정 양립 지원에 관한 법 제22조의2).

⑬ 가족돌봄휴직 및 가족돌봄휴가의 부여 기준은?

남녀고용평등과 일·가정 양립 지원에 관한 법에는 "사업주는 가족의 질병, 사고, 노령으로 인하여 그 가족을 돌보기 위한 휴직을 신청하는 경우 이를 허용하여야 한다"고 규정하고 있는데, 이때 질병, 사고, 노령의 구체적인 기준은 정해진 것이 없고, 질병, 사고, 노령의 사유로 '돌봄이 필요한지' 여부에 따라 휴직 가능 여부가 결정된다(여성고용정책과-2678, 2014.7.25).

VII 취업규칙

1
취업규칙 작성

취업규칙이란 사업장에서 근로자가 지켜야 할 규율 또는 근로조건에 관해 구체적인 내용을 정한 규칙을 의미한다. 취업규칙은 사규, 내규, 규정 등 여러 이름으로 존재하며 근로자 집단에 적용될 근로조건에 관한 준칙을 정한 것이라면 그 명칭을 상관하지 않는다.

① 취업규칙은 어떤 회사에서 작성해야 하는지?

상시 10명 이상의 근로자를 사용하는 사용자는 취업규칙을 작성하고 신고할 의무를 가진다(근로기준법 제93조). 10명 미만의 근로자를 사용하는 사용자가 취업규칙을 작성하면 신고의무는 없으나, 당사자가 이를 준수하고 이행할 의무가 있다. 지점·공장 등의 근로자가 10명 이상인 경우에는 그 지역을 관할하는 지방고용노동관서에 취업규칙을 신고하는 것이 원칙이다. 본사와 지점, 영업소, 공장 등이 같은 지방고용노동관서의 관할 지역에 있고 같은 취업규칙을 적용받고 있으면 본사만 신고하면 된다. 2 이상의 지방고용노동관서의 관할 아래 있는 경우, 본사나 주된 사업장이 근로조건을 일괄적으로 결정하면서 적용되는 소속사업장의 명칭과 소재지를 첨부하여 관할 지방고용노동관서에 취업규칙을 신고하면 모든 사업 또는 사업장의 신고의무를 충족한 것이 된다.

② 취업규칙은 반드시 신고해야 하는지?

근로기준법 제93조는 취업규칙을 작성하여 고용노동부장관에게 신고하도록 규정하고 있으며, 취업규칙을 신고하지 않으면 벌칙이 부과될 수 있다. 신고하지 않은 취업규칙이라 하더라도 사용자가 그 취업규칙을 사업장에 게시·비치하거나 근로자에게 배부하여 그 규정내용을 충분히 주지시키면 신고하기 이전이라도 효력이 있다(법무 811-12994, 1979.5.31).

③ 취업규칙으로서의 효력 발생 요건은 무엇인지?

취업규칙은 사용자가 근로자의 복무규율과 임금 등 당해 사업의 근로자 전체에 적용될 근로조건에 관한 준칙을 규정한 것을 말하는 것으로서, 그 명칭에 구애받을 것은 아니고, 한편 취업규칙은 사용자가 정하는 기업 내의 규범이기 때문에 사용자가 취업규칙을 신설 또는 변경하기 위한 조항을 정하였다고 하여도 그로 인하여 바로 효력이 생기는 것이라고는 할 수 없고 신설 또는 변경된 취업규칙의 효력이 생기기 위해서는 반드시 근로기준법에서 정한 방법에 의할 필요는 없지만, 적어도 법령의 공포에 준하는 절차로서 그것이 새로운 기업 내 규범인 것을 널리 종업원 일반으로 하여금 알게 하는 절차 즉 어떠한 방법이든지 적당한 방법에 의한 주지가 필요하다.

따라서 종업원의 근로조건 변경을 내용으로 하는 자구계획서가 명칭에 관계없이 취업규칙에 해당하고, 자구계획서의 내용이 회사 내 홍보매체를 통하여 전 종업원에게 알려지고, 회사근로자 과반수가 가입한 노조도 위와 같은 취업규칙의 변경에 동의하였다면 회사가 이미 존재하던 취업규칙의 개정절차를 거치지 않았다거나 변경된 취업규칙에 대한 신고의무, 게시 및 비치의무를 이행하지 않았다고 하더라도 위 변경된 취업규칙의 효력은 발생한 것이다(대법원 2001다63599, 2004.2.12).

④ 취업규칙에 들어가야 할 내용은?

취업규칙에는 다음과 같은 사항이 포함되어야 한다.

> 근로기준법 제93조(취업규칙의 작성·신고) 상시 10명 이상의 근로자를 사용하는 사용자는 다음 각 호의 사항에 관한 취업규칙을 작성하여 고용노동부장관에게 신고하여야 한다. 이를 변경하는 경우에도 또한 같다.

1. 업무의 시작과 종료시각, 휴게시간, 휴일, 휴가 및 교대 근로에 관한 사항
2. 임금의 결정·계산·지급 방법, 임금의 산정기간·지급시기 및 승급(昇給)에 관한 사항
3. 가족수당의 계산·지급 방법에 관한 사항
4. 퇴직에 관한 사항
5. 「근로자퇴직급여 보장법」 제4조에 따라 설정된 퇴직급여, 상여 및 최저임금에 관한 사항
6. 근로자의 식비, 작업 용품 등의 부담에 관한 사항
7. 근로자를 위한 교육시설에 관한 사항
8. 출산전후휴가·육아휴직 등 근로자의 모성 보호 및 일·가정 양립 지원에 관한 사항
9. 안전과 보건에 관한 사항
    9의2. 근로자의 성별·연령 또는 신체적 조건 등의 특성에 따른 사업장 환경의 개선에 관한 사항
10. 업무상과 업무 외의 재해부조(災害扶助)에 관한 사항
11. 직장 내 괴롭힘의 예방 및 발생 시 조치 등에 관한 사항
12. 표창과 제재에 관한 사항
13. 그 밖에 해당 사업 또는 사업장의 근로자 전체에 적용될 사항

위 기재사항 중 일부가 기재되어 있지 않아도 취업규칙의 효력에는 문제가 없다. 다만, 기재되지 않은 부분에 대해서는 법령, 단체협약, 근로계약 등에서 정한 조건에 따라야 한다.

⑤ **취업규칙이 여러 개가 존재해도 되는지?**

취업규칙은 회사 실정에 맞게 다양하게 작성할 수 있으며, 1개 사업

장에서 직종의 특수성에 따라 별도로 적용되는 취업규칙을 작성할 수도 있다.

2
취업규칙 변경

① 취업규칙 변경은 어떤 절차를 거쳐야 하는지?

사용자는 취업규칙 작성 또는 변경에 관하여 해당 사업 또는 사업장에 근로자의 과반수로 조직된 노동조합이 있는 경우에는 그 노동조합, 근로자의 과반수로 조직된 노동조합이 없는 경우에는 근로자의 과반수의 의견을 들어야 한다. 다만, 취업규칙을 근로자에게 불리하게 변경하는 경우에는 그 동의를 받아야 한다(근로기준법 제94조). 따라서 취업규칙을 근로자 집단에 유리하게 변경하는 경우에는 의견청취 절차를, 불리하게 변경하는 경우에는 근로자 집단의 동의를 받아야 한다.

② 취업규칙이 불이익하게 변경된다는 것이 무슨 의미인지?

취업규칙의 작성·변경의 권한은 원칙적으로 사용자에게 있으므로 사용자는 그 의사에 따라 취업규칙을 작성·변경할 수 있으나, 취업규칙의 작성·변경이 근로자가 가지고 있는 기득의 권리나 이익을 박탈하여 불이익한 근로조건을 부과하는 내용이라면 취업규칙의 불이익 변경이라고 한다(대법원 96다2507, 1997.5.16). 만약 근로조건의 저하와 개선이 섞여 있을 때는 대가관계나 연계성이 있는 여러 상황을 종합적으로 고려하여 불리한지를 따져야 하고, 기존 규정의 범위에서 규정 내용을 좀 더 구체적이고 상세히 규정하는 차원이라면 불이익 변경으로 취급되지 않는다. 다만, 일부의 근로자에게 유리하고 다른 근로자에게는 불리하면 불이익 변경에 해당하고, 불이익 여부 판단은 취업규칙이 변경이 이루어진 시점을 기준으로 판단한다.

③ 2개 이상의 근로조건을 변경할 때 불이익 변경 여부는 어떻게 판단하는지?

각각의 근로조건이 분리된다면 각각의 근로조건별로 불이익 여부를 판단한다. 그러나 퇴직금규정 변경 시에 퇴직금지급률과 함께 대가관계나 연계성이 있는 기초임금과 같이 복수의 근로조건이 서로 대가관계에 있거나 연계성이 있는 경우에는 변경되는 근로조건을 종합적으로 분석하여 불이익 여부를 판단하여야 한다(대법원 99다9370, 2001.4.24).

④ 일부 근로자에게는 유리하고, 일부 근로자에게는 불리한 근로조건을 변경할 때 불이익 변경 여부는 어떻게 판단하는지?

취업규칙의 일부를 이루는 급여규정의 변경이 일부의 근로자에게는 유리하고 일부의 근로자에게는 불리한 경우 그러한 변경에 근로자 집단의 동의를 요하는지를 판단하는 것은 근로자 전체에 대하여 획일적으로 결정되어야 할 것이고, 또 이러한 경우 취업규칙의 변경이 근로자에게 전체적으로 유리한지 불리한지를 객관적으로 평가하기가 어려우며, 같은 개정에 의하여 근로자 상호간의 유리·불리에 따른 이익이 충돌되는 경우에는 그러한 개정은 근로자에게 불이익한 것으로 취급하여 근로자들 전체의 의사에 따라 결정하게 하는 것이 타당하다(대법원 93다1893, 1993.5.14).

⑤ 취업규칙 불이익 변경은 기존에 정한 유리한 근로계약의 근로조건에도 효력이 있는지?

근로조건은 근로자와 사용자가 동등한 지위에서 자유의사에 따라 결정하여야 하므로, 사용자가 일방적으로 근로조건을 결정하여서는 아니 되고, 근로조건은 근로관계 당사자 사이에서 자유로운 합의에 따라 정해져야 한다. 그러므로 취업규칙에 대한 집단적 동의는 취업규칙의 유효한 변경을 위한 요건에 불과하므로, 취업규칙이 집단적 동의를 받아 근로자에게 불리하게 변경된 경우에도 근로조건 자유결정의 원칙은 여전히 지켜져야 한다.

따라서 근로자에게 불리한 내용으로 변경된 취업규칙은 집단적 동의를 받았다고 하더라도 그보다 유리한 근로조건을 정한 기존의 개별 근로계약 부분에 우선하는 효력을 갖는다고 할 수 없다. 이 경우에도 근로계약의 내용은 유효하게 존속하고, 변경된 취업규칙의 기준에 의하여 유리한 근로계약의 내용을 변경할 수 없으며, 근로자의 개별적 동의가 없는 한 취업규칙보다 유리한 근로계약의 내용이 우선하여 적용된다(대법원 2018다200709, 2019.11.14).

⑥ 취업규칙을 불이익하게 변경할 때 적법한 동의의 방법은?

취업규칙 불이익 변경에 대하여 적법한 동의가 있으려면 불이익 변경 내용에 대하여 근로자들이 주지할 수 있도록 적당한 방법에 의한 공고 및 설명 절차가 존재해야 하고, 근로자들이 회의를 개최하여 불이익 변경 내용에 대하여 찬반 의견을 교환해야 하며, 불이익 변경에 대한 집단적 의견이 찬성일 것이 요구된다. 근로자들의 회의를 개최하여 불이익 변경 내용에 대하여 찬반 의견 교환해야 함과 관련하여서는 업무의 특성, 사업의 규모, 사업장의 산재(散在) 등의 사정으로 전체 근로자들이 회합하기 어려운 경우에는 단위 부서별로 회합하는 방식도 허용될 수 있겠으나, 근로기준법이 '회의 방식'에 의한 근로자 과반수의 동의를 요구하는 이유는 '집단 의사의 주체로서 근로자'의 의사를 형성하기 위함이므로, 사용자의 특수한 사정으로 인하여 전체 근로자들의 회합이 어려워 단위 부서별로 회합하는 방식을 택할 수밖에 없는 경우에, 사용자는 부분적 회합을 통한 의견 취합을 하더라도 전체 근로자들의 회합이 있었던 것과 마찬가지로 근로자들이 집단 의사를 확인, 형성할 수 있도록 상당한 조치를 취할 의무를 부담한다(서울고법 2015나2049413, 2017.1.13). 다만, 사용자가 취업규칙을 근로자들에게 불이익하게 변경하는 경우 노동조합으로 하여금 그 변경하려는 취업규칙의 내용을 알 수 있는 상태에 둔 후 노동조합의 동의를 받는 것으로 족하고 그에 따른 법적 효과까지 주지시킬 의무를 부담한다고 볼 수 없다(대법원 2014두915, 2014.6.12).

⑦ 취업규칙 불이익 변경은 누구의 동의를 받아야 하는지?

사업 또는 사업장에 근로자의 과반수로 조직된 노동조합이 있는 경우에는 그 노동조합, 근로자의 과반수로 조직된 노동조합이 없는 경우에는 근로자의 과반수의 동의를 받아야 한다(근로기준법 제94조 제1항). 과반수 노동조합의 동의는 노조위원장이 노동조합을 대표하여 동의하면 되고, 노동조합 근로자의 동의를 추가로 받아야 하는 것은 아니다.

⑧ 근로조건이 이원화되었거나, 현재는 불이익이 없으나 장차 해당 취업규칙의 적용이 예상되는 경우에 동의 주체는?

여러 근로자 집단이 하나의 근로조건 체계 내에 있어 비록 취업규칙의 불이익변경 시점에는 일부 근로자 집단만이 직접적인 불이익을 받더라도 그 나머지 다른 근로자 집단에게도 장차 직급의 승급 등으로 변경된 취업규칙의 적용이 예상되는 경우에는 일부 근로자 집단은 물론 장래 변경된 취업규칙 규정의 적용이 예상되는 근로자 집단을 포함한 전체 근로자 집단이 동의주체가 되고, 그렇지 않고 근로조건이 이원화되어 있어 변경된 취업규칙이 적용되어 직접적으로 불이익을 받게 되는 근로자 집단 이외에 변경된 취업규칙의 적용이 예상되는 근로자 집단이 없는 경우에는 변경된 취업규칙이 적용되어 불이익을 받는 근로자 집단만이 동의주체가 된다(대법원 2009다49377, 2009.11.12).

⑨ 직종 간 근로조건이 다른 경우 한 직종만 취업규칙 변경에 동의를 한 경우 효력범위는?

사원과 노무원으로 이원화된 개정 퇴직금규정이 개정 전의 그것보다도 퇴직금 지급일수의 계산 및 퇴직금 산정 기초임금의 범위에 있어 근로자에게 불리하게 변경된 경우에는 이에 관하여 종전 취업규칙의 적용을 받고 있던 근로자 집단의 동의가 있어야 유효하다고 할 것인바, 노동조합원인 총 근로자 중 85%가 넘는 수를 차지하는 노무원이 퇴직금개정안에 완전히 동의하였다 하더라도 개정 퇴직금규정이 노무원에 대한 부분에 국한하여 효력이 있는 것일 뿐, 개정에 동의한 바 없는 사원에 대한 부분은 효력이 없다(대법원 90다카19647, 1990.12.7).

⑩ 취업규칙을 변경하면 반드시 신고해야 하는지?

취업규칙 작성과 같이 변경하는 경우에도 고용노동부장관에 신고해야 한다. 신고하지 않으면 과태료가 부과될 수 있으나, 유효하게 변경된 취업규칙은 신고 여부와 무관하게 효력이 발생하게 된다.

⑪ 10인 미만 사업장 취업규칙의 효력 및 변경 요건은?

상시 10인 미만의 근로자를 사용하는 사용자는 취업규칙의 작성·신고의무가 없으나 실제로 취업규칙을 통하여 근로조건의 전부 또는 일부를 규율하고 있다면, 근로조건의 저하를 초래하는 취업규칙의 불이익변경 시 근로기준법 제94조의 규정에 의한 근로자의 동의를 얻어야 효력이 있는 것이다. 다만, 상시 4인 이하의 근로자를 사용하는 사업(장)은 취업규칙에 관한 규정이 적용되지 않으므로 사용자가 임의로 취업규칙을 작성. 운영하더라도 동법 제97조의 효력을 인정하기 어렵다고 본다(근로기준팀-2046, 2005.12.28).

즉, 상시근로자 10인 미만 5인 이상의 사업장에서는 취업규칙의 작성 및 신고의무가 없으나, 사업장에서 실제로 취업규칙이 존재한다면 취업규칙에 미달하는 근로계약은 무효가 되는 효력 발생한다. 또한 취업규칙을 변경하기 위해서는 불이익 변경 절차를 따라야 한다.

다만, 상시근로자 4인 이하의 사업장에서는 근로기준법의 취업규칙에 관한 사항을 적용받지 않으므로 취업규칙의 작성 및 신고의무도 없고, 사업장에서 취업규칙이 있다고 하더라도 그 효력이 없다.

3
취업규칙의 효력

① 취업규칙 작성 시 또는 유리하게 변경하는 경우 근로자 의견청취가 반드시 필요한 것인지?

의견청취 방법은 집단적 회의 방법, 근로자에게 취업규칙안을 돌리고 서명을 받은 방법 등 과반수의 의견을 들었음을 객관적으로 증명할 수 있는 방법을 사용한다. 사내회보 등에 취업규칙 변경내용을 게재하고 의견을 제출토록 하더라도 근로자 과반수에게 배포되는 등 근로자 과반수가 읽을 수 있도록 제도적으로 보장되면 의견을 들은 것으로 해석된다. 의견청취는 동의나 합의를 의미하지는 않으며 의견에 고속을 받는 것도 아니다. 따라서 반대의 의사표시를 한 자가 더 많아도 적법하게 의견을 청취하면 의견청취의 효력은 유지된다(근기 01254-9222, 1991.6.27). 또한 의견청취를 전혀 하지 않더라도 취업규칙 효력에는 영향이 없다(대법원 90나22624, 1991.4.9).

② 취업규칙을 불이익하게 변경할 때 동의하지 않은 직원에게도 효력이 발생하는지?

사용자가 취업규칙에 규정된 근로조건의 내용을 근로자에게 불이익하게 변경하는 경우에는 그 변경이 사회통념상 합리성이 있다고 인정되지 않는 한 취업규칙의 적용을 받고 있던 근로자들의 집단적 의사결정 방법에 의한 동의를 얻어야 하고 그 동의는 근로자 과반수로 조직된 노동조합이 있는 경우에는 노동조합의, 노동조합이 없는 경우에는 근로자들의 자주적인 의견의 집약에 의한 과반수의 동의를 의미하는 것으로서 위와 같은 방법에 의한 동의가 없는 한 취업규칙 변경은 효력이 없고, 이는 그러한 취업규칙의 변경에 대하여 개인적으로 동의한 근로자에 대하여도 마찬가지이다(대법원 91다38174, 1992.12.8). 마찬가지로 유효하게 불이익 변경 절차를 거친 취업규칙에 대해서는 그 취업규칙 변경에 동의를 하지 아니한 직원에게도 효력이 발생한다. 다만, 동의를 받지 못한 취업규칙은 기존 근로자에게는 적용되지 아니하지만, 신규 입사한 직원들 또는 계약기간이 종료되고 재입사한 직원들에 대해서는 유효하게 적용된다(대법원 2009다58364, 2011.6.24).

③ 변경 당시에는 동의하지 않았다가 나중에 동의할 수도 있는지?

개정된 보수규정이 구 보수규정보다 근로자들에게 불이익함에도 근로자들의 집단적 의사결정 방법에 의한 동의를 얻지 아니하여 무효라는 법원의 판결이 선고되자, 개정 보수규정이 무효인 점을 알고 있는 근로자 과반수 이상으로 구성된 노동조합과 단체협약을 체결하고 신 보수규정을 개정한 후 이를 소급하여 적용하기로 합의하였으므로, 비록 이 단체협약이나 신 보수규정이 구 보수규정의 적용을 받고 있는 근로자들에게 불리하다고 하더라도 신 보수규정은 유효하다(대법원 99다10806, 2000.12.22).

④ 근로자의 동의 없이 불리하게 변경된 취업규칙의 효력은?

사용자가 취업규칙에서 정한 근로조건을 근로자에게 불리하게 변경함에 있어서 근로자의 동의를 얻지 않은 경우에 그 변경으로 기득이익이 침해되는 기존의 근로자에 대한 관계에서는 변경의 효력이 미치지 않게 되어 종전 취업규칙의 효력이 그대로 유지되지만, 변경 후에 변경된 취업규칙에 따른 근로조건을 수용하고 근로관계를 갖게 된 근로자에 대한 관계에서는 당연히 변경된 취업규칙이 적용되어야 하고, 기득이익의 침해라는 효력배제사유가 없는 변경 후의 취업근로자에 대해서까지 변경의 효력을 부인하여 종전 취업규칙이 적용되어야 한다고 볼 근거가 없다. 또한 이 경우에 취업규칙변경 후에 취업한 근로자에게 적용되는 취업규칙과 기존 근로자에게 적용되는 취업규칙이 병존하는 것처럼 보이지만, 현행의 법규적 효력을 가진 취업규칙은 변경된 취업규칙이고 다만 기존 근로자에 대한 관계에서 기득이익침해로 그 효력이 미치지 않는 범위 내에서 종전 취업규칙이 적용될 뿐이므로, 하나의 사업 내에 둘 이상의 취업규칙을 둔 것과 같이 볼 수는 없다(대법원 91다45165, 1992.12.22).

⑤ 취업규칙과 근로계약의 효력관계는?

취업규칙에서 정한 기준에 미달하는 근로조건을 정한 근로계약은 그 부분에 관하여는 무효로 한다. 이 경우 무효로 된 부분은 취업규칙에 정한 기준에 따른다(근로기준법 제97조). 취업규칙에 미달하는 근로계약은 취업규칙에 따르므로 취업규칙은 근로계약의 최저기준이 된다.

⑥ 취업규칙과 단체협약의 효력관계는?

단체협약에 정한 근로조건 기타 근로자의 대우에 관한 기준에 위반하는 취업규칙 또는 근로계약의 부분은 무효로 한다. 또한, 근로계약에 규정되지 아니한 사항 또는 무효로 된 부분은 단체협약에 정한 기준에 의한다(노동조합 및 노동관계 조정법 제33조). 즉, 단체협약에 위반하는 취업규칙이나 근로계약은 무효이고, 효력이 없는 부분은 단체협약에 의하게 되는 것으로 단체협약이 상위규범으로 작용한다.

단체협약에 반하지 않는 한 사용자는 취업규칙에서 새로운 징계사유를 정할 수 있고, 그 징계사유에 터 잡아 징계할 수도 있다(대법원 92다48697, 199.4.27). 또한 단체협약에서 근로자를 해고함에 있어 해고사유 등을 단체협약에 의하도록 명시적으로 규정하고 있거나 동일한 징계사유에 관하여 단체협약상의 규정과 취업규칙 등의 규정이 상호 저촉되는 경우에는 사용자는 단체협약 소정의 징계사유에 의하여만 근로자를 징계할 수 있다(대법원 2005두1152, 2005.5.26)고 하여 단체협약의 취업규칙에 우선하는 효력을 인정하였고, 단체협약의 개정 경위와 그 취지에 비추어 볼 때, 단체협약의 개정에도 불구하고 종전의 단체협약과 동일한 내용의 취업규칙이 그대로 적용된다면 단체협약의 개정은 그 목적을 달성할 수 없으므로 개정된 단체협약에는 당연히 취업규칙상의 유리한 조건의 적용을 배제하고 개정된 단체협약이 우선적으로 적용된다는 내용의 합의가 포함된 것이라고 봄이 당사자의 의사에 합치한다고 할 것이고, 따라서 개정된 후의 단체협약에 의하여 취업규칙상의 면직기준에 관한 규정의 적용은 배제된다고 보아야 할 것이다(대법원 2002두9063, 2002.12.27)라고 하여 유리한 취업규칙의 적용을 부정하였다.

⑦ 근로계약과 단체협약의 효력관계는?

근로계약도 취업규칙과 마찬가지로 노동조합 및 노동관계 조정법 제33조에서 단체협약에서 정한 근로기준에 위반하는 부분은 무효라고 하였으므로, 근로계약보다 단체협약이 우선한다고 볼 수 있으며, 유리한 근로계약의 적용도 부정할 것이다.

그러나 최근 지방법원 판례(대구지법 2020가단120698, 2021.5.27)에 따르면, 상여금 지급률을 축소하여 단체협약을 체결하였어도, 근로계약서에 이보다 유리한 상여금 지급률로 근로계약을 체결한 경우 유리한 근로계약을 인정하였다. 이 판결에서도 일률적으로 단체협약이 최저기준으로 확정한 것은 아니고 단체협약이 근로계약의 최저기준인지 최고기준인지의 여부는 구체적인 내용에 따라 판단한다고 하여 향후 상급심의 판단을 확인할 필요가 있다.

VIII

비정규직

　비정규직이란 용어는 법적인 용어가 아니고, 근로방법·근로방식·근로시간·근로계약기간·근로계약 주체 등의 측면에서 전일제 풀타임 근로를 하며 정년까지 고용이 보장된 정규직과 대비되는 의미로 사용되고 있다. 즉, 정규직이 고용주에 의해 직접 고용되고 계약기간을 따로 정하지 않으며 전일제 노동을 한다면, 이런 형태를 벗어나는 것이 비정규직이라 할 수 있다. 비정규직을 구분하면 한시적인 기간 동안 근로관계를 맺는 기간제근로자, 정규직근로자보다 근로시간이 짧은 단시간근로자, 사업장의 사용자에게 업무에 대한 지휘·감독은 받지만 근로계약은 다른 사용자와 체결하는 파견근로자 등으로 구분할 수 있다.

1
기간제근로자

　기간제근로자라 함은 기간의 정함이 있는 근로계약을 체결한 근로자를 말한다(기간제 및 단시간근로자 보호 등에 관한 법 제2조 1호). 기간제근로자는 기간의 정함이 없는 계약을 체결한 근로자와 대비되는 개념이라 할 수 있다.

① 기간제근로자 사용기간과 사용기간 예외에 해당하는 사유는?

　사용자는 2년을 초과하지 아니하는 범위 안에서(기간제 근로계약의 반복갱신 등의 경우에는 그 계속 근로한 총기간이 2년을 초과하지 아니하는 범위 안에서) 기간제근로자를 사용할 수 있다. 다만, 다음 각 호의 어느 하나에 해당하는 경우에는 2년을 초과하여 기간제근로자로 사용할 수 있다(기간제 및 단시간근로자 보호 등에 관한 법 제4조 제1항).

2년 초과 사용 사유	비고
사업의 완료 또는 특정한 업무의 완성에 필요한 기간을 정한 경우	
휴직·파견 등으로 결원이 발생하여 당해 근로자가 복귀할 때까지 그 업무를 대신할 필요가 있는 경우	

2년 초과 사용 사유	비고
근로자가 학업, 직업훈련 등을 이수함에 따라 그 이수에 필요한 기간을 정한 경우	
고령자고용촉진법 제2조 1호의 고령자와 근로계약을 체결하는 경우	- 고령자는 만 55세 이상인 사람
전문적 지식·기술의 활용이 필요한 경우와 정부의 복지정책·실업대책 등에 따라 일자리를 제공하는 경우로서 대통령령이 정하는 경우	- 전문적 지식·기술의 활용이 필요한 경우 ⅰ) 박사 학위를 소지하고 해당 분야에 종사하는 경우 ⅱ) 기술사 등급의 국가기술자격을 소지하고 해당 분야에 종사하는 경우 ⅲ) 전문자격(건축사, 공인노무사, 공인회계사, 관세사, 변리사, 변호사, 보험계리사, 손해사정사, 감정평가사, 수의사, 세무사, 약사, 의사, 등)을 소지하고 해당 분야에 종사하는 경우 - 정부의 복지정책·실업대책 등에 의하여 일자리를 제공하는 경우 ⅰ) 고용정책 기본법, 고용보험법 등 다른 법령에 따라 국민의 직업능력 개발, 취업 촉진 및 사회적으로 필요한 서비스 제공 등을 위하여 일자리를 제공하는 경우 ⅱ) 제대군인의 고용증진 및 생활안정을 위하여 일자리를 제공하는 경우 ⅲ) 국가보훈대상자에 대한 복지증진 및 생활안정을 위하여 보훈도우미 등 복지지원 인력을 운영하는 경우

2년 초과 사용 사유	비고
그 밖에 제1호 내지 제5호에 준하는 합리적인 사유가 있는 경우로서 대통령령이 정하는 경우	- 그 밖에 대통령령이 정하는 경우 ⅰ) 다른 법령에서 기간제근로자의 사용 기간을 달리 정하거나 별도의 기간을 정하여 근로계약을 체결할 수 있도록 한 경우 ⅱ) 국방부장관이 인정하는 군사적 전문적 지식·기술을 가지고 관련 직업에 종사하거나 대학에서 안보 및 군사학 과목을 강의하는 경우 ⅲ) 특수한 경력을 갖추고 국가안전보장, 국방·외교 또는 통일과 관련된 업무에 종사하는 경우 ⅳ) 학교에서 강사, 조교의 업무와 명예교수, 겸임교원, 초빙교원 등의 업무에 종사하는 경우 ⅴ) 한국표준직업분류의 대분류 1과 2 직업에 종사하는 자의 근로소득이 고용노동부장관이 최근 조사한 고용형태별근로실태조사의 한국표준직업분류 대분류 2 직업에 종사하는 자의 근로소득 상위 100분의 25에 해당하는 경우 ⅵ) 1주 동안의 소정근로시간이 뚜렷하게 짧은 (15시간 미만) 단시간근로자를 사용하는 경우 ⅶ) 체육지도자 업무에 종사하는 경우 ⅷ) 국공립연구기관, 정부출연연구기관, 특정연구기관, 지방자치단체출연 연구기관, 공공기관의 부설 연구기관, 기업 또는 대학의 부설 연구기관, 법인인 연구기관에서 연구업무에 직접 종사하는 경우 또는 실험·조사 등을 수행하는 등 연구업무에 직접 관여하여 지원하는 업무에 종사하는 경우

② **기간제근로자를 2년을 초과하여 사용할 수 있는 예외에 해당하지 않는데 2년을 초과하여 사용한다면?**

2년 초과하여 근무하는 기간제근로자는 기간의 정함이 없는 근로계약을 체결한 근로자로 본다(기간제 및 단시간근로자 보호 등에 관한 법 제4조 제1항). 이때 근로계약의 기간만이 기간의 정함이 없는 것으로 변경되고, 다른 근로조건의 변동이 있는 것은 아니다.

③ **기간제근로자를 2년을 초과하여 사용할 수 있는 경우인 사업의 완료 또는 특정한 업무의 완성이란?**

건설공사, 특정 프로그램 개발 또는 프로젝트 완수를 위한 사업 등과 같이 객관적으로 일정 기간 후 종료될 것이 명백한 사업 또는 특정한 업무에 관하여 그 사업 또는 업무가 종료될 것으로 예상되는 시점까지로 계약기간을 정한 경우를 말한다.

그러나 2년을 초과하는 경우 기간제근로자는 기간의 정함이 없는 근로자가 되는 규정의 적용을 회피하기 위하여 형식적으로 사업의 완료 또는 특정한 업무의 완성에 필요한 기간을 정한 근로계약을 반복 갱신하여 체결하였으나 각 근로관계의 계속성을 인정할 수 있는 경우에는 기간제 및 단시간근로자 보호 등에 관한 법 제4조 제1항 단서 1호에 따라 사용자가 2년을 초과하여 기간제근로자를 사용할 수 있는 '사업의 완료 또는 특정한 업무의 완성에 필요한 기간을 정한 경우'에 해당한다고 할 수 없다. 각 근로관계의 계속성을 인정할 수 있는지는 각 근로계약이 반복 갱신하여 체결된 동기와 경위, 각 근로계약의 내용, 담당 업무의 유사성, 공백기간의 길이와 발생이유, 공백기간 동안 그 근로자의 업무를 대체한 방식 등 관련 사정을 종합적으로 고려하여 판단하여야 한다(대법원 2016다255910, 2017.2.3).

④ 임원수행기사 업무가 2년 초과사용 예외에 해당되는지?

근로계약기간이 임원의 임기에 맞추어 고용된 임원 차량 운전원은 임원의 임기와 근로계약기간이 동일하고, 근로자의 직무내용이 임원 차량 운전으로 특정되어 있을 경우에 '특정한 업무의 완성에 필요한 기간을 정한 경우'에 해당하여 2년을 초과하여 계속 근로하더라도 기간의 정함이 없는 근로자로 전환되지 않는다(중노위 중앙2018부해804, 2018.10.11).

⑤ 공공서비스를 위한 일자리는 2년 초과 사용이 가능한 사유에 해당하는지?

노인돌봄기본서비스 사업은 사회적으로 필요한 서비스 제공을 위하여 일자리를 제공하는 1년 단위의 한시적 위탁 사업으로, 기간제근로자 사용기간 제한의 예외에 해당하여 2년을 초과하여 계속 근로하였더라도 기간의 정함이 없는 근로자로 전환되었다고 할 수 없다. 다만, 근로자들에게 근로계약의 갱신기대권이 인정된다면, 갱신거절의 정당성 여부를 판단할 수 있다. 그러나 계약기간 만료에도 일정한 요건이 충족되면 근로계약이 갱신된다는 취지의 별도의 규정이 없고, 당사자들 사이에 근로계약이 갱신된다는 신뢰관계가 형성되었다고 보기 어려워 근로계약의 갱신기대권이 인정되지 않으며, 갱신거절의 합리성 여부는 더 나아가 살펴볼 필요가 없다(중노위 중앙2018부해694, 2018.8.9).

국고보조를 받아 실시한 공공도서관 개관시간 연장사업은 그 서비스 이용 주체인 시민의 정서를 함양하고 문화수준을 높이기 위한 사회서비스 확충뿐만 아니라, 연장 개관에 필요한 인력을 채용함으로써 일자리 창출을 주된 목적의 하나로 추진된 것인 점, 이로 말미암아 해당 지방자치단체는 감사원으로부터 사회서비스 일자리창출 사업 추진실태에 대한 감사를 받기도 한 점, 본 사업은 국고보조금 지원을 전제로 한 것으로 그 지원이 중단될 경우 지속될 수 없는 내재적 한계를 가진 점 등을 종합하면, 기간제근로자로 채용한 것은 '복지정책·실업대책 등에 따라 사회적으로 필요한 서비스 제공을 위하여 일자리를 제공하는 경우'에 해당한다고 봄이 타당하므로 기간제근로자 사용기간 제한의 예외 사유에 해당한다(대법원 2012두18585, 2012.12.26).

다만, '복지정책·실업대책 등에 따라 사회적으로 필요한 서비스 제공을 위하여 일자리를 제공하는 경우'란 직업능력 개발, 취업촉진 등을 위하여 한시적으로 추진하는 것이 일반적이므로 기간제한의 예외에 포함시킨 것이며, 이에 해당하는 경우는 본래의 사업을 추진함에 따라 부수적으로 일부 일자리 제공의 효과가 발생하는 것이 아니라 법령에 근거하여 사업의 주된 목적이 취업취약계층에게 한시적으로 일자리를 제공하는 경우로서 정부의 재정지원을 통해 실시하는 일자리 사업을 의미하는 것으로 보아야 한다. 따라서 국민건강증진법에 근거하여 '98년 시범사업(18개소)을 시작으로 2010년 현재 전국보건소에서 운영 중이며, 국민의 건강수준 향상을 위해 영양사, 운동지도사 등을 채용하여 영양섭취, 비만문제 등 지역주민의 건강행태 개선을 위한 사업인 지역특화개선사업은 전형적인 공공행정서비스로 판단할 수 있으므로 기간제근로자 사용기간 예외사유에 해당하지 않는다(고용평등정책과-1671, 2010.12.30).

⑥ 2년 초과사용 예외에 해당하는 고용형태별근로실태조사의 한국표준직업분류 대분류 2 직업에 종사하는 자의 근로소득 상위 100분의 25에 해당하는 금액은?

2020년도 고용형태별근로실태조사의 한국표준직업분류 대분류 2 직업 종사자(전문가 및 관련 종사자)의 근로소득 상위 100분의 25에 해당하는 금액은 66,000,000원이며, 해당 금액 공고일은 2021년 6월 4일이고, 다음 공고일 전일까지 적용한다(고용노동부 공고 제2021-244호).

⑦ 2년 초과사용 예외에 해당하는 단시간근로자의 기준과 단시간 근로와 통상근로가 혼재되어 있을 경우 2년 사용기간의 판단은?

1주 간의 소정근로시간이 15시간 미만인 근로자(이른바 초단시간근로자)는 기간제근로자 2년 초과사용 예외에 해당한다. 만약 15시간 미만 근로한 기간과 15시간 이상 근로한 기간이 섞여 있거나, 단시간근로자로 기간제 근로계약을 체결하였다가 근로관계가 종료된 이후에 새로이 일반 기간제 근로계약을 체결한 경우에는 무기계약 간주 요건인 2년을 산정할 때 15시간 미만 근로한 기간은 제외한다(대법원 2013다2672, 2014.11.27).

⑧ 기간제근로자의 근로계약기간이 종료되면 근로관계는 자동적으로 종료되는지?

근로계약기간을 정한 경우에 있어서 근로계약 당사자 사이의 근로관계는 특별한 사정이 없는 한 그 기간이 만료함에 따라 사용자의 해고 등 별도의 조처를 기다릴 것 없이 근로자로서의 신분관계는 당연히 종료된다(대법원 2005두5673, 2006.2.24).

⑨ 기간제근로계약을 체결하였음에도 불구하고 근로계약종료가 해고로 판단될 수 있는 경우는?

기간을 정한 근로계약서를 작성한 경우에도 예컨대 단기의 근로계약이 장기간에 걸쳐서 반복하여 갱신됨으로써 그 정한 기간이 단지 형식에 불과하게 된 경우 등 계약서의 내용과 근로계약이 이루어지게 된 동기 및 경위, 기간을 정한 목적과 채용 당시 계속근로의사 등 당사자의 진정한 의사, 근무기간의 장단 및 갱신 횟수, 동종의 근로계약 체결 방식에 관한 관행 그리고 근로자보호법규 등을 종합적으로 고려하여 그 기간의 정함이 단지 형식에 불과하다는 사정이 인정되는 경우에는 계약서의 문언에도 불구하고 사실상 기간의 정함이 없는 근로계약을 맺었다고 볼 것이며, 이 경우(사실상 기간의 정함이 없는 근로자의 지위에 있는 경우) 사용자가 정당한 사유 없이 갱신계약 체결을 거절하는 것은 해고와 마찬가지로 무효이다(대법원 2005두16901, 2007.9.7).

⑩ 기간제근로계약이 형식에 불과한 것이 아니더라도 근로계약기간의 만료가 근로관계의 종료로 자동적으로 처리할 수 없는 경우는?

기간을 정하여 근로계약을 체결한 근로자의 경우 그 기간이 만료됨으로써 근로자로서의 신분관계는 당연히 종료되고 근로계약을 갱신하지 못하면 갱신거절의 의사표시가 없어도 그 근로자는 당연 퇴직되는 것이 원칙이다. 그러나 근로계약, 취업규칙, 단체협약 등에서 기간만료에도 불구하고 일정한 요건이 충족되면 당해 근로계약이 갱신된다는 취지의 규정을 두고 있거나, 그러한 규정이 없더라도 근로계약의 내용과 근로계약이 이루어지게 된 동기 및 경위, 계약 갱신의 기준 등 갱신에 관한 요건이나 절차의 설정 여부 및 그 실태, 근로자가 수행하는 업무의 내용 등 당해 근로관계를 둘러싼 여러 사정을 종합하여 볼 때 근로계약 당사자 사이에 일정한 요건이 충족되면 근로계약이 갱신된다는 신뢰관계가 형성되어 있어 근로자에게 그에 따라 근로계약이 갱신될 수 있으리라는 정당한 기대권이 인정되는 경우에는 사용자가 이에 위반하여 부당하게 근로계약의 갱신을 거절하는 것은 부당해고와 마찬가지로 아무런 효력이 없고, 이 경우 기간만료 후의 근로관계는 종전의 근로계약이 갱신된 것과 동일하다고 할 것이다(대법원 2007두1729, 2011.4.14).

⑪ 2년 초과사용 예외사유에 해당하는 경우에도 갱신기대권이 적용될 수 있는지?

기간제법 제4조 제1항 단서의 예외사유에 해당하지 않는 한 2년을 초과하여 기간제근로자로 사용하는 경우 기간의 정함이 없는 근로계약을 체결한 것으로 간주하고 있으나, 기간제법의 입법 취지가 기간제근로자 및 단시간근로자에 대한 불합리한 차별을 시정하고 근로조건 보호를 강화하기 위한 것임을 고려하면, 기간제 및 단시간근로자 보호 등에 관한 법 제4조 제1항 단서의 예외사유에 해당한다는 이유만으로 갱신기대권에 관한 위 법리의 적용이 배제된다고 볼 수는 없다(대법원 2016두50563, 2017.2.3).

⑫ 기간제근로 중 정년 연령이 도래한 경우 근로계약관계를 종료할 수 있는지?

근로계약서에 시기만 있고 정규직근로자라고 기재되어 있으나 단서에 "1년마다 계약갱신을 할 수 있다"라고 규정하고 있으며, 운영규정에도 "근로계약기간의 명시가 있는 것을 제외하고는 1년으로 한다"라고 규정하고 있어 1년간 기간의 정함이 있는 근로계약이라 할 것이고, 근로계약서에 정년 도달 시 퇴직된다는 명시 없이, 운영규정에 "계약기간이 만료되거나 정년에 달하였을 때"라고 병렬적으로 규정하였다면, 사용자가 계약기간의 이익을 누릴 수 있는 근로자를 정년 도달이라는 이유만으로 퇴직시킨 것은 근로자의 의사에 반한 해고로 정당한 이유가 없으며, 구제절차 진행 중 계약기간이 만료되었다 하더라도 노동위원회 구제절차의 도입 취지와 금전보상명령 도입 배경 등에 비추어 임금상당액 지급명령의 구제이익이 인정된다 할 것이다(중노위 중앙2015부해1101, 2016.1.28).

⑬ 기간제근로 기간 중 근로계약 갱신규정을 신설한 경우 해당 갱신요건을 적용하지 않고 다른 사유로 근로계약을 종료한 것이 정당성이 있는지?

근로계약이 최초로 갱신되었던 2012년 1월경에는 별다른 심사절차를 거치지 않고 방문간호사 전원이 재계약되었다. 또한 보건소가 2012년 8월경 내부 게시판을 통해 '동료평가제' 도입을 공지하면서도 "평가 결과의 반영 여부나 정도는 방문건강관리센터장이 추후 결정하겠다"는 추상적 방침만이 언급되었을 뿐이며, 실적평가, 만족도 조사 및 동료평가 결과 하위 10% 인력에 대해서는 재계약을 하지 않겠다는 방침은 계약기간 만료 직전인 2012년 12월 27일에 비로소 논의되었다. 사정이 이와 같다면, 근로계약 만료 직전에야 보건소가 그 적용 여부를 논의하기에 이른 평가 기준에 따라 재계약 여부를 결정할 것이라는 신뢰관계가 방문간호사와 보건소 사이에 구체적으로 형성되었다고 보기는 어렵고, 따라서 평가 항목의 선정이나 평가 절차의 객관성을 포함한 평가 자체의 적정성에 국한하지 않고 근무태도 등 제반 사정에 비추어 방문간호사와의 재계약을 거절할 합리적인 사유가 인정된다면 이 사건 갱신거절의 정당성은 유지될 수 있다고 봄이 상당하다.

따라서 보건소가 방문간호사의 평소 근무태도(동료와의 잦은 불화와 갈등, 지시 불응)와 이 사건 평가 결과(평가 성적 저조)를 종합하여 갱신 거절 조치를 취한 것에는 합리적인 이유가 존재한다고 평가된다(서울중앙지법 2013가합558927, 2015.3.20).

⑭ 2년의 근로계약기간 만료 후 퇴사한 기간제근로자를 기간제근로자로 다시 채용할 수 있는지?

기간의 정함이 있는 근로계약은 그 기간의 만료로 고용관계가 종료됨이 원칙이므로 근로계약 2년 만료 후 새로운 공개채용에 응시할 수 있으며, 채용공고, 서류전형, 면접, 새로운 사번부여 등 실질적인 공개채용과정을 거친다면 각각의 근로기간은 단절되므로 기존 기간제근로자를 다시 채용할 수 있다. 한편, 공개모집을 통한 공개채용 절차가 형식에 불과하여 관행상 이전에 근무한 근로자를 동일한 업무에 다시 채용하여 재계약 또는 계속고용의 기대가 형성되어 있고, 공개모집절차가 법 회피목적으로 이루어진 것에 불과하다면 반복적으로 체결한 근로계약 전체 기간을 계속근로로 인정하여, 계속근로기간이 2년을 초과한 때에는 기간의 정함이 없는 근로자로 볼 수도 있다(고용평등정책과-1056, 2010.11.12).

⑮ 출산전후휴가기간 또는 육아휴직기간 중 근로계약이 만료되는 경우 근로계약을 종료시킬 수 있는지?

산전산후휴가 및 육아휴직기간 중 계약기간이 만료되면 사업주의 의무도 함께 종료되므로 산전후휴가 및 육아휴직은 종료된다. 다만, 반복적으로 수차에 걸쳐 근로계약을 갱신하여 왔다면 기간의 정함이 없는 근로자로 간주될 수 있으며, 정당한 이유 없이 해고 또는 계약관계 종료를 할 수 없으며(여성고용과-2112, 2010.6.14), 근로계약에 있어서 갱신기대권이 인정되는 경우에도 정당한 이유 없이 근로계약 기간을 종료시킬 수 없다.

2
단시간근로자

단시간근로자란 1주 동안의 소정근로시간이 그 사업장에서 같은 종류의 업무에 종사하는 통상 근로자의 1주 동안의 소정근로시간에 비하여 짧은 근로자를 말한다(근로기준법 제2조 제1항 9호). 단시간근로자의 근로조건은 근로시간에 비례하여 보호되고, 근로시간이 주당 15시간 미만인 이른바 '초단시간근로자'에 대해서는 노동관계법령의 의무를 일부 배제하여 사용자의 의무를 경감시켜 주고 있다.

① **단시간근로자의 근로조건은 어떻게 결정하는지?**

단시간근로자의 근로조건은 그 사업장의 같은 종류의 업무에 종사하는 통상 근로자의 근로시간을 기준으로 산정한 비율에 따라 결정되어야 한다(근로기준법 제18조 제1항). 단시간근로자의 근로조건을 결정할 때에 기준이 되는 사항이나 그 밖에 필요한 사항은 다음과 같다(근로기준법 제18조 제2항 및 근로기준법 시행령 별표2).

[별표 2] 단시간근로자의 근로조건 결정기준 등에 관한 사항(제9조 제1항 관련)

1. 근로계약의 체결
   가. 사용자는 단시간근로자를 고용할 경우에 임금, 근로시간, 그 밖의 근로조건을 명확히 적은 근로계약서를 작성하여 근로자에게 내주어야 한다.
   나. 단시간근로자의 근로계약서에는 계약기간, 근로일, 근로시간의 시작과 종료 시각, 시간급, 임금, 그 밖에 고용노동부장관이 정하는 사항이 명시되어야 한다.

2. 임금의 계산
   가. 단시간근로자의 임금산정 단위는 시간급을 원칙으로 하며, 시간급 임금을 일급 통상임금으로 산정할 경우에는 나목에 따른 1일 소정근로시간 수에 시간급 임금을 곱하여 산정한다.
   나. 단시간근로자의 1일 소정근로시간 수는 4주 동안의 소정근로시간을 그 기간의 통상 근로자의 총 소정근로일 수로 나눈 시간 수로 한다.

3. 초과근로
   가. 사용자는 단시간근로자를 소정 근로일이 아닌 날에 근로시키거나 소정근로시간을 초과하여 근로시키고자 할 경우에는 근로계약서나 취업규칙 등에 그 내용 및 정도를 명시하여야 하며, 초과근로에 대하여 가산임금을 지급하기로 한 경우에는 그 지급률을 명시하여야 한다.
   나. 사용자는 근로자와 합의한 경우에만 초과근로를 시킬 수 있다.

4. 휴일·휴가의 적용
   가. 사용자는 단시간근로자에게 법 제55조에 따른 유급휴일을 주어야 한다.
   나. 사용자는 단시간근로자에게 법 제60조에 따른 연차유급휴가를 주어야 한다. 이 경우 유급 휴가는 다음의 방식으로 계산한 시간단위로 하며, 1시간 미만은 1시간으로 본다.
   통상 근로자의 연차휴가일수 × (단시간근로자의 소정근로시간 ÷ 통상 근로자의 소정근로시간) × 8시간
   다. 사용자는 여성인 단시간근로자에 대하여 법 제73조에 따른 생리휴가 및 법 제74조에 따른 산전후휴가를 주어야 한다.
   라. 가목 및 다목의 경우에 사용자가 지급하여야 하는 임금은 제2호 가목에 따른 일급 통상임금을 기준으로 한다.
   마. 나목의 경우에 사용자가 지급하여야 하는 임금은 시간급을 기준으로 한다.

5. 취업규칙의 작성 및 변경
   가. 사용자는 단시간근로자에게 적용되는 취업규칙을 통상근로자에게 적용되는 취업규칙과 별도로 작성할 수 있다.
   나. 가목에 따라 취업규칙을 작성하거나 변경하고자 할 경우에는 적용대상이 되는 단시간근로자 과반수의 의견을 들어야 한다. 다만, 취업규칙을 단시간근로자에게 불이익하게 변경하는 경우에는 그 동의를 받아야 한다.
   다. 단시간근로자에게 적용될 별도의 취업규칙이 작성되지 아니한 경우에는 통상 근로자에게 적용되는 취업규칙이 적용된다. 다만, 취업규칙에서 단시간근로자에 대한 적용을 배제하는 규정을 두거나 다르게 적용한다는 규정을 둔 경우에는 그에 따른다.
   라. 가목 및 다목에 따라 단시간근로자에게 적용되는 취업규칙을 작성 또는 변경하는 경우에는 법 제18조 제1항의 취지에 어긋나는 내용이 포함되어서는 아니 된다.

② 초단시간근로자에게 적용되지 않는 것은?

4주 동안(4주 미만으로 근로하는 경우에는 그 기간)을 평균하여 1주 동안의 소정근로시간이 15시간 미만인 근로자에 대하여는 주휴일과 연차휴가를 적용하지 아니한다(근로기준법 제18조 제3항). 또한, 기간제근로자 사용기간 제한의 예외에 해당(기간제 및 단시간근로자 보호 등에 관한 법 시행령 제3조 제3항 6호)하며, 퇴직금 지급대상에 해당하지 않는다(근로자퇴직급여 보장법 제4조 제1항).

③ 실제근로시간과 소정근로시간이 다를 경우 초단시간근로자 판별 기준은?

근로기준법 제18조 제3항에 따르면 4주 동안을 평균해 1주 동안의 소정 근로 시간이 15시간 미만인 근로자에 대해서는 연차휴가, 퇴직금 규정 등이 적용되지 않으므로, 이때 소정근로시간이라 함은 법정근로시간의 범위에서 근로자와 사용자 사이에 정한 근로 시간을 말하므로, 실제 근로시간이 이에 미달되거나 연장근로가 발생한다 하더라도 달리 볼 수는 없을 것이다(근로조건지도과-4378, 2008.10.9). 한편 근로계약상 정하여진 1주당 15시간의 소정근로시간으로는 주어진 업무를 수행할 수 없어 실근로시간이 항상 1주당 15시간 이상이 됨에도 사용자가 경제적으로 우월한 지위를 이용하여 근로계약서 등에는 형식적으로 소정 근로시간을 1주당 15시간 미만으로 정하고, 실제로는 상시 초과 근로를 하지 아니할 수 없게 하는 등의 방법으로 무기계약직 전환 내지 계약의 갱신을 회피하는 경우, 이러한 소정근로시간 약정은 효력을 인정할 수 없고 근로자가 통상적으로 사용자에게 근로를 제공할 의무를 부담하는 시간을 기준으로 하여 초단시간 근로자 해당 여부를 판단하여야 할 것이다(서울고법 2017누76410, 2018.5.16).

④ 초단시간근로자에게 근로자의 날이 유급휴일로 적용될 수 있는지?

근로기준법에는 초단시간근로자에게 주휴일의 적용을 배제하는 것이지 근로자의 날 적용을 배제하는 것은 아니므로 초단시간근로자의 경우에도 근로자의 날이 근로계약 기간 내에 있는 경우 유급휴일로 보장되어야 한다(근로기준정책과-4361, 2015.9.10).

⑤ 1주 동안의 소정근로시간이 15시간 이상과 미만을 반복하는 경우 퇴직금지급과 연차휴가 부여는 어떻게 판단하여야 하는지?

4주간 평균하여 1주 소정근로시간이 15시간 이상과 미만을 반복하는 단시간근로자인 경우에는 퇴직일을 기준으로 이전 4주 단위씩 역산하여 1주 소정근로시간을 구하면 된다(근로기준정책과-4361, 2015.9.10). 즉, 퇴직일을 기준으로 역산하여 4주 단위로 1주 소정근로시간을 파악하여 1주 소정근로시간이 15시간 이상인 경우는 4주를 산입하고, 15시간 미만인 경우는 산입하지 않는 방식으로, 산입된 주의 합계가 52개 주를 초과한다면 해당 근로자의 계속근로 기간은 1년 이상이라고 볼 수 있으므로 퇴직금 지급 대상인 것으로 판단할 수 있다(퇴직연금복지과-5254, 2019.12.9).

연차휴가의 경우는 계속근로연수 1년간 전체에 대해 1주 동안의 소정 근로 시간(4주간 평균)이 15시간 이상인 근로자에게 적용된다(근로조건지도과-4378, 2008.10.9).

3
파견근로자

'근로자파견'이란 파견사업주가 근로자를 고용한 후 그 고용관계를 유지하면서 근로자파견계약의 내용에 따라 사용사업주의 지휘·명령을 받아 사용사업주를 위한 근로에 종사하게 하는 것을 말한다. 여기에서 '파견사업주'란 근로자파견사업을 하는 자, '사용사업주'란 근로자파견계약에 따라 파견근로자를 사용하는 자, '파견근로자'란 파견사업주가 고용한 근로자로서 근로자파견의 대상이 되는 사람 '근로자파견계약'이란 파견사업주와 사용사업주 간에 근로자파견을 약정하는 계약을 말한다(파견근로자 보호 등에 관한 법 제2조 1호에서 6호).

근로자파견을 도식화하면 다음과 같다.

1. 전통적인 근로관계

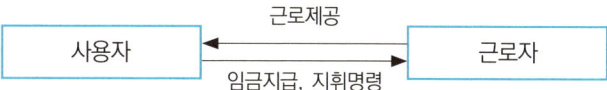

2. 파견 근로관계

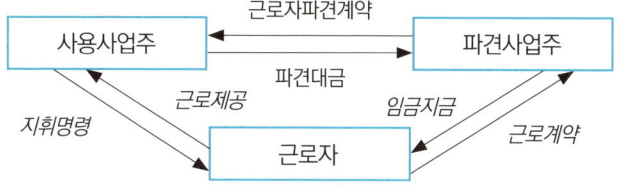

① 근로자파견은 어떤 제한이 있는지?

　근로자파견은 근로기준법 제9조에서 규율하고 있는 중간착취의 배제의 예외에 해당한다. 다만, 파견은 일정한 제한을 가하고 있는데, 근로자파견 대상 업무를 명시하고 있으며(파견근로자 보호 등에 관한 법 제5조 제1항) 그 대상은 첨부된 표(414~415페이지)와 같다(파견근로자 보호 등에 관한 법 시행령 별표 1). 또한 파견기간도 1년으로 제한하고 있으며 연장기간도 1년을 초과하여서는 아니 되며, 연장된 기간을 포함한 총 파견기간은 2년을 초과하여서는 안 된다(파견근로자 보호 등에 관한 법 제6조 제1항 및 제2항). 또한 근로자파견사업을 하려는 자는 고용노동부장관의 허가를 받아야 하며, 허가받은 사항 중 중요사항을 변경하는 경우에도 또한 같다(파견근로자 보호 등에 관한 법 제7조 제1항 및 제2항).

② 도급과 파견의 차이는 무엇인지?

도급이란 당사자 일방이 어느 일을 완성할 것을 약정하고 상대방이 그 일의 결과에 대하여 보수를 지급할 것을 약정함으로써 그 효력이 생기는 계약(민법 제664조)으로서 도급인은 수급인과 일의 완성을 계약하는 것이지 그 일의 완성을 위해 사용하는 근로자와는 아무런 관계가 없다. 즉, '근로자파견'에 있어서는 사용사업주가 파견사업주로부터 근로자를 파견받아 직접 지휘·명령하며 자신의 업무에 투입·사용하는 관계이고, 이에 비해 '도급'에 있어서는 수급인이 도급인으로부터 도급받은 업무를 수행하기 위해 수급인이 근로자를 고용하여 직접 지휘·명령하여 해당업무에 투입·사용하는 관계를 말한다(서울행법 2009구합22164, 2009.12.11).

파견과 도급 모두 근로자의 근로제공이 근로계약 상의 사용자가 아닌 제3자(파견의 경우 사용사업자, 도급의 경우 도급인)에게 귀속된다는 공통점이 있으나, 파견의 경우 일의 완성을 위해 파견사업주로부터 근로자를 공급받아 근로자를 사용하게 되므로 사용사업주와 근로자 간의 책임과 의무가 이행되어야 하나, 도급의 경우에는 도급인과 근로자와는 아무런 관계가 없고, 수급인만이 근로자와의 책임과 의무를 부담한다는 점에서 그 차이가 있다.

③ 도급과 파견의 판단기준은?

파견의 경우 사용사업주도 근로자에 대해 법적인 책임을 부담하지만 도급의 경우 근로자에 대하여 도급인은 근로자에 대한 책임을 부담하지 않는다. 더욱이 근로자 파견의 경우 파견대상 업무, 파견기간 등의 제한이 있어서 도급계약을 통하여 업무를 수행하고 근로자를 사용하려는 유인이 있다. 따라서 근로자보호와 노동관계법률의 명확한 적용을 위하여 도급과 파견의 판단은 매우 중요한 문제 중의 하나이다. 판례에서도 도급과 파견의 판단기준을 다음과 같이 제시하고 있다.

원고용주가 어느 근로자로 하여금 제3자를 위한 업무를 수행하도록 하는 경우 그 법률관계가 파견법의 적용을 받는 근로자파견에 해당하는지는 당사자가 붙인 계약의 명칭이나 형식에 구애될 것이 아니라, 제3자가 당해 근로자에 대하여 직·간접적으로 그 업무수행 자체에 관한 구속력 있는 지시를 하는 등 상당한 지휘·명령을 하는지, 당해 근로자가 제3자 소속 근로자와 하나의 작업집단으로 구성되어 직접 공동 작업을 하는 등 제3자의 사업에 실질적으로 편입되었다고 볼 수 있는지, 원고용주가 작업에 투입될 근로자의 선발이나 근로자의 수, 교육 및 훈련, 작업·휴게시간, 휴가, 근무태도 점검 등에 관한 결정 권한을 독자적으로 행사하는지, 계약의 목적이 구체적으로 범위가 한정된 업무의 이행으로 확정되고 당해 근로자가 맡은 업무가 제3자 소속 근로자의 업무와 구별되며 그러한 업무에 전문성·기술성이 있는지, 원고용주가 계약의 목적을 달성하기 위하여 필요한 독립적 기업조직이나 설비를 갖추고 있는지 등의 요소를 바탕으로 그 근로관계의 실질에 따라 판단하여야 한다(대법원 2010다106436, 2015.2.26).

ⅰ) 원청이 상당한 지휘·명령을 하는지, ⅱ) 원청사업으로 편입되었는

지, iii) 사내하도급업체가 자신 근로자의 근로에 대한 결정권한을 행사하였는지, iv) 사내하도급 근로자의 업무가 원청근로자의 업무와 구별되고 또 그 업무에 전문성·기술성이 있는지, v) 사내하도급업체가 계약목적 달성을 위한 독립적 조직이나 설비를 갖추고 있는지 5가지 구체적 기준으로 파견과 도급을 구별한다. 대법원은 이러한 기준들에 의거하여 근로관계의 직·간접 사실을 적용하여 근로자파견 여부를 종합적으로 판단한다(대법원 2015다32905, 2017.12.22).

④ 불법파견이란?

명칭은 도급계약으로 체결하였으나, 수급인이 독자성이 없어 도급인이 근로자에 대하여 지휘명령을 하는 등 실질적으로는 파견계약으로 판단할 수 있는 경우 그 대상 업무가 근로자파견 가능업무에 속하지 않거나, 수급인이 파견사업의 허가를 받지 않았거나, 파견기간을 초과하여 사용하는 경우 등을 불법파견이라고 한다. 즉, 불법파견이란 근로자파견에 해당하지 않고, 파견근로자 보호 등에 관한 법을 위반한 경우를 말한다.

⑤ 파견근로자에 대한 사용사업자의 직접고용의무란?

불법파견(근로자파견 대상 업무에 해당하지 아니하는 업무에서 파견근로자를 사용하는 경우, 파견절대금지업무에 대해 파견근로자를 사용하는 경우, 근로자파견사업의 허가를 받지 않은 자로부터 근로자파견의 역무를 제공받은 경우) 또는 적법파견으로 2년을 초과하거나 일시 허용

업무에서 그 허용기간을 초과하여 사용한 경우 사용사업주는 근로자를 직접 고용하여야 한다(파견근로자 보호 등에 관한 법 제6조2 제1항).

⑥ 파견근로자를 직접고용하는 경우 근로조건은?

사용사업주의 근로자 중 해당 파견근로자와 같은 종류의 업무 또는 유사한 업무를 수행하는 근로자가 있는 경우에는 해당 근로자에게 적용되는 취업규칙 등에서 정하는 근로조건에 따르거나, 사용사업주의 근로자 중 해당 파견근로자와 같은 종류의 업무 또는 유사한 업무를 수행하는 근로자가 없는 경우에는 해당 파견근로자의 기존 근로조건의 수준보다 낮아져서는 아니 된다(파견근로자 보호 등에 관한 법 제6조2 제3항).

⑦ 파견근로자를 직접고용하는 경우 기간제근로자로 사용할 수 있는지?

파견법의 직접고용의무 규정의 입법취지 및 목적에 비추어 볼 때, 특별한 사정이 없는 한 사용사업주는 직접고용의무 규정에 따라 근로계약을 체결할 때 기간을 정하지 않은 근로계약을 체결하여야 함이 원칙이다. 다만, 파견근로자가 명시적으로 반대의사를 표시하는 경우에는 직접고용의무의 예외가 인정되는 점을 고려할 때 파견근로자가 사용사업주를 상대로 직접고용의무의 이행을 구할 수 있다는 점을 알면서도 기간제 근로계약을 희망하였다거나, 사용사업주의 근로자 중 해당 파견근로자와 같은 종류의 업무 또는 유사한 업무를 수행하는 근로자가 대부분 기간제 근로계약을 체결하고 근무하고 있어 파견근로자로서도 애초에 기간을 정하지 않은 근로계약 체결을 기대하기 어려웠던 경우 등과 같이 직접고용관계에 계약기간을 정한 것이 직접고용의무 규정의 입법취지 및 목적을 잠탈한다고 보기 어려운 특별한 사정이 존재하는 경우에는 사용사업주가 파견근로자와 기간제 근로계약을 체결할 수 있을 것이다. 그리고 이러한 특별한 사정의 존재에 관하여는 사용사업주가 증명책임을 부담한다.

따라서 직접고용의무를 부담하는 사용사업주가 파견근로자를 직접고용하면서 앞서 본 특별한 사정이 없음에도 기간제 근로계약을 체결하는 경우 이는 직접고용의무를 완전하게 이행한 것이라고 보기 어렵고, 이러한 근로계약 중 기간을 정한 부분은 파견 근로자를 보호하기 위한 파견법의 강행규정을 위반한 것에 해당하여 무효가 될 수 있다(대법원 2018다207847).

⑧ 외국인근로자도 파견근로자 보호 등에 관한 법에 의한 파견근로자가 될 수 있는지?

파견근로자 보호 등에 관한 법은 파견근로자의 고용안정과 복지증진에 이바지하고 인력수급을 원활하게 함을 목적으로 하는 법률임이 명백하고, 근로자의 지위는 근로기준법 제5조에서 명시하고 있듯이 국적을 불문하고 차별적 대우를 받지 않게 되어 있으며, 근로자파견사업에 대하여 노동부장관의 허가를 받도록 하고 있는 입법취지 역시 무분별한 근로자파견으로 인해서 근로자가 입게 될 피해 등을 막기 위하여 정부가 파견사업주를 감독하고자 하는 것으로서 그 주된 목적이 근로자를 보호하기 위한 것이므로, 외국 국적의 근로자라고 하여 파견근로자의 범위에서 제외된다고 할 수 없다(대법원 2000도3051, 2000.9.29).

⑨ 파견근로자에 대해서 파견사업주와 사용사업주의 책임은?

구분	공동 책임	파견사업주 책임	사용사업주 책임
내용	- 근로기준법 상 사용자 - 파견사업주가 사용사업주의 귀책사유로 임금지급 못한 경우 - 근로기준법을 위반하는 내용을 포함한 근로자파견계약을 체결하고 그 계약에 따라 파견근로자를 근로하게 하는 경우	- 근로계약 및 근로조건 - 해고, 해고예고, 해고수당, 해고 시 서면통보 - 구제명령 - 임금지급, 휴업수당, 임금대장, 연장 - 재해보상 - 유급휴일 또는 유급휴가에 대한 임금	- 근로시간 - 휴일, 휴게, 휴가 - 연소자 및 모성보호 - 유급휴일 또는 유급휴가 부여 - 산업안전보건법 적용의 경우

4
비정규직 차별금지 및 시정

　근로기준법에서는 사용자는 근로자에 대하여 남녀의 성(性)을 이유로 차별적 대우를 하지 못하고, 국적·신앙 또는 사회적 신분을 이유로 근로조건에 대한 차별적 처우를 하지 못한다(근로기준법 제6조)라고 하여 합당한 이유가 없는 차별을 금지하였으나 차별금지 사유가 성·국적·신앙·사회적 신분으로 고용형태가 금지사유로 열거되지 못하고 있다. 따라서 비정규직을 보호하기 위하여 기간제 및 단시간근로자 보호 등에 관한 법과 파견근로자 보호 등에 관한 법에 비정규직 차별금지와 시정에 대한 사항을 명시하였다.

　기간제근로자임을 이유로 당해 사업 또는 사업장에서 동종 또는 유사한 업무에 종사하는 기간의 정함이 없는 근로계약을 체결한 근로자에 비하여 차별적 처우를 하여서는 아니 되며, 단시간근로자임을 이유로 당해 사업 또는 사업장의 동종 또는 유사한 업무에 종사하는 통상근로자에 비하여 차별적 처우를 하여서는 아니 된다(기간제 및 단시간근로자 보호 등에 관한 법 제8조 제1항 및 제2항). 또한 파견사업주와 사용사업주는 파견근로자라는 이유로 사용사업주의 사업 내의 같은 종류의 업무 또는 유사한 업무를 수행하는 근로자에 비하여 파견근로자에게 차별적 처우를 하여서는 아니 된다(파견근로자 보호 등에 관한 법 제21조 제1항).

① 기간제 및 단시간근로자에 대한 차별이란?

정규직과 비정규직의 차이 자체를 부정하는 것은 아니고, 합리적이지 않은 차별을 금지하는 것이다. 경력·자격·근속·업무에 따른 차이는 합리적인 차이는 차이로 비정규직 차별에 해당하지 않는다.

합리적인 이유가 없는 경우란 기간제근로자를 다르게 처우할 필요성이 인정되지 않거나 다르게 처우할 필요성이 인정되는 경우에도 그 방법·정도 등이 적정하지 않은 경우를 의미한다. 그리고 합리적인 이유가 있는지 여부는 개별 사안에서 문제된 불리한 처우의 내용과 사용자가 불리한 처우의 사유로 삼은 사정을 기준으로 기간제근로자의 고용형태, 업무의 내용과 범위, 권한과 책임, 임금 그 밖의 근로조건 등의 결정요소 등을 종합적으로 고려하여 판단하여야 한다. 여기에서 불리한 사용자가 임금 그 밖의 근로조건 등에서 기간제근로자와 비교 대상 근로자를 다르게 처우함으로써 기간제근로자에게 발생하는 불이익 전반을 의미한다(대법원 2011두2132, 2012.3.29).

② 기간제 및 단시간근로자 차별 판단기준은?

차별의 판단기준은 '비교대상 근로자', '불리한 처우', '합리적 이유가 없는 경우'이다. 각각에 대하여 살펴보면, 먼저 비교대상 근로자에 대해서는 차별적 처우가 있었는지를 판단하기 위한 비교 대상 근로자로 선정된 근로자의 업무가 기간제근로자의 업무와 동종 또는 유사한 업무에 해당하는지 여부는 취업규칙이나 근로계약 등에 명시된 업무 내용이 아니라 근로자가 실제 수행하여 온 업무를 기준으로 판단하되, 이들이 수행하는 업무가 서로 완전히 일치하지 아니하고 업무의 범위 또는 책임과 권한 등에서 다소 차이가 있다고 하더라도 주된 업무의 내용에 본질적인 차이가 없다면, 특별한 사정이 없는 이상 이들은 동종 또는 유사한 업무에 종사한다고 보아야 할 것이다.

 기간제 및 단시간근로자 보호 등에 관한 법 제2조 제3호는 차별적 처우를 '임금 그 밖의 근로조건 등에서 합리적인 이유 없이 불리하게 처우하는 것'으로 정의하고 있다. 여기서 불리한 처우라 함은 사용자가 임금 그 밖의 근로조건 등에서 기간제근로자와 비교대상 근로자를 다르게 처우함으로써 기간제근로자에게 발생하는 불이익 전반을 의미하고, 합리적인 이유가 없는 경우라 함은 기간제근로자를 달리 처우할 필요성이 인정되지 아니하거나, 달리 처우할 필요성이 인정되는 경우에도 그 방법·정도 등이 적정하지 아니한 경우를 의미한다고 할 것이다. 그리고 합리적인 이유가 있는지 여부는 개별 사안에서 문제가 된 불리한 처우의 내용 및 사용자가 불리한 처우의 사유로 삼은 사정을 기준으로 기간제근로자의 고용형태, 업무의 내용과 범위·권한·책임·임금 그 밖의 근로조건 등의 결정요소 등을 종합적으로 고려하여 판단하여야 한다(대법원 2011두7045, 2012.10.25).

> **사례: 장기근속을 유도하기 위해 1년 이상 근속한 직원들에게 지급하는 수당을 1년 단위로 근로계약을 체결한 근로자에게는 지급하지 않은 경우 (대법원 2011두6592, 2014.11.27)**
>
> 정근수당 및 정근수당가산금은 장기근속을 유도하기 위해 1년 이상 근속한 군무원들에게 지급하는 것으로서 기간제군무원과 같이 1년 단위로 근로계약을 체결한 근로자는 위 각 수당의 지급대상이 될 수 없으므로, 위 각 수당을 기간제군무원에게 지급하지 아니한 데에 합리적인 이유가 있다.
> 직급보조비와 가계지원비는 지급 대상자의 직급에 따르는 책임의 대가로서 지급되거나 업무수행의 대가로서 임금 보전을 위해 지급되는 것인데, 기간제군무원의 비교대상 근로자인 조리직렬 기능군무원은 조리업무 외에도 행정업무를 수행하거나 소속 부대 훈련 및 교육에 참여하는 등 담당 업무의 범위와 책임 등이 민간조리원과 차이가 있어 기간제군무원에게 위 각 수당을 지급하지 아니한 데에 합리적인 이유가 있다.

③ 비교대상 근로자는 근로기준법을 적용받지 않는 공무원도 포함될 수 있는지?

비교대상 근로자로 들고 있는 '기간의 정함이 없는 근로계약을 체결한 근로자'를 '사법상 근로계약을 체결한 근로자로 한정하여 해석할 것은 아니다. 따라서 군무원은 그 근무관계가 사법상 근로계약이 아닌 임용이라는 행정처분을 통해 형성되었기 때문에 민간조리원인 비정규직의 비교대상 근로자가 될 수 없다고 볼 것은 아니므로 공무원도 비교대상 근로자가 될 수 있다(대법원 2011두5391, 2014.11.27).

> **사례: 단시간무기계약근로자들의 비교대상 근로자가 공무원인 경우 비교대상 근로자 인정 여부 판단**
> **(대전지법 2015구합102070, 2015.12.10)**
>
> 공무원도 임금을 목적으로 근로를 제공하는 소정의 근로자에 해당하나, 공무원 관련 법령에 특별한 규정이 있거나 공무원의 성질에 반하는 경우에 한하여 공무원에 대하여 근로기준법 등 노동법의 적용이 배제되는 것뿐이므로 공무원도 비정규직 차별 시정에 있어서 비교대상 근로자가 될 수 있다.
> 단시간무기계약근로자들은 고용노동부 종합상담센터(고객상담센터)에서 전화상담 업무를 담당하고 전화상담 업무만 수행함에 반해, 비교대상 근로자인 상담공무원들은 전화상담 외에도 인터넷상담 및 서면질의 회신업무 등을 함께 수행하고 있어 업무의 범위가 단시간근로자인 전화상담원들에 비해 훨씬 넓은 점, 상담공무원들이 수행하는 인터넷상담 또는 서면질의 회신 등은 구두로 통상 즉석에서 답변하는 전화상담과는 달리 문서 등으로 회신하게 되어 있어 전화상담보다 더욱 책임 있는 답변이 요구되고, 고도의 업무 지식 및 전문성, 법률 검토 및 사실관계 파악능력, 문서작성 능력 등이 요구되며, 이에 따라 전화상담원들이 인터넷상담 등을 대체할 가능성이 사실상 희박하다고 보이는 점, 상담공무원들은 전화상담원들에 비해 고난도의 시험 및 더욱 엄격한 면접절차를 거쳐 임용되는 등 그 채용과정에서 요구되는 능력과 기준이 전화상담원들과는 다른 점 등을 종합하여 볼 때, 상담공무원들과 전화상담원들이 각 수행하는 업무는 그 범위, 권한, 책임 등에 있어 본질적인 차이가 있다고 봄이 상당하여 상담공무원들을 단시간무기계약근로자인 전화상담원들에 대한 비교대상 근로자로 보기는 어렵다.

④ 기간제 및 단시간근로자 차별금지 대상은?

임금, 정기상여금·명절상여금 등 정기적으로 지급되는 상여금, 경영성과에 따른 성과금, 그 밖에 근로조건 및 복리후생 등에 관한 사항 등은 기간제근로자와 단시간근로자에게 합리적인 이유 없이 불리하게 처우할 수 없다(기간제 및 단시간근로자 보호 등에 관한 법 제2조 3호).

⑤ 임금에 해당되지 않은 복리후생도 차별적 처우에 해당하는지 여부와 차별적 처우를 명시한 단체협약의 효력은?

사용자가 근로자에게 지급하는 금품이 임금에 해당하려면 먼저 그 금품이 근로의 대상으로 지급되는 것이어야 하므로 비록 그 금품이 계속적·정기적으로 지급된 것이라 하더라도 그것이 근로의 대상으로 지급된 것으로 볼 수 없다면 임금에 해당한다고 할 수 없다. 여기서 어떤 금품이 근로의 대상으로 지급된 것이냐를 판단함에 있어서는 그 금품지급의무의 발생이 근로제공과 직접적으로 관련되거나 그것과 밀접하게 관련된 것으로 볼 수 있어야 한다.

서울특별시가 선택적 복지제도를 시행하면서 근로자들에게 배정한 맞춤형복지비는, 선택적 복지제도가 임금 아닌 복리후생제도에 관하여 새로이 도입된 복지체계에 해당하는 점, 맞춤형복지비는 사용 용도가 제한되어 있고, 1년 내 사용하지 않으면 이월되지 않고 소멸하게 되며, 양도 가능성도 없으며, 근로자의 근로제공과 무관하게 연 1회 일괄하여 배정되는 점 등에 비추어, 근로기준법에서 말하는 임금에 해당하지 않는다. 그러나 맞춤형복지비가 근로기준법에서 말하는 임금에 해당하지 않는다고 하더라도, 맞춤형복지비는 선택적 복지제도에 따라 배정되는 것으로서 기간제 및 단시간근로자 보호 등에 관한 법 제2조 3호 라목의 '복리후생 등에 관한 사항'에 해당함이 명백하므로, 차별적 처우의 대상에 해당한다.

또한, 단시간근로자가 차별적 처우를 받은 경우 노동위원회에 이에 대한 시정신청을 할 수 있도록 규정한 입법취지는 단시간근로자에 대한 임금 등 근로조건의 불합리한 차별을 금지하고 이를 시정 받을 수 있는 제도를 마련함으로써 단시간근로자에 대한 보호를 강화하기 위한 것이므로, 단시간근로자에 대한 차별금지와 시정신청에 관한 규정은 강행규정으로 보아야 한다. 따라서 차별적 처우를 받은 단시간근로자가 차별에 의하여 지급받지 못한 임금 등에 관하여 시정신청을 하고 차액의 지급을 청구할 권리를 박탈하는 내용의 단체협약은 강행규정을 위반하여 무효이다(서울행법 2018구합78640, 2019.8.30).

⑥ 임금의 구성이 상이한 경우 불리한 처우가 있는지를 어떻게 판단하는지?

기간제근로자가 기간제근로자임을 이유로 임금에서 비교대상 근로자에 비하여 차별적 처우를 받았다고 주장하며 차별 시정을 신청하는 경우, 원칙적으로 기간제근로자가 불리한 처우라고 주장하는 임금의 세부 항목별로 비교대상 근로자와 비교하여 불리한 처우가 존재하는지를 판단하여야 한다. 다만 기간제근로자와 비교대상 근로자의 임금이 서로 다른 항목으로 구성되어 있거나, 기간제근로자가 특정 항목은 비교대상

근로자보다 불리한 대우를 받은 대신 다른 특정 항목은 유리한 대우를 받은 경우 등과 같이 항목별로 비교하는 것이 곤란하거나 적정하지 않은 특별한 사정이 있는 경우라면, 상호 관련된 항목들을 범주별로 구분하고 각각의 범주별로 기간제근로자가 받은 임금 액수와 비교대상 근로자가 받은 임금 액수를 비교하여 기간제근로자에게 불리한 처우가 존재하는지를 판단하여야 한다. 이러한 경우 임금의 세부 항목이 어떤 범주에 속하는지는, 비교대상 근로자가 받은 항목별 임금의 지급 근거, 대상과 그 성격, 기간제근로자가 받은 임금의 세부 항목 구성과 산정 기준, 특정 항목의 임금이 기간제근로자에게 지급되지 않거나 적게 지급된 이유나 경위, 임금 지급 관행 등을 종합하여 합리적이고 객관적으로 판단하여야 한다(대법원 2016두47857, 2019.9.26).

> **사례: 기간제근로자와 비교대상 근로자의 임금 구성이 상이한 경우**
> **(대법원 2016두47857, 2019.9.26)**
>
> ▲ 불리한 처우가 존재하는지 여부
> 기간제근로자들은 외부 근무경력에 따라 차등을 둔 시간급으로 계산된 임금 즉, 기본급여를 매월 지급받았고 그 밖의 다른 수당은 지급받지 않았고 정규직근로자에게 지급하는 특별상여금, 호텔봉사료를 기간제근로자들에게 지급하지 않았다.
> 기간제근로자들이 근무하던 무렵 정규직 딜러는 급여규정, 급여규정 시행세칙에 따라 호봉급과 직무급을 합한 기본급, 벽지(문화)수당(월 10만원), 고객서비스수당(월 30만원), 정기상여금(1월, 3월, 5월, 7월, 9월, 11월의 급여지급일에 각 기본급에 30만원을 합한 금액의 100%를 지급함), 특별상여금[설·하계휴가(상반기 말일)·추석 특별상여금은 각각 기본급에 30만원을

합한 금액의 100%를 지급하고, 연말특별상여금은 기본급에 30만원을 합한 금액을 기준으로 지급하는데 2012년과 2013년에는 각각 위 기준액의 350%를 지급함]을 지급받았다.

또한 정규직은 회사의 결정에 따라 별도로 호텔봉사료를 지급받았다. 회사의 급여규정 등에 호텔봉사료 지급에 관한 근거 규정이 없고, 급여규정이나 급여규정 시행세칙의 규정 내용에 비추어 보면 정규직의 임금체계에서 호텔봉사료는 전혀 고려되지 않은 것으로 보인다.

기간제근로자들이 근무한 기간(2012.8.20~2014.3.31) 동안 월 근로시간이 209시간이라는 전제로 이 사건 근로자들의 기본급여액을 산정하면 ① 외부 근무경력이 없는 경우 29,935,720원, ② 외부 근무경력이 1년 있는 경우 42,092,600원이다. 같은 기간 동안 비교대상 근로자인 사원 1호봉 정규직 딜러에게 지급되는 임금은 기본급 18,380,841원, 벽지(문화)수당 1,938,710원, 고객서비스수당 5,816,130원, 정기상여금 12,492,000원, 특별상여금 15,006,000원, 호텔봉사료 1,742,300원 등 합계 55,375,981원이다.

회사는 회사의 호텔에서 고객들에게 제공한 숙박, 식사 등의 서비스 대가의 10% 상당 금원을 고객들로부터 호텔봉사료 명목으로 징수하고, 이를 재원으로 이 사건 근로자들과 같은 기간제근로자를 제외한 전 직원들에게 호텔봉사료 명목의 금원을 균등 지급하였다. 매월 징수되는 호텔봉사료 액수가 다르기 때문에 직원들은 매월 일정하지 않은 금액의 호텔봉사료를 지급받았다. 회사의 호텔봉사료 지급 기안문에 기재된 '호텔봉사료 지급기준'에 따르면 호텔봉사료는 '전 직원'에게 균등 지급하도록 되어 있고, 그 지급대상에서 기간제근로자를 제외한다고 정하고 있지 않다.

기간제근로자들과 비교대상 근로자의 임금은 서로 다른 항목으로 구성되어 있으므로 기간제근로자들에게 불리한 처우가 존재하는지 판단하기 위해서는 임금 항목별로 비교할 수 없고, 기간제근로자들의 기본급여에 대응하는 범주인 비교대상 근로자의 임금 항목을 합한 금액과 비교하여야 한다.

비교대상 근로자의 임금 항목 중 호텔봉사료는 다른 지급 항목과 달리 급여 규정 등에 지급 근거가 없고, 비교대상 근로자가 적용받는 임금 체계와 무관하게 '호텔봉사료 지급기준'에 따라 기간제근로자를 제외한 전 직원에게 균등 지급되고 있으며, 매월 고객들로부터 별도로 징수된 돈을 재원으로 하고 다른 지급 항목과 달리 매월 금액이 일정하지 않다. 따라서 이 사건 근로자들의 기본급여가 호텔봉사료까지 고려하여 정해졌다고 보기 어렵다. 결국 비교대상 근로자가 받은 호텔봉사료는, 같은 근로자에게 지급된 다른 지급 항목들, 즉 기본급, 벽지(문화)수당, 고객서비스수당, 정기상여금, 특별상여금을 합한 것과는 별도의 범주라고 보고, 각각의 범주별로 불리한 처우가 존재하는지를 판단해야 한다.

기간제근로자들이 지급받은 기본급여와 비교대상 근로자가 지급받은 기본급, 벽지(문화)수당, 고객서비스수당, 정기상여금, 특별상여금을 합한 금액을 비교해 보면, 기간제근로자들에게 불리한 처우가 존재한다. 또한 기간제근로자들은 호텔봉사료를 전혀 지급받지 못하였으므로 그 부분에서도 불리한 처우가 존재한다.

▲ 차별에 합리적인 이유가 있는지 여부

호텔봉사료는 나머지 임금 항목과는 별도의 범주로 보아 불리한 처우가 있는지를 판단하여야 하므로, 호텔봉사료를 지급하지 않은 차별과 나머지 임금 항목에서 발생한 차별에 합리적인 이유가 있는지에 관해서도 별도로 판단하여야 한다.

기간제근로자들이 지급받은 기본급여와 그에 대응하여 비교대상 근로자가 지급받은 기본급, 벽지(문화)수당, 고객서비스수당, 정기상여금, 특별상여금을 합한 금액에 차이를 둔 것은 합리적 이유가 있다. 왜냐하면 회사는 카지노영업직군에 속하는 정규직을 채용할 때에는 채용 전에 인턴이나 계약직 딜러로 일정 기간 근무하게 한 후 정규직 딜러로 전환하는 방식을 채택하고 있다. 2011.7.11. 정규직으로 전환된 직원은 전환 전에 1년 6개월간

계약직으로 근무하였고, 2014.1.1. 정규직 딜러로 전환된 직원은 전환 전에 2년간 계약직으로 근무하였다. 정규직은 9주간의 교육을 받지만, 기간제근로자는 외부 근무경력이 있는 경우 1주간, 외부 근무경력이 없는 경우 4주간의 교육을 받는다. 이와 같이 비교대상 근로자인 사원 1호봉 정규직은 기간제근로자들보다 재직기간이 길 뿐만 아니라 업무에 대해 심층적인 교육을 받아 이 사건 근로자들에 비하여 업무숙련도가 높다고 볼 수 있다. 회사 카지노는 다른 카지노에 비해 방문객 수나 매출액이 현저히 많고 한 게임에 참여하는 인원수도 많은 등 다른 카지노와 근무 환경이나 업무 강도가 다르기 때문에, 회사가 임금을 정할 때 외부 근무경력보다 카지노 근무경력을 높이 평가하는 것이 불합리하지 않다. 또한 정규직은 다양한 게임의 딜러로 배치되는 반면, 기간제근로자들은 2개 종목에 한정하여 배치되었다. 비교대상 근로자만 수행할 수 있는 특수한 업무가 있다는 점은 회사가 임금을 정할 때 고려할 수 있는 사정이다. 그러므로 기간제근로자들 중 외부 근무경력이 없는 근로자들은 비교대상 근로자보다 업무능력이 부족하다고 볼 수 있다. 결국 불리한 처우 판단 방법에 정규직과 달리 기간제근로자들에게 특별상여금을 지급하지 않은 것에 합리적인 이유가 있다 판단할 수 있다.

그러나 기간제근로자들에게 호텔봉사료를 전혀 지급하지 않은 것은 합리적 이유 있는 차별이라고 할 수 없다. 왜냐하면 회사는 회사의 호텔에서 발생하는 봉사료 명목의 금원 중 일부를 제외하고 남은 돈을 기간제근로자를 제외한 직원들에게 지급하였다. 지급되는 호텔봉사료는 직원들의 호봉이나 경력과 무관하게 동일한 액수로 정해졌다. 또한 회사의 급여 관련 규정상 정규직의 임금체계에서 호텔봉사료를 고려하지 않은 것으로 보이고, 회사가 소속 근로자들에게 호텔봉사료를 지급하면서 작성한 지급기안문에 따르면 호텔봉사료는 '전 직원'에게 균등 지급하도록 되어 있고 기간제근로자를 제외한다고 정하고 있지 않다.

따라서 기간제근로자와 정규직 사이의 차이를 고려하더라도, 호텔봉사료의 성격, 지급근거와 대상 등에 비추어 보면, 호텔봉사료 지급에서 기간제근로자만 배제해야 할 특별한 이유를 찾기 어려우므로 차별의 합리적인 이유가 없다.

⑦ 비정규직과 비교대상 근로자 간에 임금의 세부항목이 서로 상이한 경우 어떻게 비교해야 하는지?

차별적 처우가 문제되는 항목 중 맞춤형복지비의 경우, 근로기준법에 따른 임금이 아니라 복리후생 등에 관한 사항에 해당한다. 임금에 해당하는 다른 세부항목들과 그 성격이 다르므로 하나의 범주로 묶어서 유·불리를 판단하는 것은 적절하지 않다. 따라서 맞춤형복지비 항목만을 놓고 단시간근로자와 비교대상근로자간에 차별적 처우가 있는지를 파악하여야 할 것인바, 회사가 비교대상근로자에게 지급한 맞춤형복지비를 단시간근로자들에게 전혀 지급하지 아니한 이상 맞춤형복지비 지급에 관하여 단시간근로자들에게 불리한 처우가 있음이 인정된다.

차별적 처우가 문제되는 항목 중 근속수당 경우, 단시간근로자들과 비교대상근로자에게 지급되는 임금의 세부항목은 기본급, 교통보조비, 명절휴가비, 정기상여금, 급식비, 가족수당, 자녀학비보조수당에 관하여는 동일하지만, 세부항목 중 근속수당만은 비교대상근로자에게만 지급되고 단시간근로자들에게는 지급되지 않는 항목이라는 점에서 차이가 있다. 다른 임금의 세부항목은 모두 동일하지만 특정한 임금 세부항목의 존재 여부에만 차이가 있는 경우 세부항목별 비교가 곤란하다고 단정할 수 없고, 특별한 사정이 없는 한 임금을 구성하는 각 세부항목 중 해당 세부항목이 지급되지 아니하는 것 자체로 불리한 처우가 있다고 봄이 상당하다. 따라서 회사가 비교대상근로자에게 지급한 근속수당을 단시간근로자들에게 전혀 지급하지 아니한 이상 근속수당의 지급에 관하여도 단시간근로자들에게 불리한 처우가 있음이 인정된다.

따라서 단시간근로자와 비교대상 근로자간에 임금 지급에 관하여 차별적 처우가 있는지 여부를 판단할 때에는, 단시간근로자에게 지급되는 임금의 세부항목과 이에 상응하는 비교대상근로자의 임금 세부항목이 동일한 경우 각 세부항목별로 비교하여 단시간근로자에 대한 불리한 처우가 있는지 여부를 판단한다. 그러나 차별적 처우가 문제되는 임금의 세부항목이 서로 상이하거나 각 세부항목에 따라 단시간근로자와 비교대상근로자 간에 유·불리가 나뉘는 경우 등 세부항목별 비교가 곤란한 경우에는, 관련된 복수의 세부항목들을 하나의 범주로 놓고 그 해당 세부항목들을 합산하여 범주별로 비교함으로써 단시간근로자에게 불리한 처우가 있는지를 판단할 수 있다(서울행법 2018구합78640, 2019.8.30).

⑧ 비교대상 근로자가 실제 근무하고 있지 않다면 어떻게 차별 여부를 판단해야 하는지?

정규직으로 채용되기 위해서는 우선 계약직으로(기간제근로자와는 다른 직군) 등으로 1년 6개월에서 2년 정도 근무해야 하는 점을 고려하여, 기간제근로자들에게 불리한 처우가 있었는지를 판단하기 위해 비교대상 근로자는 외부 근무경력이 1년인 근로자의 경우 사원 1호봉의 정규직보다 호봉이 1단계 낮은 마이너스 1호봉의 정규직, 외부 근무경력이 없는 기간제근로자의 경우 사원 1호봉의 정규직 딜러보다 호봉이 2단계 낮은 마이너스 2호봉의 정규직이라고 보았으나, 직제상 마이너스

호봉의 근로자는 존재하지 않는다.

기간제근로자에 대하여 차별적 처우가 있었는지를 판단하기 위한 동종 또는 유사한 업무에 종사하는 비교대상 근로자는 기간의 정함이 없는 근로계약을 체결한 근로자 중에서 선정하여야 하고, 이러한 근로자가 당해 사업 또는 사업장에 실제로 근무하고 있을 필요는 없으나 직제에 존재하지 않는 근로자를 비교대상 근로자로 삼을 수는 없다. 따라서 기간제근로자에 대한 차별적 처우가 있는지를 판단하기 위한 비교대상 근로자로 가상의 호봉을 적용받는 근로자를 설정할 수는 없다. 따라서 기간제근로자들에 대해 마이너스 1호봉 또는 마이너스 2호봉에 해당하는 가상의 정규직을 비교대상 근로자로 삼을 수는 없고, 비교대상 근로자는 소속 근로자 중 사원 1호봉의 정규직으로 봄이 타당하다(대법원 2016두47857, 2019.9.26).

⑨ 차별시정 신청권자와 차별시정 절차는?

사용자의 차별적 처우에 대하여 시정 신청을 할 수 있는 대상은 기간제근로자와 단시간근로자이며, 정규직근로자는 기간제 및 단시간근로자 보호 등에 관한 법에 의하여 차별시정을 할 수 없다. 정규직근로자는 근로기준법 제6조에서 규정하고 있는 균등한 처우 등을 통하여 차별적 처우에 대하여 시정 신청을 할 수 있다.

사례: 공개경쟁시험을 통해 정규직으로 신규임용된 일반직 근로자와 계약직에서 일반직으로 전환된 근로자의 초임연봉 산정 방법을 달리 정한 경우(대법원 2013다1051, 2015.10.29)

근로기준법에서 말하는 차별적 처우란 본질적으로 같은 것을 다르게, 다른 것을 같게 취급하는 것을 말하며, 본질적으로 같지 않은 것을 다르게 취급하는 경우에는 차별 자체가 존재한다고 할 수 없다. 따라서 근로기준법에서 금지하는 차별적 처우에 해당하기 위해서는 우선 그 전제로서 차별을 받았다고 주장하는 사람과 그가 비교대상자로 지목하는 사람이 본질적으로 동일한 비교집단에 속해 있어야 한다.

정부종합대책(공공부문 비정규직 종합대책)에 따라 비정규직인 계약직에서 일반직으로 전환되는 직원들과 공개경쟁시험을 통해 일반직으로 임용되거나 정규직 내의 직렬 통합에 따라 일반직으로 자동 전환된 직원들 사이에는 임용경로에 차이가 있고, 회사가 비정규직 근로자를 차별할 의도로 형식적으로만 임용경로를 구분해 놓은 것이라고 보이지 않을 뿐 아니라, 대상자에 따라 일반직 임용경로가 다르게 적용된 것에는 합리적 이유가 있다고 인정되며, 이와 같은 임용경로의 차이에서 호봉의 차이가 발생한 것이므로, 계약직에서 일반직으로 전환되는 직원들과 공개경쟁시험을 통해 일반직으로 임용된 직원들 또는 정규직인 업무직에서 일반직으로 자동 전환된 직원들이 본질적으로 동일한 비교집단에 속한다고 볼 수 없다. 따라서 회사의 보수규정이 정부종합대책에 따라 일반직으로 전환되는 계약직 직원의 계약직 근무기간을 호봉에 그대로 반영하지 않았더라도 계약직에서 일반직으로 전환되는 직원들을 차별하여 처우한다고 보기에는 부족하므로, 기간제근로자라는 고용형태가 근로기준법 제6조의 '사회적 신분'에 해당하는지 여부까지 나아가 살필 필요 없이, 회사의 보수규정은 근로기준법 제6조의 차별금지 조항에 위배되지 않는다고 봄이 타당하다.

기간제근로자 또는 단시간근로자는 차별적 처우를 받은 경우 노동위원회에 그 시정을 신청할 수 있다. 다만, 차별적 처우가 있은 날(계속되는 차별적 처우는 그 종료일)부터 6개월이 경과한 때에는 그러하지 아니하다. 기간제근로자 또는 단시간근로자가 시정신청을 하는 때에는 차별적 처우의 내용을 구체적으로 명시하여야 하며, 차별적 처우에 관한 분쟁에 있어서 입증책임은 사용자가 부담한다(기간제 및 단시간근로자 보호 등에 관한 법 제9조).

⑩ 확정된 차별시정의 효력이 미치는 범위는?

확정된 시정명령을 이행할 의무가 있는 사용자의 사업 또는 사업장에서 해당 시정명령의 효력이 미치는 근로자 이외의 기간제근로자 또는 단시간근로자에 대하여 차별적 처우가 있는지를 조사하여 차별적 처우가 있는 경우에는 그 시정을 요구할 수 있다(기간제 및 단시간근로자 보호 등에 관한 법 제15조의3 제1항)고 하여, 어떤 기간제근로자 또는 단시간근로자가 차별 인정을 받았으면 동일한 조건의 기간제근로자 또는 단시간근로자도 차별이 동일하게 개선될 수 있도록 효력을 확대하였다.

⑪ 계속되는 차별의 경우 신청기간 내에 시정을 신청하면 차별 시정의 효과는 언제부터 언제까지 적용되는지?

차별적 처우의 시정신청기간은 제척기간이므로 그 기간이 경과하면 그로써 기간제법에 따른 시정을 신청할 권리는 소멸하나, 계속되는 차별적 처우의 경우 종료일부터 6개월 이내에 시정을 신청하였다면 계속되는 차별적 처우 전체에 대하여 제척기간을 준수한 것이 된다. 한편 사용자가 계속되는 근로 제공에 대하여 기간제근로자 또는 단시간근로자에게 차별적인 규정 등을 적용하여 차별적으로 임금을 지급하여 왔다면 특별한 사정이 없는 이상 그와 같은 임금의 차별적 지급은 '계속되는 차별적 처우'에 해당한다고 보는 것이 타당하다. 따라서 기간제근로자가 정규직에 비하여 임금지급에서 차별적 처우를 받았다며 차별 시정신청을 하였는데, 중앙노동위원회가 차별적인 처우를 인정하면서 시정신청일로부터 6개월 전인 날부터 차별적 처우 종료일까지만 적게 지급한 금액을 지급하라는 시정명령을 하는 한편, 그 이전에 해당하는 부분은 인정하지 않은 것은 잘못된 판단이며, 차별적 처우 시작일부터 차별적 처우 종료일까지 차별적 처우 전체에 대하여 시정을 구할 수 있다(대법원 2010두3237, 2011.12.22).

⑫ 기간제근로자가 차별적 처우의 시정신청을 한 후 그에 관한 판정 이전에 근로계약기간이 만료한 경우에도 차별 시정이 가능한지?

차별시정절차는 사용자의 차별적 처우로 말미암아 기간제근로자에게 발생한 불이익을 해소하여 차별적 처우가 없었더라면 존재하였을 상태로 개선함으로써 기간제근로자에 대한 불합리한 차별을 바로잡고 근로조건 보호를 강화하려는 데에 그 주된 목적이 있으며, 기간제근로자 지위를 회복하거나 근로계약기간 자체를 보장하기 위한 것은 아니므로,

근로계약기간의 만료 여부는 차별적 처우의 시정과는 직접적인 관련이 없는 사정이라고 할 수 있고, 차별적 처우의 시정신청에 따라 발하는 노동위원회의 시정명령 내용 중 하나로 들고 있는 금전보상명령 또는 배상명령은 과거에 있었던 차별적 처우의 결과로 남아 있는 불이익을 금전적으로 전보하기 위한 것으로서 그 성질상 근로계약기간이 만료한 경우에도 발할 수 있으며, 시정신청 당시에 혹은 시정절차 진행 도중에 근로계약기간이 만료하였다는 이유만으로 기간제근로자가 차별적 처우의 시정을 구할 시정이익이 소멸하지는 아니한다고 보아야 한다(대법원 2014두43288, 2016.12.1).

⑬ 파견근로자에 대한 차별금지는?

파견근로자에 대해서도 기간제근로자 및 단시간근로자의 차별판단기준, 차별금지대상, 차별금지절차 등이 동일하게 적용된다.

다만, 차이점은 차별적 처우를 받은 파견근로자의 비교대상 근로자는 사용사업주의 사업 내 동종 또는 유사한 업무에 종사하는 근로자이다. 또한, 차별에 대하여 시정을 이행할 사업주는 어느 한쪽의 귀책이 명확할 경우 해당 사업주가 시정을 이행하여야 하나, 양쪽 모두에게 귀책사유가 있는 경우 파견사업주와 사용사업주가 연대하여 책임을 진다.

사례: 파견근로자에 대하여 고의적 또는 반복적 부당 차별이 이어진 경우 (서울행법 2015구합70416, 2016.11.18.)

파견근로자는 파견사업주와 사이에 임금 등의 근로조건을 정한 근로계약을 체결하고, 파견사업주로부터 근로계약에서 정한 임금을 지급받게 되므로, 파견근로자에게 임금을 지급할 책임은 1차적으로 근로계약 당사자인 파견사업주에게 있으나, 파견법은 파견근로자 차별 시 시정신청, 고용노동부장관의 차별적 처우 시정요구, 확정된 시정명령 등에 있어 파견사업주와 사용사업주가 특정 차별적 처우에 대해 동시에 책임을 부담하는 경우를 배제하지 않고 있는 점, 파견사업주뿐 아니라 사용사업주에게도 임금 등의 영역에 대한 차별금지의무를 부과할 필요성이 있는 점, 사용사업주가 근로계약상의 당사자가 아니라는 사정만으로 근로계약상의 근로조건에 대한 시정명령, 배상명령 등을 명할 수 없다고 볼 수는 없는 점 등을 고려하면, 임금 등 파견사업주에게 1차적 책임이 인정되는 영역에 있어 사용사업주에게도 차별시정신청의 피신청인 적격이 인정된다 할 것이다.

파견근로자가 사용사업주의 근로자와 동등한 임금을 지급받지 못한 귀책사유가 사용사업주와 파견사업주 중 어느 쪽에 있는지를 가려서, 사용사업주 또는 파견사업주 중 한쪽에 있는 경우에는 그에게만 시정의무 및 배상의무를 부담하도록 하여야 할 것이나, 양쪽 모두에 있는 경우 차별시정신청자인 파견근로자의 구제를 위하여 사용사업주와 파견사업주가 연대하여 책임을 부담하도록 하여야 할 것이다.

사용사업주가 근로자파견계약을 체결하는 때 파견사업주가 근로자 유무 및 근로자의 수, 임금 및 임금의 구성항목 등 필요한 정보를 제공하여야 하므로, 사용사업주는 파견근로자들을 6개월이 넘는 기간 동안 사용하면서도 파견사업주들과 사이에 근로자파견계약을 체결하면서 6개월 이내의 기간 동안 근무한 사용사업주 소속 정규직 근로자의 임금 등에 관한 정보만을 제공하였고, 이를 기준으로 근로자파견계약상의 파견단가를 결정함으로써 결국 파견사업주들로 하여금 파견근로자들에게 연 200%의 상여금을 지급하도록 하였으므로, 사용사업주에게도 파견근로자들이 사용사업주 소속 근로자들보다 적은 상여금을 지급받은 데 대한 귀책사유가 존재한다 할 것이고, 위와 같은 상여금 지급에 관하여 사용사업주와 파견사업주는 연대하여 책임을 부담하여야 할 것이다.

사례: 파견근로자의 상여금과 연차휴가를 고의로 반복 차별한 경우 (중노위 2015차별3~11, 2015.6.30)

사용사업주와 파견사업주 모두에게 차별적 처우의 금지 및 시정의무가 부여되어 있는 점, 사용사업주가 차별행위가 있음을 충분히 알 수 있었던 점, 파견사업주들이 파견근로자들의 근로조건을 독립적·자율적으로 정할 수 없었던 점 등에 비추어 사용사업주와 파견사업주들 모두에게 당사자 적격이 인정된다.

파견근로자들과 같은 생산라인에서 혼재하여 근무하면서 업무대체가 가능한 점 등 주된 업무에 있어 본질적인 차이가 없어 비교대상근로자 선정은 타당하고, 사용사업주와 파견사업주들이 합의하여 파견근로자들의 상여금을 적게 지급하고 연차유급휴가를 부여하지 않아 발생한 연차유급휴가 수당을 지급하지 않은 것은 합리적 이유가 없는 차별적 처우에 해당한다. 또한, 사용사업주와 파견사업주들은 차별적 처우가 포함된 근로자파견계약을 반복적·연속적으로 체결하면서 파견근로자들의 차별행위 금지를 위해 필요한 정보를 제공하지 아니하는 등, 수년간 다수의 파견근로자들에게 지속적으로 차별적 처우를 행한 것은 고의성이 명백한 반복적인 차별에 해당하므로, 차별적 처우로 인해 발생한 손해의 2배액을 금전배상금으로 지급하도록 함이 타당하다.

〈첨부 표〉 파견근로자 보호 등에 관한 법률 시행령 [별표 1]

근로자파견대상업무

한국표준직업분류 (통계청고시 제2000-2호)	대 상 업 무	비 고
120	컴퓨터관련 전문가의 업무	
16	행정, 경영 및 재정 전문가의 업무	행정 전문가(161)의 업무는 제외한다.
17131	특허 전문가의 업무	
181	기록 보관원, 사서 및 관련 전문가의 업무	사서(18120)의 업무는 제외한다.
1822	번역가 및 통역가의 업무	
183	창작 및 공연예술가의 업무	
184	영화, 연극 및 방송관련 전문가의 업무	
220	컴퓨터관련 준전문가의 업무	
23219	기타 전기공학 기술공의 업무	
23221	통신 기술공의 업무	
234	제도 기술 종사자, 캐드 포함의 업무	
235	광학 및 전자장비 기술 종사자의 업무	보조업무에 한정한다. 임상병리사(23531), 방사선사(23532), 기타 의료장비 기사(23539)의 업무는 제외한다.
252	정규교육이외 교육 준전문가의 업무	
253	기타 교육 준전문가의 업무	
28	예술, 연예 및 경기 준전문가의 업무	
291	관리 준전문가의 업무	
317	사무 지원 종사자의 업무	
318	도서, 우편 및 관련 사무 종사자의 업무	
3213	수금 및 관련 사무 종사자의 업무	

한국표준직업분류 (통계청고시 제2000-2호)	대 상 업 무	비 고
3222	전화교환 및 번호안내 사무 종사자의 업무	전화교환 및 번호안내 사무 종사자의 업무가 해당 사업의 핵심 업무인 경우는 제외한다.
323	고객 관련 사무 종사자의 업무	
411	개인보호 및 관련 종사자의 업무	
421	음식 조리 종사자의 업무	「관광진흥법」 제3조에 따른 관광 숙박업에서의 조리사 업무는 제외한다.
432	여행안내 종사자의 업무	
51206	주유원의 업무	
51209	기타 소매업체 판매원의 업무	
521	전화통신 판매 종사자의 업무	
842	자동차 운전 종사자의 업무	
9112	건물 청소 종사자의 업무	
91221	수위 및 경비원의 업무	「경비업법」 제2조제1호에 따른 경비업무는 제외한다.
91225	주차장 관리원의 업무	
913	배달, 운반 및 검침 관련 종사자의 업무	

IX

노사협의회

　노사협의회는 근로자와 사용자가 참여와 협력을 통하여 근로자의 복지증진과 기업의 건전한 발전을 도모하기 위하여 구성하는 협의기구를 말한다(근로자참여 및 협력 증진에 관한 법 제3조 1호). 노사협의회의 근로자와 사용자는 근로기준법의 근로자와 사용자의 개념과 일치한다(근로자참여 및 협력 증진에 관한 법 제3조 2호 및 3호).

1
노사협의회 설치 및 구성

　노사협의회는 상시 30인 이상의 사업이나 사업장에는 설치하여야 하며, 근로조건에 대한 결정권이 있는 사업이나 사업장 단위로 설치하여야 한다. 또한 하나의 사업에 지역을 달리하는 사업장이 있을 경우에는 그 사업장에도 설치할 수 있다(근로자참여 및 협력 증진에 관한 법 제3조 2호 및 3호).

① 노사협의회 구성은 어떻게 되는지?

근로자와 사용자를 대표하는 같은 수의 위원으로 구성하되, 각 3명 이상 10명 이하로 한다. 근로자를 대표하는 위원은 근로자가 선출하되, 근로자의 과반수로 조직된 노동조합이 있는 경우에는 노동조합의 대표자와 그 노동조합이 위촉하는 자로 하고, 사용자를 대표하는 위원은 해당 사업이나 사업장의 대표자와 그 대표자가 위촉하는 자로 한다(근로자참여 및 협력 증진에 관한 법 제6조 제1항에서 제3항).

② 노사협의회를 설치하여 운영하던 중 인원감소로 상시 근로자수가 30인 미만으로 되었을 때에 노사협의회를 계속 운영하여야 하는지?

노사협의회가 설치된 사업장이 일시적인 인원감소로 근로자수가 30인 미만이 된 경우라도 상태적으로 보아 사용 근로자수가 30인 이상이면 노사협의회를 계속 운영해야 하며, '상태적으로 사용 근로자수 30인 이상' 여부는 그간의 고용추이·향후 고용전망(30인 이상으로 회복 가능성) 등을 고려하여 개별적·구체적으로 판단해야 한다. 다만, 해제와 재구성이 용이하지 않은 노사협의회의 특성상 사용 근로자수가 30인 이상으로 회복될 가능성이 희박한 경우를 제외하고는 계속 운영하는 것이 바람직하다(노사 68107-2, 1998.1.6).

③ 근로조건의 결정에 관한 일부의 권한이 지점에 위임되어 있는 경우에 각 지점에도 노사협의회를 반드시 설치해야 하는지?

노사협의회 설치단위를 근로조건의 결정권이 있는 사업(장)으로 정한 취지가 근로자참여 및 협력 증진에 관한 법에서 정한 협의사항, 의결사항, 보고사항 등이 해당 사업(장)의 노사대표로 구성된 노사협의회에서 원활하게 논의될 수 있도록 하기 위함에 있다는 점을 감안할 때, '근로조건의 결정권이 있는 사업 또는 사업장'인지 여부는 임금, 근로시간, 승급, 배치전환, 휴가, 안전위생, 재해보상 등 근로조건에 관한 포괄적 결정권을 가지고 있는 사업 또는 사업장뿐만 아니라 이러한 권한 중 일부를 위임받아 결정할 수 있는 사업 또는 사업장도 포함된다고 보는 것이 타당할 것이다. 그러므로 근로조건의 결정권이 본사에 일임되어 있을 경우에는 본사에 노사협의회를 설치해야 하고, 근로조건에 대한 포괄적 결정권한 중 일부를 위임받은 경우에는 개별사업장별로 노사협의회를 설치하는 것도 가능하다(노사협력복지팀-418, 2009.1.21).

④ 사업장별로 업무의 결정권이 나누어져 있는 경우 노사협의회 설치는 어떻게 해야 하는지?

인사업무·노사관계업무·전사 인력계획·정원조정 등 주요업무는 본사에서 결정권을 가지고, 공장급여관리·공장근태관리 등은 공장에서 주관하며 단체협상·임금협상의 사용자 측 지침은 본사에서 결정하나 본사에는 노조원이 없는 이유로 실제진행은 공장에서 이루어지는 회사인 경우에 이는 하나의 사업으로서 지역을 달리하는 2개의 사업장(본사·공장)을 가지고 있는 사업인 것으로 판단된다.

이 경우 근로자참여 및 협력 증진에 관한 법 시행령에 의하여 전체 사업장을 통합하는 노사협의회는 주된 사무소에 반드시 설치해야 하며 본사와 공장에도 각각 노사협의회를 설치할 수는 있다. 여기에서 주된 사무소라 함은 본사 또는 노사협의회 운영이 가장 적합한 사업장을 말하므로 공장에 설치해도 무방하다고 판단된다. 또한, 전체 사업장을 통할하는 노사협의회에 본사와 공장에도 각각 노사협의회를 설치하려 하는 경우 법 본사의 대표자와 공장의 대표자는 각각 본사와 공장의 사용자위원이 되어야 한다(노사 68107-153, 1997.6.18).

⑤ 노사협의회를 특정직군별로 설치할 수 있는지?

정당한 사유 없이 사무직 또는 생산직 등으로 구분하여 특정직 근로자의 참여를 배제하는 등 일부 근로자만을 대상으로 구성·운영되는 노사협의회는 근로자참여 및 협력증진에 관한 법에서 정한 노사협의회로 볼 수 없을 것이며, 정당하게 구성되지 못한 노사협의회에서 협의·의결된 사항은 동 법에 의한 보호를 받지 못한다. 다만, 특정직만으로 조직된 노동조합이 근로자 과반수이상인 경우 노사협의회의 근로자위원은 당해 노동조합의 대표자와 노동조합이 위촉하는 특정직 근로자만으로 구성될 수 있으나, 이러한 경우에도 노사협의회는 전체 근로자를 대표하는 협의기구로서 운영되어야 한다(노사 68010-221, 2001.6.23).

⑥ 노사협의회 업무에 대한 보상은 있는지?

위원은 비상임·무보수가 원칙으로 노사협의회 업무에 대하여 별도의 보상은 없다. 다만, 사용자는 협의회 위원으로서의 직무 수행과 관련하여 근로자위원에게 불이익을 주는 처분을 하여서는 아니 되며, 위원의 협의회 출석 시간과 이와 직접 관련된 시간으로서 협의회규정으로 정한 시간은 근로한 시간으로 본다(근로자참여 및 협력 증진에 관한 법 제9조).

⑦ 노사협의회 규정으로 노사협의회 위원에게 상임근무를 하게 하거나 보수를 지급하는 것이 가능한지?

노사협의회 규정으로 '협의회 위원의 근로한 것으로 보는 시간' 이외에 노사협의회 위원에게 상임근무를 하게 하거나 보수를 지급하도록 정하는 것은 법령 취지에 벗어난 것으로 본다(노사협력정책과-1469, 2010.6.15).

2
노사협의회 운영

노사협의회는 3개월마다 정기적으로 회의를 개최하여야 하며, 필요에 따라 임시회의를 개최할 수 있다(근로자참여 및 협력 증진에 관한 법 제12조). 의장은 노사협의회를 소집하고 그 의장이 되며, 회의 개최 7일 전에 회의 일시, 장소, 의제 등을 각 위원에게 통보하여야 한다(근로자참여 및 협력 증진에 관한 법 제13조). 회의는 근로자위원과 사용자위원 각 과반수의 출석으로 개최하고 출석위원 3분의 2 이상의 찬성으로 의결한다(근로자참여 및 협력 증진에 관한 법 제15조).

① 3개월마다 정기적으로 노사협의회 개최의 의미가 분기별 1회를 의미하는 것인지?

노사협의회는 3개월마다 정기적으로 회의를 개최하여야 함이라고 규정되어 있을 뿐, 분기별로 개최하라고 명시되어 있지 않으므로 구체적인 노사협의회 개최시기는 노사협의회규정으로써 정하면 될 것이며, 노사협의회 회의록을 해당행정관청에 제출할 의무는 없다(노사 68140-133, 1994.4.21).

② 노사협의회에서 의결된 사항이 노조원에게 적용되는지 여부와 노사일방의 파기선언으로 무효가 될 수 있는지?

노동조합 조합원에 대하여 노사협의회에서 의결된 사항이 적용되는지 여부는 의결내용과 단체협약 규정과의 관계 및 단체협약의 효력범위 등을 종합적으로 검토하여 판단하여야 할 것이므로 노사협의회에서 의결된 사항이 노조원에게 당연히 적용되는 것은 아니다.

노사협의회에서 의결된 사항의 효력은 의결사항을 이행한 경우와 의결사항의 유효기간이 도래한 경우에 소멸된다 할 것이나, 유효기간에 대해 특별히 정한 바가 없는 경우 효력을 소멸시키는 별도의 의결 절차를 거치거나 새로운 의결 사항에 의하여 대체될 때까지 유효하다고 할 것이므로 근로자위원의 변경이나 해촉 또는 노사 일방의 파기선언으로 무효가 되는 것은 아니다(협력 68210-324, 2003.9.3).

③ 비조합원인 근로자위원의 임기가 3년이 채 지나지 않은 상태에서 근로자 과반수로 조직된 노동조합이 등장한 경우는?

전체 근로자에 의하여 근로자위원을 선출하였으나 후에 근로자 과반수로 조직된 노동조합이 등장한 경우 근로자위원의 임기에 대해 노사협의회규정에 정한 바가 있으면 그에 따르되, 정한 바가 없으면 기존 노사협의회 근로자위원의 임기 동안에는 본인의 의사에 반하여 노동조합에서 해촉하고 새로운 근로자위원을 위촉할 수는 없다(협력 68210-324, 2003.9.3).

3
노사협의회 임무

근로자참여 및 협력증진에 관한 법에서는 노사협의회의 임무를 협의사항, 의결사항, 보고사항으로 구분하여 각각 명시하고 있다. 이 중에서 의결사항의 경우 노사협의회는 의결된 사항을 신속히 근로자에게 널리 알려야 하고, 성실하게 이행하여야 한다.

① 노사협의회 합의사항도 단체협약과 같이 취업규칙에 우선하는 효력이 있는지?

취업규칙에 규정된 사항과 노사협의회법상 노사협의회의 합의사항은 그 성질이 별개의 사항으로서 각각 별도의 효력이 있다. 다만, 노사협의회 합의사항이 노동조합법상의 단체협약이 아니라면 근로기준법상의 취업규칙에 우선할 수는 없다(근기 68207-1625, 1994.10.14).

② 노조전임자의 수에 대해 노사협의회에서 협의하는 것이 가능한지?

노사협의회는 '근로자와 사용자가 참여와 협력을 통해 근로자 복지증진과 기업의 건전한 발전을 도모함을 목적으로 구성하는 협의기구'로 '근로자가 주체가 되어 자주적으로 단결하여 근로조건의 유지·개선 및 근로자의 사회적·경제적 지위향상을 목적으로 조직하는 (연합)단체'인 노동조합과는 그 제도적 취지를 달리하고 있다. 근로자참여 및 협력증진에 관한 법 제20조는 노사협의회에서 협의하여야 할 사항을 규정하고 있는 바, 동조 제1항 17호의 '그 밖의 노사협조에 관한 사항'은 본조에 적시된 사항들 외에도 필요한 사항을 협의할 수 있음을 규정한 것으로 그 범위는 사안에 따라 개별·구체적으로 판단되어야 할 것이나 기본적으로 법의 목적과 취지에 벗어나지 않은 사항으로 한정된다.

따라서 노동조합 및 노동관계조정법에 의한 노조전임자는 노동조합활동에 관한 사항으로 노조전임자의 수에 대해 노사협의회에서 협의하는 것은 근참법의 목적과 취지에 부합하지 않는 것으로 '노사협의회에서 협의할 사항'으로 볼 수 없다(노사협력복지과-1401, 2004.6.29).

③ 노사협의회 의결사항과 단체협약과의 관계는?

노사협의회는 근로자와 사용자가 상호 협조하여 근로자의 복지증진과 기업의 건전한 발전을 도모함을 목적으로 하는 협의기구로서 근로자가 주체가 되어 자주적으로 단결하여 근로조건의 유지·개선 및 근로자의 경제적·사회적 지위향상을 목적으로 조직하는 (연합)단체인 노동조합과는 그 제도적 취지를 달리하는 것으로, 근로자참여 및 협력 증진에 관한 법에서는 노동조합의 단체교섭 기타 모든 활동은 이 법에 의하여 영향을 받지 않는다고 규정하고 있다. 따라서 단체협약에 규정된 사항과 노사협의회 의결사항은 그 주체와 방법·절차뿐 아니라 효력에 있어서도 서로 다른 사항으로 원칙적으로 병존이 가능하다(노사협력정책과-3965, 2012.12.14).

④ 노사협의회의 협의를 거쳐 성립된 합의사항에 대해서 노사 양측이 단체협약의 의사가 있었다면 단체협약으로서의 효력이 있는지?

단체협약은 노동조합이 사용자 또는 사용자 단체와 근로조건 기타 노사관계에서 발생하는 사항에 관한 협정(합의)을 문서로 작성하여 당사자 쌍방이 서명날인함으로써 성립하는 것이고, 그 협정(합의)이 반드시 정식의 단체교섭절차를 거쳐서 이루어져야만 하는 것은 아니라고 할 것이므로 노동조합과 사용자 사이에 근로조건 기타 노사관계에 관한 합의가 노사협의회의 협의를 거쳐서 성립되었더라도, 당사자 쌍방이 이를 단체협약으로 할 의사로 문서로 작성하여 당사자 쌍방의 대표자가 각 노동조합과 사용자를 대표하여 서명날인하는 등으로 단체협약의 실질적·형식적 요건을 갖추었다면 이는 단체협약이라고 보아야 할 것이다(대법원 2003다27429, 2005.3.11).

⑤ 취업규칙의 불이익 변경 시 노사협의회의 의결만을 거친 경우에도 변경에 대한 효력이 있는지?

노사협의회는 근로자와 사용자 쌍방이 이해와 협조를 통하여 노사공동의 이익을 증진함으로써 산업평화를 도모할 것을 목적으로 하는 제도로서 노동조합과 그 제도의 취지가 다르므로 비록 회사가 근로조건에 관한 사항을 그 협의사항으로 규정하고 있다 하더라도 근로자들이 노사협의회를 구성하는 근로자위원들을 선출함에 있어 그들에게 근로조건을 불이익하게 변경함에 있어서 근로자들을 대신하여 동의를 할 권한까지 포괄적으로 위임한 것이라고 볼 수 없으며, 그 근로자위원들이 퇴직금규정의 개정에 동의를 함에 있어서 사전에 그들이 대표하는 각 부서별로 근로자들의 의견을 집약 및 취합하여 그들의 의사표시를 대리하여 동의권을 행사하였다고 볼 만한 자료도 없다면, 근로자위원들의 동의를 얻은 것을 근로자들 과반수의 동의를 얻은 것과 동일시할 수 없다(대법원 92다28556, 1994.6.24).

⑥ 노사협의회 협의사항은 노사협의회 의결 없이 시행할 수 있는지?

근로자참여 및 협력증진에 관한 법 제20조 및 제21조는 노사협의회의 협의사항 및 의결사항을 규정하고 있는 바, 협의사항은 근로자와 사용자위원들이 성실히 협의하여야 할 사항들로 의결사항과는 달리 반드시 의결해야 하는 것은 아니다. 따라서 협의사항 중 '근로자의 채용·배치'에 관한 사항을 노사협의회에서 성실히 협의하였다면, 노사협의회 의결 없이 사용자가 이를 시행할 수 있다(협력 68120-232, 2003.6.5).